天下周易

刘长允　著

齊魯書社
·济南·

图书在版编目（CIP）数据

天下周易 / 刘长允著. -- 济南：齐鲁书社, 2023.3
ISBN 978-7-5333-4662-1

Ⅰ. ①天… Ⅱ. ①刘… Ⅲ. ①《周易》-通俗读物
Ⅳ. ①B221-49

中国版本图书馆CIP数据核字(2023)第019427号

责任编辑：许允龙
责任校对：赵自环　王其宝
装帧设计：赵萌萌

天下周易
TIANXIA ZHOUYI

刘长允　著

主管单位	山东出版传媒股份有限公司
出版发行	齊魯書社
社　　址	济南市市中区舜耕路517号
邮　　编	250003
网　　址	www.qlss.com.cn
电子邮箱	qilupress@126.com
营销中心	（0531）82098521　82098519
印　　刷	山东星海彩印有限公司
开　　本	710mm×1000mm　1/16
印　　张	20.25
插　　页	4
字　　数	235千
版　　次	2023年3月第1版
印　　次	2023年3月第1次印刷
标准书号	ISBN 978-7-5333-4662-1
定　　价	88.00元

作者简介

刘长允　1955年12月生，1982年毕业于山东大学历史系。大学毕业后，在山东省委党校任教，曾先后在济南市人民政府、山东省人民政府、山东省广播电视局、山东省委、山东省人大常委会等机关工作。曾任山东大学历史文化学院博士生导师。

发表的主要论文有《从辞书角度看易经》。出版的主要著作有：《步入神秘的殿堂》，1991年中国广播出版社出版；《天不变道亦不变》，2009年中华书局出版；《大中华赋》，2010年中华书局出版；《大中华赋》英、俄、德、法、韩、日等6种外文版，2014年山东人民出版社出版；《老子》，2019年济南出版社出版；《人类的智慧和生活》，2020年商务印书馆出版；《老子与现代生活》，2020年齐鲁书社出版，其德文版2021年由德国FCDB出版社出版。

曾主持和参与拍摄《大染坊》《闯关东》《沂蒙》《南下》《知青》《钢铁年代》《温州一家人》《老农民》《止杀令》等影视作品。

序言

长允于《易》有家学渊源，向我问《易》也已逾四十载。长允幼承庭训，中学时代即尝试译注《诗经》《楚辞》等部分篇章，且熟悉《黄帝内经》《伤寒论》等中医药典籍。长允 1985 年提出的“《易经》是一部古老的辞书”的新观点，和他从多义词视角对卦爻辞之间有机联系的探索，都称得上是言之成理、持之有故的一家之言。1991 年出版的《步入神秘的殿堂》，也不失为初学《易》者较好的参考书。

长允这次奉献给大家的易学新作《天下周易》，是他多年学习和思考的结晶，可谓厚积而薄发。《周易》的作者和成书时代、《周易》的性质和作用，这是个聚讼纷纭的问题，《天下周易》对这些问题都进行了很好的梳理和辨析。初学《易经》的朋友都有这样的体会，《易经》的卦爻辞在内容编排上没有规律，就像我常说的那样：“东一榔头、西一棒槌。”长允对这一现象进行了深入的探讨，并对一些疑难的卦爻辞提出了自己的解读方式。中国古代易学史流派众多，《四库全书总目》中曾这样说：“此两派六宗，已互相攻驳。又《易》道广大，无所不包，旁及天文、地理、乐律、兵法、韵学、算术，以逮方外之炉火，皆可援《易》以为说。”《天下周易》通过对二十多位著名易学家的介绍和分析，使读者对两千多年的易学发展史可以有一个清晰的认识。“医易相通，医易同源”，这句话老生常谈，但很少有人系统地研究过这个问题，长允因熟悉中医，对《周易》和中医的关系进行了多维度的研究和阐发，洋洋数万言，可谓详备。《周易》是中国的经典，也是世界的经典。长允的新作对《周易》上千年的翻译传播史，从朝鲜到日本，从欧洲到美国，都进行了全面的回顾和总结，并就今后《周易》在国际上如何有效传播提出了中肯的建议和措施。长允的这本书还有这样一个重要思想，即认为人类文明在迎来空前繁荣的同时，也陷入了深深的危机和困境，而古老的《周易》智慧，可以帮助人类迎接挑战和走出困境。其具体的途径就是通过《周易》提高人们的道德水准和趋吉避凶的智慧，更好地处理人与大自然的关系、人与人之间的关系、人与自身的关系。这些见解不仅让人耳目一新，也更彰显了大易之道的时代意义和历史意义。

长允的这本书虽然是学术著作，但语言简洁明快，且不时地穿插一些学术轶事，想必读者读起来并不会感到枯燥。先哲有言：“洁静精微，《易》之教也。”希望这本书能给大家带来智慧和快乐！

刘大钧于运乾书斋

2022 年 9 月 6 日

前言

我于《周易》有一些家学渊源。我的曾祖父刘念祯先生（1889—1966），饱读诗书，精通六艺，曾经设馆授徒。我小时候听曾祖父说得最多的一句话就是："学了《诗经》会说话，学了《易经》会算卦，学了祝由科，生病不吃药，长疮不用贴膏药。"曾祖父品格高逸，对内治家有方，对外交游广泛。曾祖父既是富绅的座上宾，也是穷困潦倒之士的知心朋友；既结识一些社会贤达，也和一些江湖豪杰称兄道弟。但他老人家不管和什么样的人打交道，都心中有原则，办事有分寸，都与人为善，都主持公道，都为了大家的安好，故名重乡里。曾祖父在一生的交往中，最值得称道的是收留了奇士田义德。田义德先生是外乡人，他身怀绝技，通晓《周易》，尤精堪舆，既是拳师，又谙中医，还会很多方术。田义德及其兄弟都性情刚烈，因与他人打斗争讼，已无法在当地生活。田义德先生就举家来我村投靠他的宗亲，但田氏宗族怕惹事生端，不愿收留，而把他介绍给我的曾祖父。曾祖父慨然应允，并说有我吃的，就有你们吃的，田义德全家就在我家安顿下来，这一住就是八九年。田义德先生不仅和我曾祖父成为莫逆之交，他们全家也都成为我们大家族中的一员。曾祖父经常和田先生一起切磋学问，天长日久，在田先生的熏陶和教导下，我爷爷兄弟六个都懂得些易理，我四爷爷和五爷爷还跟田先生学会了大、小洪拳，二爷爷则跟田先生学会了中医。到我父亲这一代，他们堂兄弟几十人，就只有我父亲懂得点《周易》了。我生长在这样一个家庭里，自然从小就听到一些有关八卦、阴阳和堪舆等方面的说辞，当然也对《周易》这部书充满憧憬和向往。

我真正开始学习《周易》，还是在1979年读大学二年级的时候。大学读书时，我侧重于对先秦史的学习，易学也正好在这个范围内。我先后找了几个不同的本子来读，记得还有高亨先生的，并且认真做了读书笔记，当然这时对《周易》的认识还是很模糊和肤浅的。机缘巧合，正在我刚刚开始学习《周易》时，有幸结识了刘大钧先生。刘先生那时还很年轻，刚到山东大学任教不久，但已经很有名气。时至今日，我与先生交往已经四十多个春秋，先生不仅在易学研究上给予提携和指导，使我获益良多，就是在其他方面也给予热情鼓励和帮助。如我出版研究老子的专著《天不变道亦不变》时，大钧老师亲为制序，《大中华赋》出版发行后，又在学界给予推荐和介绍。1987年12月，刘大钧先生邀请我参加国际《周易》学术讨论会，我向大会提交了《〈周易古史观〉驳议》的论文，后被收入大会论文集中。这次国际《周易》学术会议是一次破冰之举，具有深远的历史意义和影响，对易学的研究和国际化具有巨大的推动作用。这次学术会议盛况空前，名家云集，流派纷呈，义理和象数轮番登场，就是民间学者亦有一席之地。我记得我和湛山寺的住持永定法师住一个房间，我给他讲《周易》，他给我讲《庄子》，并约我有机会到他寺院里去挂单。一个年轻的学子参加这样的盛会，开阔了眼界，增广了见闻，对我是一个极大的鼓励和鞭策。

大学毕业后，我被分配到了省委党校当教师，党校的教学任务并不太重，特别是我们这些年轻教师，课相对较少。在省委党校工作的这八年时间，是我系统研究《周易》的黄金时期。我每天都拿出几个小时的时间来钻研《周易》，凡是能找到的有关《周易》的书，我都要看，办公室和宿舍里，到处堆放的都是有关《周易》的书籍和报刊资料。我记得，仅在省图书馆，阅读过的易学古籍就有二百种之多。1985 年我在《辞书研究》上发表了一篇长文，题目是《从辞书角度看〈易经〉》，编辑部很重视这篇文章，放在重要的位置刊发，并加有编者按语：“本文认为我国传统的‘六经’之一的《易经》基本上是按照辞书的体例编排的，文章还以这个立论为基础分析解释了《易经》中的某些卦、爻辞。这个观点关系到发现我国最早的一部古辞书的问题，对汉语辞书史和《易》学研究都密切相关。”1991 年初，我又在给省中医药大学讲课讲义的基础上，撰写成《步入神秘的殿堂》一书，由中国广播电视出版社出版，第一次即印刷七千册，很快售罄。这个小册子作为易学入门的普及读物，很受读者的喜爱。

在大多数人的眼里，《周易》就是算卦，就是批八字，就是看风水，研究周易的人都神神道道的。我因研究《周易》较早，从年轻时就有点小名气，特别是我又长期在党政机关工作，这就形成了一道别有风趣的风景线，有了一个奇怪的存在。在各式各样的场合，在不同的人群，经常拿我和《周易》来作为话题，经常有人会问：长允，听说你会算卦、会看风水，给我看看手相吧！每逢这时，我都是莞尔一笑，不置可否。我这一生注定要和《周易》相伴而行，我已打上了《周易》的浓浓底色。就是后来我在其他学术领域已经有所建树，写了好几本书，但大家一提起我，总是脱口而出，他是研究《周易》的，我亦一直以此为荣。我很庆幸，自己能够终生与《周易》结缘，能够以学易名世，能够始终沐浴大易的光辉，能够使学易履道成为我生活的重要部分。令我不安的是，人们对公务员学易有偏见，觉得不伦不类。殊不知，在中国古代，哪个官宦之人和大学者不通《周易》？王安石、范仲淹、司马光官位够大的吧，但他们都是易学大家，都有易学专著。欧阳修更不用说，他不仅有易学专著，还提出了很多新见解，有些是石破天惊的创见。就是苏东坡，那样豪放和飘逸，一生居无定所，竟也能写出易学专著。

近三十年来，我虽然没有再写过有关《周易》的论文和著作，却没有间断对《周易》的阅读和思考。我撰写此书的目的，就是想把我四十多年来对《周易》的学习和体悟，毫无保留地整理出来，与广大读者分享。本书之所以命名为“天下周易”，主要基于下面几点考虑：其一，当今人类文明的发展到了很高的程度，但也面临着严重的危机和挑战。国内外许多有识之士皆认为，人类要想走出困境和成功应对挑战，必须到中国古老文化中去寻找智慧。那么，在整个中华传统文化中，《周易》的思想最有代表性，大易之道是源头活水。用《周易》的智慧去补救人类，因此可称为“天下周易”。其二，此书旨在对前人的解易成果做个总结和概括，在去伪存真、去粗存精上下点功夫，主要是摭拾众说，既有义理，也有象数，不是某一家之言，因此可称为“天下周易”。其三，《周易》是天之下、地之上的学问，它既是仰观俯察、极深研几而得，也是民众长期实践的结果。《周易》虽说博大精深，但切于民用，只是“百姓日用而不知”。本书要用最通俗易懂的大白话，把《周易》介绍给普通大众，把大易之道送到每个人手中，因此可称为“天下周易”。其四，《周易》属于古代，也属于当今，属于中国，也属于世界。本书有专章论述《周易》在国外的传播情况和发展趋势，大易的智慧必将造福于全人类，因此可称为“天下周易”。

目 录

一

天书横空问来由

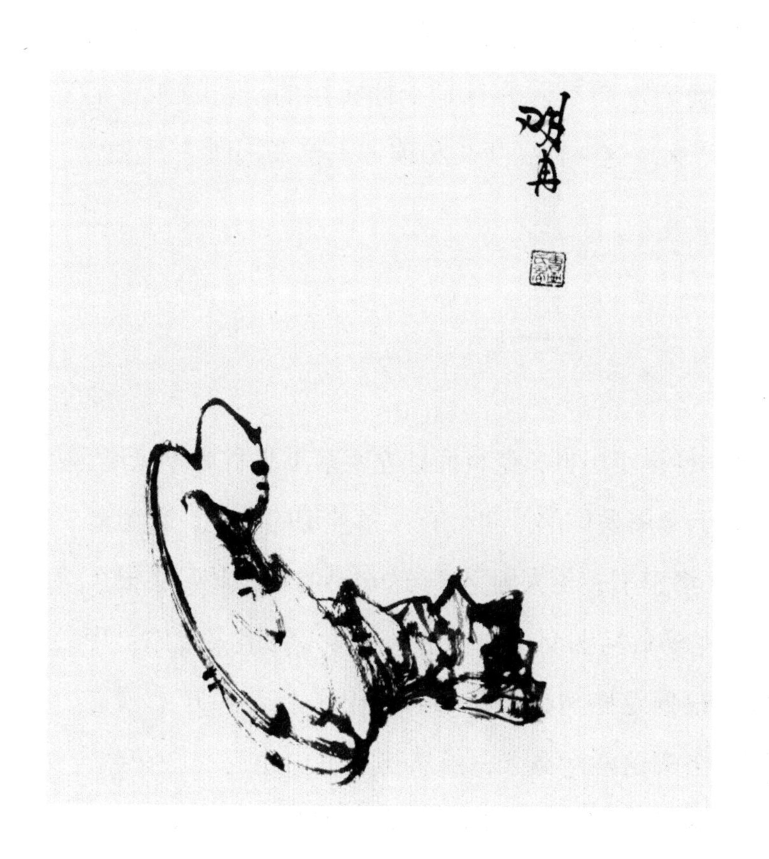

《周易》最大的特点是神奇，在世界文化史上，还没有哪一部书能像《周易》这样，几千年来一直散发着无穷的奥妙和诱惑。是的，说《周易》是天书也不过分，因为经过一代又一代学者的探讨，时至今日，人们仍然不能确定《周易》究竟是干什么用的，它的作者是谁，它为何会在中国产生。这一章，我想和读者一起来梳理一下这些问题。

（一）

《易经》像天书一样横空出世，遗世而独立，前不见首后不见尾，令人崇拜和赞叹。关于《周易》的产生，有很多神奇的传说，其中最著名的是："河出图，洛出书，圣人则之。"这句话的意思是：在很久很久之前，黄河里有龙马负河图而出，洛水里有神龟背洛书上岸，我们的古圣先贤，就是根据这些河图、洛书，画出了八卦并开始创造《周易》。关于河图、洛书这两个概念，虽然在古书中也有一些记载，如《论语》中说："凤鸟不至，河不出图，吾已矣夫!"如《管子》中说："昔人之受命者，龙龟假，河出图，雒出书。"但是河图和洛书究竟是什么，古人并未授其详。我们今天看到的河图和洛书，则是宋朝人根据古书中的意蕴而绘制出来的。“河出图，洛出书”云云，虽然未必可以全信，但它增加了《周易》这部书的神秘色彩，表明《周易》这部奇书是在神灵的启示下而作，《周易》这部奇书注定要在古老的神州大地诞生！

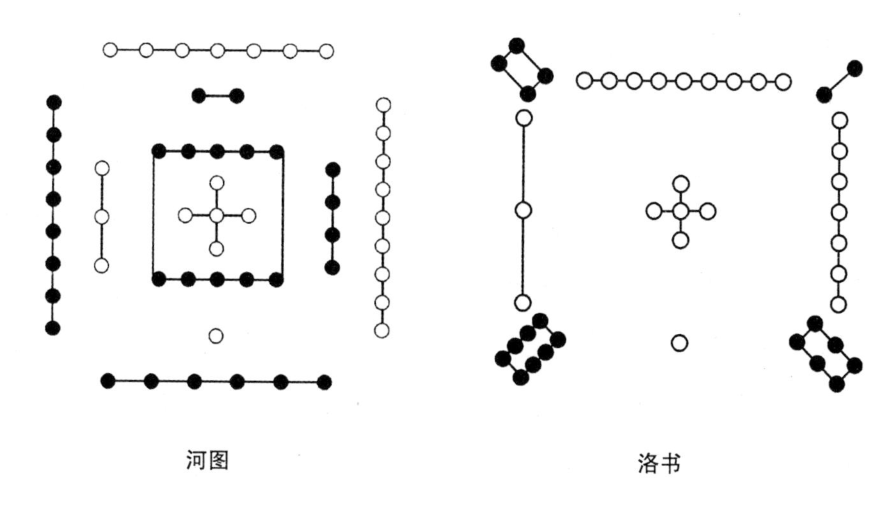

河图　　洛书

《周易》这部书产生于什么时代？《周易》这部书由谁创作而成？对这个问题一直没有定论。但有一种说法是比较流行的，即“人更三圣，世历三古”。这里的“三圣”分别指伏羲、周文王和孔子；这“三古”就是上古、中古和近古。也就是说，《周易》这部天书，从上古开始，历经中古到近古，在漫长的时间里，逐渐形成；这部书的作者主要是上古的伏羲、中古的周文王和近古的孔子。

我们先说伏羲对《周易》的贡献。伏羲又名宓羲、庖牺、包牺、伏戏，是三皇之一，号称中华民族的人文始祖。伏羲之所以被称为“人文始祖”，也称为“文皇”，就是因为他“一画开天地”，创立了“八卦”，为《周易》的成书奠定了基础，使华夏民族从蒙昧走向了文明时代。

《易传·系辞》中说："古者包牺氏之王天下也，仰则观象于天，俯则观法于地，观鸟兽之文与地之宜，近取诸身，远取诸物，于是始作八卦，以通神明之德，以类万物之情。"《太平御览》上记载："伏羲坐于方坛之上，听八风之气，乃画八卦。"曹植在《庖羲赞》中说："木德风姓，八卦创焉。龙瑞名官，法地象天。庖厨祭祀，罟网渔畋。瑟以像时，神德通玄。"

所谓伏羲"一画开天地"，就是伏羲等先贤经过长期的仰观俯察、近取远譬，经过长期的思考和探索，认为天地间万物都可以分为"阴""阳"两大类，并创造出了两个符号"⚊"和"⚋"，分别代表阳和阴。"⚊"和"⚋"两个符号，在《周易》中称为"阳爻"和"阴爻"，这里的"爻"字应当作"效"字讲，意思是这两个符号仿效了天地间的万事万物。伏羲又用这两个符号阴爻（⚋）和阳爻（⚊），相互叠合成三爻，以不重复为止，就得到了八个图案即八卦：（☰）乾、（☷）坤、（☳）震、（☴）巽、（☵）坎、（☲）离、（☶）艮、（☱）兑。后人为了便于记住八卦的符号，还专门编了一个口诀：乾三连，坤六断，震仰盂，艮覆碗，离中虚，坎中满，兑上缺，巽下断。有了阴爻（⚋）和阳爻（⚊），再创立出八卦，《周易》的大厦就有了基石。民间传说伏羲生于农历三月十八日，如果这个传说可靠的话，那这一天不仅是伏羲的诞生日，同时也是《周易》的诞辰，也是华夏文明的开创日！

我们再说周文王对《周易》的贡献。周文王名姬昌，世袭其父西伯侯之位，故称西伯昌。周文王是周朝的奠基者，他在做西伯侯时，明德慎罚，勤政爱民，重视生产，礼贤下士，使国力日强，民心向往。西岐的超常发展引起了商纣王的猜疑，他就找了一个理由，把西伯侯姬昌拘捕起来，关在一个叫羑里的监狱里。牢狱之灾对谁来说都不能算是一件好事，但对一些大贤来说，也确实是一个有更多时间思考和研究学问的机会。这正如陈独秀先生所说，世界文明发源地有二：一是科学研究所，一是监狱。关于周文王在羑里监狱研究和著述《周易》的情况，史书上有很多记载。如《史记》中说："西伯……囚羑里，盖益《易》之八卦为六十四卦。""自伏羲作八卦，周文王演三百八十四爻而天下治。"《汉书》中这样记载："至于殷、周之际，纣在上位，逆天暴物，文王以诸侯顺命而行道，天人之占可得而效，于是重《易》六爻，作上下篇。"周文王演《易》基本上没有争议，但周文王演《易》的具体内容是什么，从古到今都是有争议的。笔者认为，周文王演《易》的最大可能，是将伏羲的八卦两两相重，推演出八八六十四卦。六十四卦推演出之后，《周易》这部奇书的雏形就具备了。正是周文王对中国文化的巨大贡献，正是因为周文王是《周易》一书创作的关键人物，因此后人才称他为"三代之英"。

我们最后说孔子对《周易》的贡献。孔子是中华民族的圣人，我在《大中华赋》中这样评价和赞美孔子："删《诗》《书》，订《礼》《乐》，赞《周易》，作《春秋》，创儒学，为民立极，天叫孔子集大成；倡仁爱，讲孝悌，肃纲常，贵中和，传六艺，杏坛春暖，仲尼秉烛照万年。"古书中关于孔子和《周易》的关系，有不少记载。如《论语》中说："加我数年，五十以学《易》，可以无大过矣。"《史记·孔子世家》中说："孔子晚而喜《易》，序《彖》《系》《象》《说卦》《文言》，读《易》，韦编三绝。曰：'假我数年，若是，我于

《易》则彬彬矣。' ”《汉书·艺文志》中也记载：“孔氏为之《彖》《象》《系辞》《文言》《序卦》之属十篇。”秦汉以来，人们一直认为《易传》为孔子所作。只是到了北宋的欧阳修，他第一个对孔子作《易传》提出质疑，提出《易传》“非圣人之作”“非一人之言”。欧阳修的这个观点影响很大，很长时间以来，不少人都认为《易传》和孔子无关。

但是，随着对马王堆出土帛书《周易》的深入研究，学术界又开始坚信孔子是《易传》的重要作者之一。笔者的见解是，孔子对《易经》不仅是一个热心的读者，他不单单以《易经》为教材教授学生，也对《易经》的思想进行了提升和阐发，他的很多思想和论说都体现在《易传》里。事实上，《周易》正是在孔子的推崇和光大下，才最终成为“六经之首”和大道之源的。从这个意义上说，孔子不愧为创造《周易》的“三圣”之一！

（二）

如果说《周易》的作者和产生年代不好确定的话，那么有关《周易》这部书的性质，就更是众说纷纭、莫衷一是了。

单就《周易》这部书的名字，就大有讲究。关于《周易》的“周”字，有四种不同的解释，也可以合并为两种。一种说法认为“周”字是朝代名，即周朝。如郑玄《易赞》中所说：“夏曰《连山》，殷曰《归藏》，周曰《周易》。”朱熹更是明确地说：“周，代名也。”“周”字是地名，即周岐。如《周易正义》中说：“连山、归藏并是代号，则《周易》称周，取岐阳地名。《毛诗》云‘周原膴膴’是也。”是朝代名，还是地名，这两者并没有本质的分歧，都是说《周易》由“周人”所作，故可以合二说为一说。另一种说法认为“周”字是“周普”的意思。如陆德明《经典释文》中说：周“代名也。周，至也，遍也，备也。今名书，义取周普”。也有些学者认为，“周”字即周环、周旋、周期、周而复始之义。是“周普”，还是“周环”，这两者也没有本质的分歧，都是认为《周易》的内容无所不包，故可以合二说为一说。

关于《周易》的“易”字，据说有七八种解释，现择其要者述之。一说“易”的本义当为“蜥易”。《说文》云：“易，蜥易、蝘蜓，守宫也。象形。”蜥蜴即壁虎类动物，以其能十二时变色，故假借为“变易”之易。一说日月为易。《秘书》中说：“日月为易，象阴阳也。”虞翻注《参同契》云，“字从日下月”，取日月更迭，变换不止之义。一说“易”有三义，简易、变易和不易。《易纬乾凿度》云：“《易》一名而含三义：所谓易也，变易也，不易也。”此外，还有人认为“日出”为易，据甲骨文“易”字作“[illegible]”，形状很像日出。

笔者的管见，不管对《周易》这部书的名字有多少种解释，把它理解为“**周朝产生的一部讲变易之道的书**”，是大致不差的。这正是：“行人莫问当年事，故国东来渭水流。”三千多年前神奇秀美的渭水流域，不仅孕育了在中国历史上具有举足轻重地位的大周王朝，也孕育了在中华民族文明史上具有重大影响的经典之作《周易》。

我们现在来讨论一下《周易》这部书的性质。也就是说，《周易》是围绕着什么目的和体例编排的，《周易》的主要功能是什么，《周易》这部书究竟是干什么用的。关于这个问题，既重要又热闹，几千年来争论不休，答案五花八门，据说有数十种之多。我们这里仅介绍几种主要的观点。

第一，《周易》是一部内容无所不包的政治和生活教科书。这是一种比较有影响的观点，在中国的封建社会一直占统治地位。《周易》之所以能位列“六经”之首，成为儒家的重要经典，主要是由这种观点的支持形成的。这种观点在《易传》里就已经出现，历代统治阶级和大多数易学家都信奉这种观点。这种观点认为，《周易》内容宏富，包罗天道、地道和人道，它穷尽了人类的智慧和真理，是人们一切活动的行动指南和教科书。人们有了疑难，只需要向《易》请教就行了。“《易》与天地准，故能弥纶天地之道。”“昔者圣人之作《易》也，将以顺性命之理。是以立天之道曰阴与阳，立地之道曰柔与刚，立人之道曰仁与义。兼三才而两之，故《易》六画而成卦。分阴分阳，迭用柔刚，故《易》六位而成章。”

第二，《周易》是一部藏往知来的卜筮书。说《周易》是一部占卜的书，这个观点是相当流行的。《易传》里的不少篇章，都谈到《易》的占卜功能，特别是《系辞传》中有关“大衍之数”的论述，具体地讲解了如何利用《易》进行占卜的问题，更使人认为，《周易》是一部专讲卜筮的书。还有的史书上说，《周易》之所以能免遭秦火，就是因为它是卜筮之书。朱熹坚定地认为《周易》是卜筮之书，并在他的《周易本义》卷首讲了一大套有关卜筮的方法和仪式。因为朱熹是宋明以来的知识权威，经他的议定，《周易》是卜书的观点更加流行，以致民间都知道《周易》是讲算卦的。近现代的易学家也有不少人认为《周易》是卜筮书，如郭沫若、高亨、李镜池等。李镜池先生在《周易通义》中说："至于《周易》的作者，现有的材料已难论定。但《周易》是一部占筮书却是无容置辩的。古人迷信，遇事狐疑，总喜欢向神请示。殷人用龟卜，周人用占筮。龟卜记录下来就是现存甲骨文的卜辞，占筮记录下来就是筮辞。《周易》是根据旧筮辞编选而成的。"刘大钧先生也说："归根到底，《周易》是一部筮书。"(《周易概论》)

第三，《周易》是一部哲学著作。最早有这个认识的是庄子，他说："《易》以道阴阳。"认为《周易》是一部哲学著作，主要是近现代易学家的观点。李景春说："《周易》不仅是在中国古代的一部最早的有系统的哲学著作，而且也是在世界上最早的有系统的哲学著作之一。"黄寿祺等人也认为："冠居'群经'之首的《周易》，是我国古代现存最早的一部奇特的哲学专著。"谈嘉德则认为，《周易》主要是一部社会伦理哲学著作。张岱年先生也认为《周易》主要是一部哲学著作，他在1987年给国际《周易》学术讨论会的贺信中说："《周易》经传实为中华民族传统文化的最高典籍。两汉时代，《周易》居六经之首，迄于魏晋，《周易》为三玄之一，宋代哲人建立理学，实资于《周易》，明清之际王船山提出新的理论体系，亦以《周易》为主要根据。《周易》经传中所蕴涵的精湛睿智，仍值得进一步反思。"《周易》是哲学书的观点亦广为人知，所以一提起《周易》，无论是否看过这部书，都会脱口而出：讲辩证法的。《周易》在社会科学学科分类中，也都无例外地被划分在哲学类。在大学里讲授《周易》课的老师，也基本上都在哲学系。

第四，《周易》是一部历史著作。章太炎认为，《周易》讲的是人类进化、发展的历史，但他只讲解了前十二卦。系统论证《周易》是史书的，主要是胡朴安。他专门著有《周易古史观》一书，对六十四卦都从史书的角度进行解释。他的主要观点是，本《序卦》而立说，认为《周易》纯粹是一部历史典籍。《周易古史观》中说："《乾》《坤》两卦是绪论。《既济》《未济》两卦是余论。自《屯》卦至《离》卦为草昧时代至殷末之史。自《咸》卦至《小过》卦为周初文、武、成时代之史。"除章、胡外，李平心先生还提出，"《周易》基本上是用谐隐文体和卜筮外形写成的一部特殊史书"。后来，黎子耀先生又提出："《周易》是一部奴婢起义史。"笔者 1987 年为国际《周易》学术讨论会提供的论文，题目就是"《周易古史观》驳议"，我是不同意把《周易》说成是史书的。时过三十多年，平心而论，《周易》虽然不是史书，但它里面的确有很多难得的史料。

第五，《周易》是一部科学著作。认为《周易》的主要内容是自然科学，持此观点的在国内和国外都大有人在。国外的莱布尼兹开其端，国内以严复为最先。莱布尼兹认为《周易》里面包含二进制数学，他在给一位朋友的信中说："《易经》，也就是变易之书，在伏羲的许多世纪以后，文王和他的儿子周公以及在文王和周公五个世纪以后的著名的孔子，都曾在这 64 个图形中寻找过哲学的秘密……这恰恰是二进制算术……在这个算术中，只有两个符号：0 和 1。用这两个符号可以写出一切数字。"莱布尼兹因为从二进制数学角度理解了六十四卦图，他曾自豪地说："几千年来不能很好被理解的奥秘由我理解了，应该让我加入中国籍吧！"严复对《周易》的判断是："夫西学之最为切实而执其例可以御蕃变者，名、数、质、力四者之学是已。而吾

《易》则名、数以为经，质、力以为纬，而合而名之曰《易》。”现代“科学易”派更是认为，《周易》是宇宙代数学，《周易》是智能逻辑，《周易》的思想和人类的最新自然科学成果是相吻合的。

第六，《周易》是中国最古老的一部辞书。认为《周易》是中国最古老的一部辞书，这是笔者于1985年提出的一种新观点。我的这个观点最早发表在《辞书研究》上。因后面第四章还要详细介绍，在此就不赘述了。

除上述这些比较流行的观点以外，还有的学者认为《周易》是敌情之报告，其作书之目的在于叙述出使、养病、爱恋、囚系、逃脱之情形，并呼吁祖国给予救援，因属于间谍活动，故多用费解的密码式的语言。还有的学者提出，从人类三千多年前的认识水平来看，不可能创作出《周易》这样高水平的智慧之书，《周易》可能是上一次人类活动保存下来的知识和文明。笔者认为，不管对周易的性质有多少种说法，把《周易》定义为“一部卜筮为体、哲学为用的百科全书”，应该是大致不差的。

笔者在此有一个小小的建议，初学《周易》的读者，大可不必为《周易》的作者、成书年代和性质伤脑筋，只需认真研读原典，时间久了，自然会明了这部书是干什么用的，这部书能干什么用。“横看成岭侧成峰，远近高低各不同。”《周易》的丰赡多姿，《周易》的多种解读，正是一部经典著作所应有的品质。《周易》的魅力和神奇也正在这里，它永远有不可揭开的面纱！我在《步入神秘的殿堂》一书中曾这样说道：“世界上有很多奥妙的事情，如时间究竟是有限的还是无限的？‘飞碟’到底是何物？世界上也有很多有诱惑力的东西，如金钱、美色。但是，作为一部书籍，还没有像中国的《周易》这样，具有如此无穷的奥妙和诱惑。《周易》之奥妙，不因有众多学者的探索而揭示；《周易》之诱惑，也不因年代之久远而流逝。”

（三）

《周易》不失于秦火，我们过去的传统观点认为，因为《周易》是占卜类的书，而占卜、农艺、医学之类的书是不在焚烧范围之内的。笔者对此有不同的看法。《周易》到秦统一之时，经和传的部分都已基本形成，《周易》的主要功能已不是卜筮，而成为人们学习知识和道理的教科书。秦始皇之所以没有把《周易》连同其他书一起烧掉，很可能是因为这部书过于炫目和神圣，它已为诸子百家所认同，已为各个阶级所共享。因此，即使一代暴君，也对它心存敬畏，而不敢付之一炬。《周易》是六经之首，是大道之源，是中华民族传统文化的生命之水。关于《周易》一书的特殊地位和价值，我同意有些学者这样的概括：《周易》是人类文明的轴心时代唯一一本由符号系统和文字系统共同构成的书；《周易》是中国文化史上唯一一本为儒家和道家所共同尊奉的书；《周易》是中国科学史上唯一一本对人文社会科学和自然科学、生命科学都产生重要影响的书。

过去，学术界对《周易》的作者、成书年代和性质都进行了较深入的探讨。但有一个同样十分重大的问题，很少有人提及。这个问题就是：《周易》这部举世称奇的天书为什么会产生在中国？古老的华夏大地为什么会生出《周易》这株奇葩？笔者对此有一些不成熟的想法，现表达出来以就教于读者诸君。

第一，优越的地理环境和高度发达的农耕文明，为《周易》的产生提供了物质基础。在人类学中，有一种很流行的观点叫地理环境决定论，即一方水土养一方人。笔者是基本上赞同这个观点的，特别是在人类文明形成的早期，地理环境对一个地区和民族的文化起着至关重要的作用。《周易》这部书通过观物取象，通过对大自然的分类和模拟，建立起庞大的说理体系。这一切，既需要有巍峨不动的山岳，也需要有川流不息的江河，既要有日月更替，又要有四季分明，既要有六畜兴旺，又要有五谷丰登……而所有这些元素，在古老的神州大地特别是当时的黄河流域都已具备。《周易》中的阴阳概念，《周易》中的四象学说，《周易》中的五行观念，《周易》中的八卦分类，也只有在这样的自然环境中，才能够产生和发展。

第二，发达的天文、历法和数学，为《周易》的产生提供了技术支撑。《周易》这部书博大精深，它的创作既需要社会科学的知识，也需要自然科学的知识，尤其需要天文、历法和数学知识。中国是天文、历法的故乡，只有中国才有二十四节气，而二十四节气的制定，是天文、历法高度发达和密切结合的产物。中国古代的数学也很发达，是发现勾股定理较早的国家之一，两千多年前就有数学专著《周髀算经》。关于《周易》一书和古老天文、历法、数学的关系，我在《大中华赋》中曾有这样的描述："宇宙只分阴阳，万物归类金木水火土，大智弥纶天地之道；八卦鉴往知来，推演全靠天干地支，高妙与鬼神合其德。辰宿列张，星分二十八野，先民人人知天文；观象授时，节有二十四气，历法领先两千年。河图洛书，九九归一，叁伍其变，华夏术数通幽冥；商功均输，勾股方程，祖氏圆率，《九章算术》可测天。”

第三，历代古圣先贤“为天地立心”的志愿，是《周易》产生的关键。中华民族的古圣先贤，一直以“为天地立心，为生民立命，为往圣继绝学，为万世开太平”为己任，孜孜以求，呕心沥血，为神州大地撑起理想的天空，为华夏子孙营造精神家园。据说中华文化有一个道统，一脉相承，从三皇传给尧，由尧传给舜和禹，由禹传给文王和周公，再由周公传给孔子。这个道统的内容当然很丰富，但它主要体现在以下十六个字上，也称为十六字箴言，即“人心惟危，道心惟微，惟精惟一，允执厥中”。不管这个传说是否真实，但可以确定的是：《周易》不仅全面继承了这十六字箴言，而且进行了发扬和光大。大家知道，人类自始至终都面临和要处理好三大关系，即人和自然的关系、人和人之间的关系、人自已身心的关系，过去是，现在是，将来也是；中国是，国外也是。《周易》中关于“天人合一”的思想，就是对这些问题做出的最好的回答。中华民族正是因为拥有“天人合一”等光辉思想，几千年来，在没有宗教占主流意识的情况下，每个华夏子孙都有理想和信仰，都有人生的意义和终极关怀，并保证了国家统一和民族的团结。王阳明后来概括的以天之道做事，以地之道处世，以人之道律心，也正是《周易》中天地人“三才”思想的赓续和延伸。

第四，汉字的创造和发展，为《周易》的产生起到了促进作用。笔者不仅同意“《周易》卦象的起源和古文字有关”这样的观点，而且认为《周易》和汉字都起源于结绳记事，是同体共生，相互生发的。事情很明显，《周易》和汉字的产生，都是靠的“观物取象”和“立象尽意”。《易传》上这样描述《周易》的产生：“古者包牺氏之王天下也，仰则观象于天，俯则观法于地，观鸟兽之文与地之宜，近取诸身，远取诸物，于是始作八卦，以通神明之德，以类万物之情。”汉字的创造，不也是仰观俯察和近取远譬的结果吗？再者，古人认为《周易》的产生既有人的创造，也有神的启示，即“河出图，洛出书，圣人则之”。同样，先贤仓颉造字也是“天雨粟，鬼夜哭”。这里笔者要强调的是，汉字的产生和发展，有更多的事物被“立象尽意”，有更多的事物以文字来表达，促进了《周易》“观物取象”的发展和提高。《周易》和易学的发展，也丰富了汉字和汉语。当然，汉字和《周易》产生的共同基础，和我们中华民族长于形象思维和归纳类比推理有关。

笔者见到过下面这样一段文字，是赞美我们汉字的。我想，用它来赞美一下《周易》，也是可以的，因为《周易》和汉字实在是同根共生、水乳交融、相互发明的。其文云：

> 汉字究竟是什么？汉字是时间的纽带，它让我们悠久的文明传承至今，却璀璨如新；汉字是空间的纽带，它让我们口音各异，但是却可以看着同一封家书，落泪伤心；汉字是情感的纽带，它让不同民族、不同文化的我们，包容、团结，延续至今；汉字是我们的审美，横平竖直告诉我们，中正平和才是至美；汉字是我们的精神，颜筋柳骨告诉我们，字如其人乃是修行；汉字是我们的哲学，止戈为武告诉我们，大国重器只为和平。……汉

字就是一道光，它照亮了我们这个文明之前的蒙昧和黑暗。我们今天读写汉字、书写汉字都习以为常。殊不知，我们正在使用的，就是这个星球上最美、最独一无二的文字。我们应该心怀感恩，并心存敬畏，因为今天我们所写下的一笔一画，都浸染着历史的传承；我们所记下的一词一句，都将在未来闪耀于世。这就是我们的汉字，这就是一字一世界、一笔一乾坤的中国字！

二

殿堂几多砖和瓦

郭沫若先生说："《周易》是一座神秘的殿堂。"是啊，《周易》的确是一座神秘的殿堂，以至于我们不仅不易登堂入室，就是了解这个殿堂的结构亦非易事。一会儿是《周易》，一会儿是《易经》，一会儿是《易传》，一会儿又说什么"易学"，使很多初学《周易》的朋友，虽然看了很多书，参加了不少《周易》学习班，却仍然是一头雾水，说不清究竟什么是《周易》，不知道《周易》究竟包括哪些内容。用我们家乡的一句俏皮话来形容，就是"哭了半天，不知谁死啦!"这种现象的存在，是很影响学习情绪和效果的。因此，我们学习《周易》，首先要把《周易》的内容搞清楚，知道《周易》这座神秘的殿堂是由什么样的砖和瓦建造的。实际上，说起来也很简单，《周易》是由《易经》和《易传》组成的。《易传》是对《易经》的最早最权威的解说，学者们把《易传》和《易经》整合在一起，就统称为《周易》。至于什么是"易学"，那范围和内容就宽泛了，几千年来学者们对《周易》各式各样的注解和阐发，都可称为"易学"，据说其书籍有几千种之多。我们学习《周易》，应该主要学习《易经》和《易传》，在原典上下功夫。下面就着重介绍一下《易经》和《易传》。

（一）

我们先说《易经》。

据说《易经》最早只称“易”，“经”字是后儒加上的，以表示对这部书的尊崇。《易经》之所以神奇，除上面提到的那些因素外，还因为：其他的书都分篇、分章或分节，而《易经》是以“卦”为单元，全书由六十四卦组成；其他的书是由文字组成的，而《易经》除了文字外，还有一套符号系统，即卦画。甚至还有些学者提出，《易经》本来是没有文字的，只有卦画，文字是后人加上的，依据卦画“观象”而“系辞”。《易经》的文字部分只有五千多字，它的卦画六十四部分，以每卦六画计算，六乘以六十四，共三百八十四画，即三百八十四爻。《易经》六十四卦，依流行的编排顺序写出，是这样的：

䷀乾卦　䷁坤卦　䷂屯卦　䷃蒙卦

䷄需卦　䷅讼卦　䷆师卦　䷇比卦

䷈小畜卦　䷉履卦　䷊泰卦　䷋否卦

䷌同人卦　䷍大有卦　䷎谦卦　䷏豫卦

䷐随卦　䷑蛊卦　䷒临卦　䷓观卦

䷔噬嗑卦　䷕贲卦　䷖剥卦　䷗复卦

䷘无妄卦　䷙大畜卦　䷚颐卦　䷛大过卦

䷜坎卦　䷝离卦　䷞咸卦　䷟恒卦

䷠遁卦　䷡大壮卦　䷢晋卦　䷣明夷卦

䷤家人卦　䷥睽卦　䷦蹇卦　䷧解卦

䷨损卦　䷩益卦　䷪夬卦　䷫姤卦
䷬萃卦　䷭升卦　䷮困卦　䷯井卦
䷰革卦　䷱鼎卦　䷲震卦　䷳艮卦
䷴渐卦　䷵归妹卦　䷶丰卦　䷷旅卦
䷸巽卦　䷹兑卦　䷺涣卦　䷻节卦
䷼中孚卦　䷽小过卦　䷾既济卦　䷿未济卦

宋代朱熹为便于初学者记忆，把《易经》六十四卦编成歌诀，其歌云：“乾坤屯蒙需讼师，比小畜兮履泰否，同人大有谦豫随，蛊临观兮噬嗑贲，剥复无妄大畜颐，大过坎离三十备。咸恒遁兮及大壮，晋与明夷家人睽，蹇解损益夬姤萃，升困井革鼎震继，艮渐归妹丰旅巽，兑涣节兮中孚至，小过既济兼未济，是为下经三十四。”古人有时将《易经》分为上下经，前三十卦为上经，后三十四卦为下经，故歌诀中有“三十备”和“三十四”之语。如果说《易经》的文字系统深奥费解的话，那它的符号系统更是义出百端，仁者见仁，智者见智。几千年来，历代学者在《易经》符号系统上所下的功夫，不知比在文字系统上所下的功夫要大多少倍。现在很多学习和讲解《周易》的人，以为《易经》的卦画既模棱两可又虚渺不实，干脆直接绕过卦画，只学习和讲解卦爻辞。实际上这种做法是不行的，学习和研究《周易》，卦画是绕不过去的山、躲不过去的河。因为《周易》说到底是“观象设意”，《易经》的形成也是先有卦画，而后有文字，文字只是对卦画的解读和发挥。整个《周易》都是拿“象”来说事，“象”就是卦画，我们研究《周易》，哪能避“象”不谈呢？当然，易学中的象数易体系十分庞杂，知识和技术积累特别多，一个人穷其一生的精力也不能尽窥。我们作为一般的易学爱好者，只要粗略地了解一些易象的常识就可以了。

在《易经》的符号系统中，有两个符号最为重要和基本，既是组成八卦的基本元素，也是构成六十四卦的基本元素，堪称易学殿堂的两大基石。这两个符号就是“——”和“– –”，我们称前者为“阳爻”，称后者为“阴爻”。阳爻（——）和阴爻（– –）这两个符号是怎么来的呢？或者说它是由什么物质抽象出来的呢？对此，学术界曾做过各种各样的猜想：或以为它与古老的文字有关，或以为它起源于数字，或以为它由龟卜的裂纹所演化，或以为它是蓍草根茎的象形，或以为它是结绳记事的遗迹，也有人认为它是男女生殖器的象征。还有学者提出，阳爻（——）和阴爻（– –）这两个符号也可能和圭表和日影有关，是由圭表和日影之形蜕变而来的。圭表代表太阳，其图形为一竖（｜），为书写方便改成一横，这就是阳爻符号；日影是阴气的象征，其活动范围或旋幅大约250度，两个边界的影线很像一个倒过来的八字（V），也是为书写方便，先改成竖形（<），进而为了同阳爻符号协调，又变成两个短横（– –）。

事实上，笔者认为，《易经》卦画阳爻（——）和阴爻（– –），不是哪一个具体事物的象征和代表，而是对天下万事万物的抽象和概括。我们的古圣先贤在长期的观察中，越来越清晰地感到，所有的事物都存在着既相互对立又相互依存的两极：有天就有地，有男就有女，有上就有下，有大就有小，有热就有寒，有强就有弱，有阴就有晴，有清就有浊，有喜就有悲……那么，如果能用最简单的符号把这种现象表现出来，则对我们的生活一定会是大大有益的。当然阴爻

(⚋) 和阳爻（⚊）这两个符号的产生绝非易事，它既是先民长期生活的积累，更是先贤探赜索隐的结果。这两个符号和阴阳概念的产生，使中华民族的文化和思维水平有了质的飞跃，因为从此人们可以描述、分析和认识我们这个世界和人类自身了。阴阳概念不仅是《周易》大厦的基石，也是诸子百家展开其学说的前提和逻辑。如果说中国文化有基因的话，那阴阳概念就是中华文化最重要最强烈的基因。阴阳学说伴随中华民族走过了几千年不平凡的岁月，阴阳学说过去是、现在是、将来也必然是——华夏子孙认识世界和把握世界的思想法宝。阴阳学说质之于人类的现代科学思想，亦无不妥和悖逆。

将阴爻和阳爻这两种符号叠合三次，就得到八种三画的卦，这就是八卦：乾（☰）、坤（☷）、震（☳）、巽（☴）、坎（☵）、离（☲）、艮（☶）、兑（☱）。如果说阴爻（⚋）和阳爻（⚊）这两个符号是《周易》这座神秘殿堂的两块基石，那么，八卦则是《周易》这座神秘殿堂的梁椽和砖石，八卦是整个易学的内核和最基本的单元。那么，有些读者或许会问，为什么要将阴爻（⚋）和阳爻（⚊）这两个符号三三相叠呢？而不是四或五呢？前儒的解释是，因为宇宙间最重要和最宝贵的是天、地、人，也就是所说的“三才”，因此先圣据此而创立出八卦。

创造了八卦，世界上万事万物在分为阴阳两大类的基础上，又可以细化为八个大的类别了。把万事万物分为八类，当然比之分为两类就更进了一步，也更便于认识和把握了。这八卦都分别象征着哪八类事物呢？八卦代表的最基本事物是：乾代表天、坤代表地、震代表雷、巽代表风、坎代表水、离代表火、艮代表山、兑代表泽。八卦在家庭中分别代表什么呢？乾代表父亲、坤代表母亲、震代表长男、巽代表长女、坎代表中男、离代表中女、艮代表少男、兑代表少女。八卦在动物中分别代表什么呢？乾代表马、坤代表牛、震代表龙、巽代表鸡、坎代表豕、离代表雉、艮代表狗、兑代表羊。八卦在人的身体部位中分别代表什么呢？乾代表头、坤代表腹、震代表足、巽代表股、坎代表耳、离代表目、艮代表手、兑代表口。在器具方面八卦分别代表呢？乾代表玉器、坤代表大舆、震代表车辆、巽代表绳子、坎代表弓、离代表兵器、艮代表节纽、兑代表罐子。在颜色方面八卦分别代表什么呢？乾代表大赤、坤代表黄、震代表绿、巽代表白、坎代表黑、离代表红、艮代表棕、兑代表白。在五行方面，八卦分别代表什么呢？乾代表金、坤代表土、震代表木、巽代表木、坎代表水、离代表火、艮代表土、兑代表金。在方位和数字方面八卦分别代表什么呢？这个问题有点复杂，因为八卦还分为先天八卦和后天八卦，而先天八卦和后天八卦代表着不同的方位和数字，这个问题我们后面再详细介绍。据说八卦本身还有着不同的性格和行为特点，乾主健、坤主顺、震主动、巽主入、坎主陷、离主丽、艮主止、兑主悦。当然，八卦所分别代表的事物，是后人不断想象和增加的，像滚雪球一样，越滚越大，一开始或许没有这样复杂，它只是象征和代表着有限的几种事物，比如八卦只象征着天、地、雷、风、水、火、山、泽等自然现象。八卦象征和代表的事物之所以越来越多，是《周易》说理和占筮的需要，如果八卦只代表有限的几种事物，那怎么用它来阐释天下的道理，怎么用它来推演天下的福祸吉凶？我想，读者诸君看了这些文字，也应该知道如何把我没有说到的事物，与八卦一一建立相应的关系啦！

我们的先贤可能以为由三画组成的八卦，还不足以很好地模拟天下万事万物，他们又推演出由六画而组成的六十四个更为复杂的卦。那么，这个由六画而成的六十四卦是怎么推演出来的呢？有人说是由八卦两两相叠而得出六十四卦，有的说是自下而上画六个符号而成的，当然它的基本符号还是阴爻（⚋）和阳爻（⚊）。那么，或许有人要问，为什么非要是六画呢？前儒的解释是："兼三才而两之，故《易》六画而成卦。分阴分阳，迭用柔刚，故《易》六位而成章。"八卦每个卦都有象征的事物，六十四卦当然也有各自象征的事物，只是更为繁复了，因为六十四卦的每个卦都是由两个八卦组成的，八卦原来象征的事物仍然存在于六十四卦之中，而且六画而成的卦画又生出许多新的象征意义。如䷱《鼎》卦，上卦是离为火，下卦是巽为风，风吹火起，有烧火做饭之象征，故此卦为鼎。且《鼎》卦的卦象䷱，本身就像一口做饭和吃饭用的鼎，上面有鼎耳，下面有鼎足，中间放满食物。再如䷦《蹇》卦，上卦是水，下卦是山，有水在山上流之象，比喻多阻难行、举步维艰，蹇字正是难行之义。再如䷚《颐》卦，它的卦象本身就很有象征意义，很像口中有物，口中有物当然是喻指和饮食有关，颐字的含义正是吃饭和养生。

如果说六十四卦每卦的卦象都有一些意蕴值得领会，那么，每个卦的六个卦画即六爻，每一个爻所处的位置以及与其他爻画之间的关系，就更是一篇大文章，有永远说不完的话题。历代易学家根据每个爻所处的位置以及每个爻和其他爻的关系来解释《易经》，已经形成了很大的一门学问，有很多专用术语。我们今天学习《周易》的同志，很多人不懂得爻象和爻位，纯以训诂和义理来研究《易经》，这是一个很大的欠缺，必须补上这个短板。刘大钧先生为了说明每个爻所在的位置确实和那个爻的内容有关，他在《周易概论》（齐鲁书社1988年版）中曾这样写道：

> 通读《周易》六十四卦三百八十四爻，我们发现：凡拟之以物时，初爻之辞皆取象于下。如《乾》卦初九爻："潜龙勿用。"《坤》卦初六爻："履霜坚冰至。"《履》卦初九爻："素履往，无咎。"《泰》卦初九爻："拔茅，茹以其汇，贞吉，亨。"《噬嗑》卦初九爻："屦校灭趾，无咎。"《贲》卦初九爻："贲其趾，舍车而徒。"《剥》卦初六爻："剥床以足，蔑贞，凶。"《大过》卦初六爻："藉用白茅，无咎。"《坎》卦初六爻："习坎，入于坎窞，凶。"《离》卦初九爻："履错然，敬之，无咎。"《咸》卦初六爻："咸其拇。"《遁》卦初六爻："遁尾厉，勿用有攸往。"《大壮》卦初九爻："壮于趾，征凶，有孚。"《夬》卦初九爻："壮于前趾，往不胜，为咎。"《困》卦初六爻："臀困于株木，入于幽谷，三岁不觌。"《井》卦初六爻："井泥不食，旧井无禽。"《鼎》卦初六爻："鼎颠趾，利出否。得妾以其子，无咎。"《艮》卦初六爻："艮其趾，无咎。利永贞。"《既济》卦初九爻："曳其轮，濡其尾，无咎。"《未济》卦初六爻："濡其尾，吝。"我们看："潜""履""茅""趾""足""藉""坎窞""拇""尾""臀""井泥""轮"等，皆取象于物之下者。
>
> 反之，凡拟之以物时，上爻之辞皆取象于上。如《乾》卦上九爻："亢龙有悔。"《比》卦上六爻："比之无首，凶。"《大有》

卦上九爻："自天佑之，吉无不利。"《噬嗑》卦上九爻："何校灭耳，凶。"《大畜》卦上九爻："何天之衢，亨。"《大过》卦上六爻："过涉灭顶，凶，无咎。"《咸》卦上六爻："咸其辅、颊、舌。"《晋》卦上九爻："晋其角，维用伐邑，厉吉，无咎，贞吝。"《解》卦上六爻："公用射隼于高墉之上，获之无不利。"《姤》卦上九爻："姤其角，吝，无咎。"《鼎》卦上九爻："鼎玉铉，大吉，无不利。"《旅》卦上九爻："鸟焚其巢，旅人先笑后号咷，丧牛于易，凶。"《中孚》卦上九爻："翰音登于天，贞凶。"《既济》卦上六爻："濡其首，厉。"《未济》卦上六爻："有孚于饮酒，无咎。濡其首，有孚失是。"等等。我们看："亢""首""天""耳""顶""辅""角""高墉""铉""巢"等，皆取象于物之上者。我们认为：这种情况在经文中出现，恐怕绝非偶然的巧合。

是的，刘大钧先生的分析确实是有道理的。《易经》每卦的六个符号，每个符号（爻）的象征意义都和它所处的位置是有一定关系的。

《易经》六十四卦每个卦都由六个爻画组成，六个卦画之象包含内外两个经卦（三爻画组成的八卦），称为上下两卦，上面的卦也称为外卦，下面的卦也称为内卦。据先儒说，春秋时代人们称内卦曰"贞"，称外卦曰"悔"。六个爻画的排列自下而上数，最下一爻称为"初爻"，依次为二爻、三爻、四爻、五爻，最上面第六爻称为"上爻"。我们下面就一起来看一下，古人是如何看待每一爻的位置和六个爻画之间的关系，并据此对《易经》做出一些解释的。不过，前人在这方面的论说太多，我们只简单介绍一下“中”、“正”、“比”、“应”和“承”、“乘”吧。

所谓“中”，也称为“居中”和“得中”，是指每卦的第二爻和第五爻，因为第二爻居下卦三爻的中间，第五爻居上卦三爻的中间。中华传统文化一直崇尚“中道”“中行”，认为“居中”就是好事。因此，前人解释《易经》，认为每卦第二爻和第五爻都应该是大吉大利的，即“二多誉”“五多功”。当然，我们验之于《易经》六十四卦、三百八十四爻，也不都完全遵循这一规律，第二爻和第五爻也有不少是“凶”“咎”的。比如《剥》卦的六二爻辞是：“剥床以辨，蔑贞，凶。”再比如《颐》卦的六二爻辞是：“颠颐，拂经于丘颐，征凶。”

所谓“正”，也称为“得正”和“得位”，即指阳爻居阳位、阴爻居阴位。卦画六爻分为阴位和阳位，从第一爻到第六爻，逢单数就是阳位，逢双数就是阴位，即初、三、五爻为阳位，二、四、上爻为阴位。凡是阳爻居阳位，阴爻居阴位，就是“正”，就是“得位”，就主吉利。反之，凡是阳爻居阴位，阴爻居阳位，就是“不正”，就是“失位”，就主不吉。有人考究，《易经》六十四卦真正做到六爻都“得位”的，只有《既济》一卦而已。当然，《既济》是个好卦，象征着功成名就，万事顺遂。“得位”和不失其正的思想，不管它在解释《易经》爻辞中能说对多少，它也是中华传统文化的精义之一，即不越礼而行，各就其位，安守本分。

所谓“比”，是指在一卦之中相邻两爻之间的关系。初爻与二爻，二爻与三爻，三爻与四爻，四爻与五爻，五爻与上爻，它们之间都是“比”的关系。比邻而居，关系密切，但并不一定就意味着好，就意味着是相互帮助。这种情况要具体分析，既要看自身所处的位置，还要看邻居所处的位置和爻性。大致来说，阴爻与阳爻相邻，阳爻与阴爻为“比”，则关系好处些，多为吉利。当然，这符合宇宙的普遍法则。

所谓“应”，是指两爻之间有一种相互呼应的关系。具体而言，即初爻与四爻，二爻与五爻，三爻与上爻，它们彼此之间有“应”的关系。据说两爻之间之所以有这样的关系，其理论依据是下面这两段话：“三画已下为地，四画已上为天。”“动于地之下则应于天之下，动于地之中则应于天之中，动于地之上则应于天之上。”就是说，初爻有什么动向，四爻会有反应；二爻有什么动向，五爻会有反应；三爻有什么动向，上爻会有反应，至于这种反应是积极的还是负面的，就要具体情况具体分析了。不过，大多数情况下，还是尽量助力和加持吧！后人根据这种“应”的关系，又创立了“世应”的体系，主要是作为一种断卦的手段。

所谓“承”，有承受之义，一般指在一卦的六爻中，若阳爻在上，阴爻在下，则此阴爻对于上面的阳爻称之为“承”。比如䷜《坎》卦，在这一卦体中，六四爻为阴爻，九五爻为阳爻，九五爻位置在六四爻之上，即为六四爻“承”九五爻，也称为“四承五”。在这一卦中，初六爻为阴爻，九二爻为阳爻，九二爻位置在初六爻之上，为初六爻“承”九二爻，也称为“初承二”。我们现在来看一下，古人是如何运用两爻之间有“承”的这种关系来解释《易经》的。如䷐《随》卦六二爻爻辞是："系小子，失丈夫。"《周易集解》中则解释说："承四隔三，故'失丈夫'。"意思是说，九四爻是阳爻，象征丈夫，位置在上，六二爻"承"九四爻，却被六三爻在中间阻隔，因而有失去丈夫之虞。古人在解释《易经》时，若卦画中一个阴爻在下，数个阳爻在上，则下面的这一阴爻，对上面的所有阳爻都可以称作"承"。同样，在一个卦体中，若几个阴爻在下，一个阳爻在上，下面的几个阴爻对上面的这个阳爻也都可以称为"承"。

所谓"乘"，是指在一卦体中，若阴爻在上，阳爻在下，则此阴爻对下面的阳爻称之为"乘"。如䷝《离》卦，六二爻为阴爻，初九爻为阳爻，六二爻在初九爻之上，即为六二爻"乘"初九爻，也称为"二乘初"。若一个六爻卦画中，几个阴爻在一个阳爻之上，则这几个阴爻对这一阳爻都可以称之为"乘"。古人强调阳尊阴卑，正常情况下应该是阳在上，阴在下，而这种"乘"的关系，则是阴爻在上而阳爻居下，当然大都不会吉利。比如䷂《屯》卦，六二爻为阴爻，在初九爻阳爻之上，即"二乘初"。《屯》卦六二爻辞是："屯如邅如，乘马班如，匪寇婚媾。女子贞不字，十年乃字。"《易传》的解释是："六二之难，乘刚也。"意思是说，之所以会徘徊不前、女子迟迟不能嫁，就是因为六二阴爻凌驾在了初九阳爻上面。

古人不仅认为在一卦体内，六个卦画之间存在着一定关系，就是卦和卦之间也存在着这样那样的联系，六十四卦实际上是一个可以相互转化、相互生变的有机整体。当然，这种思想是很高明的，它符合宇宙存在普遍联系的这一基本事实。用这个思想来赏析《易经》六十四卦的卦象，会得出无穷无尽的图象，会说出各式各样的道理。我们在这里只介绍两种有代表的易象，那就是“反对”和“旁通”。

所谓“反对”，就是将一个六画的卦象颠倒过来，就成了另一个新的卦体。比如䷌《同人》卦，将《同人》卦的六个爻画颠倒过来，就变成䷍《大有》卦了。统观《易经》六十四卦，除䷀《乾》、䷁《坤》、䷜《坎》、䷝《离》、䷛《大过》、䷽《小过》、䷼《中孚》共八个卦的六画之象颠倒之后不变，其余五十六卦实际上都是由二十八个卦颠倒而来的。历代易学家是如何利用“反对之象”来解释《易经》的呢？一是认为《易传》六十四卦的排列顺序，主要是依据“反对之象”而编排的，将两两有“反对”关系的卦编为一组。如第三卦是䷂《屯》卦，第四卦是䷃《蒙》卦，《屯》卦的六画之象颠倒过来之后是《蒙》卦；如第五卦是䷄《需》卦，第六卦是䷅《讼》卦，《需》卦的六画之象颠倒过来之后正是《讼》卦；再如第七卦是䷆《师》卦，第八卦是䷇《比》卦，《师》卦的六画之象颠倒过来之后正是《比》卦……二是认为在六十四卦中有“反对”关系的两卦，在卦爻辞的吉凶判断上，会有某些联系。如有的学者发现，在这种互为反对之象的两卦中，其前一卦初爻爻辞的吉凶，绝大部分和后一卦上爻爻辞的吉凶相同。如《屯》卦初九爻和《蒙》卦上九爻，《泰》卦初九爻和《否》卦上九爻，《小畜》卦初九爻和《履》卦上九爻。三是用“反对之象”来解释一些疑难和没有着落的卦爻辞。如《临》卦，其卦辞说：“元亨，利贞。至于八月有凶。”为什么会“八月有凶”？因为䷓《观》卦在十二辟卦中为八月之卦，而䷒《临》卦与䷓《观》卦有“反对之象”。

所谓“旁通”，就是指两个阴阳爻画完全相反的卦，也有的说，

“旁通”就是本卦六爻尽变，即阴爻变为阳爻，阳爻变为阴爻，则本卦就变为与之有对应关系的另一卦。这两种说法虽有差异，但实质都是相同的。在《易经》六十四卦中，有旁通关系的卦很多。如䷀《乾》卦和䷁《坤》旁通，䷈《小畜》卦和䷏《豫》卦旁通，䷌《同人》卦和䷆《师》卦旁通等。古人也用“旁通”来解释《易经》。如䷶《丰》卦九四爻中有“遇其夷主”之语，而䷺《涣》卦六四爻也说“匪夷所思”，这两卦第四爻均有一个“夷”字，原因就是《丰》卦与《涣》卦有旁通的关系。再如䷂《屯》卦九五爻有“屯其膏。小，贞吉；大，贞凶”之语，而䷱《鼎》卦九三爻也有“雉膏不食”，都有一个“膏”字，原因也是《屯》卦和《鼎》卦有旁通的关系。“旁通”是讲的六爻尽变，那如果有一个爻发生变化呢？或者两个爻、三个爻、四个爻和五个爻发生变化呢？它们的本卦和变卦中也有某种关系吗？答案是肯定的。且前人在这方面也研究出来很多道理，因此《易经》的话题总是越说越多，扯出任何一个线头，都够梳理半天的。

大家在学习《周易》时，有一个普遍的感受：《易经》的六十四卦卦爻辞不好理解，简直比读天书还难。很多《周易》的爱好者都是被卦爻辞这个拦路虎挡住了前进之路，影响了对《周易》的深入学习。卦爻辞虽然难懂，但并不是不可解读，并不是没有蹊径可循。我们下面就选择《乾》《坤》《谦》《剥》《大畜》《恒》《渐》《归妹》《既济》《未济》十个卦进行解释，以期与读者共同加深理解。这里对卦爻辞的解释，只从文字学和历史学的角度，而不采用卦象爻象等理论对卦爻辞的解读。这是因为：一是用卦象爻象等理论来解读《易经》卦爻辞，不少是牵强附会，并不完全符合《易经》的本义；二是运用卦象爻象理论来解释卦爻辞，会使本来就难读的《易经》更加难懂，云遮雾罩，让人摸不着头脑。

☰乾卦

乾：元亨，利贞。

乾，有的学者认为本为“斡”字，即北斗星，以喻天体。元，开始；亨，通顺；利，有利；贞，占问。意思是事情从一开始就亨通顺当，是吉利的占卦。

初九：潜龙，勿用。

初九，是爻题，即爻的标题。《易经》的爻题，以“九”字标明阳爻，以“六”字标明阴爻；以“初”“二”“三”“四”“五”“上”标明六爻的顺序，自下而上，全经皆同。潜龙，潜藏于水中的龙；勿用，不要有所行动。有的学者认为这里的“龙”即龙星。《说文》：“龙……春分而登天，秋分而潜渊。”不管怎么说，就是要告诫你，在时机不成熟时，不要轻举妄动。

九二：见龙在田，利见大人。

见，读为现 xiàn，出现。田，田野。大人，指有身份或者有德行的人。这爻是说：看见龙出现在田野里，有利于拜见大人。

九三：君子终日乾乾，夕惕若，厉无咎。

君子，古代多指贵族或士人，《易传》中举凡君子如何、如何，就是指有修养的人应该如何、如何。乾乾，勤勉努力。惕，警惧。若，语助词。厉，危困。咎，灾祸。此爻是说：君子白天勤勉不息，夜晚警惧反思，即使碰到艰难险阻，最终也不会有大的灾祸。

九四：或跃在渊，无咎。

“或跃在渊”承前文省去“龙”字。“或”是将然之辞，“或跃”谓将欲飞跃而身仍在深渊。此爻是说：虽有跳跃之志而又能犹豫三思，没有什么灾害。

九五：飞龙在天，利见大人。

此爻是说：巨龙飞翔于天空，定会有贵人相助。

上九：亢龙，有悔。

亢，与“颃”同义，谓高飞不下。世上万物有盈就有虚，有盛就有衰，物极必反。此爻是说：龙飞过高，将有悔恨之事。

用九：见群龙无首，吉。

用九，每卦本来都只有六爻，但乾卦多一爻“用九”，坤卦多一爻“用六”。因为乾卦两卦是全阳全阴。古人占筮时，占得一卦，又占变爻。一个卦的卦画，只要变动一爻，就成了另一卦的卦画。如䷀《乾》的第二爻变为阴爻，则成了䷌《同人》卦。这在《左传》《国语》中被称为“乾之同人”。在这种情况下，就需要引用《乾》卦中的第二爻（九二）来断吉凶。如果占到“遇乾之坤”，就要引用乾卦的用九来断卦。所以，“用九”就是表示全阳爻都变为阴爻，“用六”则是全阴爻都变为阳爻。这种六爻全变的现象，在其他六十二卦里是没有的，所以《乾》《坤》两卦各多出了一爻爻辞。“群龙无首”，即群龙奔飞上不见首，下不见尾。此爻辞是说：群龙齐飞不受牵制，众人各得其志，大吉大利。

䷁坤卦

坤：元亨，利牝马之贞。君子有攸往，先迷后得主，利。西南得

朋，东北丧朋。安贞吉。

坤，即大地。本卦主要讲生活在大地上的人的活动，兼及对大地的认识。牝马，即母马。攸，即所。朋在《易经》中有两义，一为朋贝，即货币；二为朋友。此两义在《坤》卦中都可通。安贞吉：占问平安与否则吉利。这段卦辞是说：吉利亨通，对乘驾母马出行的占问会吉利。问占者若想出行，先迷路后得主人以客礼相待，亦有利。向西南方向去会赚钱，向东北方向去可能就会赔本。占问平安与否则吉利。

初六：履霜，坚冰至。

履，踩踏。坚冰，厚冰。此爻是说，脚踏上微霜时，严寒与坚冰也将随时到来，比喻人事之吉凶都是逐渐而来，应该防微杜渐。

六二：直、方、大，不习，无不利。

直、方、大，这是人们对大地的一种粗浅认识，即看到大地是平直、方正和辽阔的。不习，即不熟悉。此爻是说，大地是平直、方正和辽阔的，即使你到不熟悉的地方去，也没有什么问题。

六三：含章，可贞。或从王事，无成有终。

含章，指大地充满文彩，山河壮丽。王事，此处指战争。此爻是说，山河秀丽而可爱，为保家卫国去参战，即使是没有立下战功，其结果也是好的。

六四：括囊，无咎无誉。

括囊，扎紧口袋，不进亦不出。无咎无誉，没有罪咎亦没有赞誉。这里的括囊，一说是扎紧口袋保管好东西，一说是管住嘴巴，不胡言乱语。似以后者为是。

六五：黄裳，元吉。

黄裳，黄色华贵的衣服；元吉，大吉大利。此爻是说：穿着黄色华贵的衣服，一切吉祥如意。

上六：龙战于野，其血玄黄。

玄黄，青黄相杂。学者一般认为，这爻是说两条巨龙格斗于田野，流了很多鲜血。也有的学者认为，这爻是说雌雄两龙在大野交合，事后淌出暗黄色的精液。后一种说法也有道理，因为《乾》《坤》两卦既是讲天地的，也是描述男女和雌雄的。

用六：利永贞。

"用六"和《乾》卦的"用九"一样，是指占筮的方法。"利永贞"，有的学者解释为，占问长远之事则吉利，或利永贞就是要永远坚守贞正。后一种说法也有道理，因为坤道就是地道，就是臣道和妻道，坚守忠贞最为重要。

䷎谦卦

谦：亨，君子有终。

《谦》卦的内容是讲谦虚和谦让的，"君子有终"是说君子若保持谦虚的美德，就能得到美好的结果。

初六：谦谦君子，用涉大川，吉。

谦谦，犹言谦而又谦。大川，大江大河，也指艰难险阻。此爻是说：君子只要谦虚再谦虚，就能够历经艰险而无往不利。

六二：鸣谦，贞吉。

鸣谦，学术界有两种解释。一说"鸣"即"名"，爻辞的意思是，名声在外仍然谦虚，占问自然吉利；一说“鸣”即“明”，爻辞的意思是，明智而善于分辨是非的谦虚，即无往不吉。

九三：劳谦，君子有终，吉。

劳，一说功劳，一说勤劳，都通。此爻是说：有了功劳（或说刻苦勤劳）而谦虚，就一定会有好结果。

六四：无不利，㧑谦。

㧑，学者有多种解释，有人解释为“㧑即挥，奋也”，有人解释为“㧑即施”，即“施行”也。笔者认为，这爻爻辞的意思应该是：要想无往而不利，只有不断地发挥和施展谦虚的美德。

六五：不富以其邻，利用侵伐，无不利。

“不富以其邻”一语颇费解，众说纷纭，有解释为“不能和邻居共同富裕”的，有解释为“不向邻居炫耀”的。此爻的大意是：平时不向邻居炫耀自己，谦以待人，一旦有事联合起来共同抵御外侵，则无往而不利。

上六：鸣谦，利用行师，征邑国。

鸣谦，谦虚的美德声名在外。此爻是说：谦虚善良的美德声名在外，这种情况有利于征讨属邑小国。

谦虚是中华民族最为看重的美德，能否做到谦卑自古以来对中国人都至关重要，它关系人生的成败利钝。有的学者统计，在六十四卦中，六爻皆吉的，只有《谦》卦这一卦。故前人有一联语：“谦卦六爻皆吉，恕字终身可行。”

䷖剥卦

剥：不利有攸往。

剥，在汉语中有剥落、剥蚀、剥离之义，还有打、击之义。如《诗经》中的“八月剥枣”，就是指八月打枣。这卦的卦辞是说，占遇此卦，不利于有所行动。

初六：剥床以足，蔑贞凶。

关于《剥》卦中的“床”字，我同意有些学者的观点，它不是指睡觉用的床，而是指“车厢”，在卦爻辞中也代表车子。蔑，有训为“梦”的，有训为“小”的，都通。笔者更倾向于训为“梦”，蔑贞，即梦占，占梦在古代是一种很普遍的现象。此爻是说：打造车子伤到了脚部，梦占得到凶兆。

六二：剥床以辨，蔑贞凶。

辨，古人训为蹁，膝盖骨也。此爻是说：打造车子伤到了膝盖骨，梦占又得到了凶兆。

六三：剥之，无咎。

此爻是说，打造车子，没有什么不吉利。

六四：剥床以肤，凶。

肤，即腹部。此爻是说：打造车子伤到了腹部，很不吉利。

六五：贯鱼以宫人宠，无不利。

贯鱼，有的训为射中了鱼，有的训为嫔妃鱼贯而入，都通。此爻之所以安排这样的内容，旨在说明作为宫人获得宠幸很容易，也没有什么不吉利，而作为打造车子的木匠，则备尝艰辛，很难有幸运降临。

上九：硕果不食，君子得舆，小人剥庐。

硕果，大的果实。舆，车子。剥，离开。庐，草房子。此爻是说，一年忙到头，丰硕的果实享受不到，主人的车子是打造好了，可自己连茅草房也住不起。我们现代人常用的“剥削”一词，和这一爻的描述最为贴近，这大概正是《剥》卦中所蕴含的应有之义吧，要不怎么说《周易》是非常神奇的呢！

䷛大过卦

大过：栋桡，利有攸往，亨。

大过就是过分和反常的意思，卦中列举了很多日常生活中的反常和过分的现象。桡，弯曲。卦辞的意思是说：栋梁的压力太重以致弯曲变形了，但只要有所防备而随时离开房屋，就会吉利亨通。

初六：藉用白茅，无咎。

藉，古席字，祭祀时垫在下面的东西。白茅，一种非常柔软洁白而珍贵的茅草。《诗经》中说有位男子把鹿送给心仪的女子，为了表达敬意，就是用“白茅包之”的。此爻是说：祭祀用白茅垫祭品，虽然有点过分和浪费，但没有什么不吉利。

九二：枯杨生稊，老夫得其女妻，无不利。

枯杨，枯老的杨树；稊，重新发芽。此爻是说：枯老的杨树重新发芽，长出新枝，衰老的男人娶了个年轻貌美的女子为妻，这也没有什么不吉利和灾殃。

九三：栋桡，凶。

栋梁弯曲，房屋易于倒塌，所以有凶险。

九四：栋隆，吉。有它，吝。

隆，高起。它，意外。吝，困难。此爻是说：房屋高大宽阔自是吉象，但若有什么意外（比如地震和火灾等），也会有麻烦。

九五：枯杨生华，老妇得其士夫，无咎无誉。

生华，即生花。士夫，未曾娶妻之男子。此爻是说：枯老的杨树重新开花，龙钟老太太找了个年轻的小伙子，说不上好与不好，虽然有些过分，但也无伤大雅。

上六：过涉灭顶，凶，无咎。

过涉，即涉水过深。灭顶，即淹没。此爻是说：涉水过深以致淹没全身，有凶险，但最终没有什么灾祸。

䷟恒卦

恒：亨，无咎。利贞，利有攸往。

恒，长久、恒常。卦辞的意思是：通顺，没有咎害。利于占问，利于有所行动。

初六：浚恒，贞凶，无攸利。

浚，挖掘，如浚河、浚井等，这些在古代是生活中常有之事。经常挖河、掘井是有危险的，所以说“浚恒，贞凶”。无攸利，应早早离开危险之地。

九二：悔亡。

悔亡，就是悔恨消失。因没有上下文，不知道为什么会悔恨消失。古人多从爻象上去解释。笔者认为，也可能和“恒”有关，即持之以恒地去做事，最终是会没有遗憾的。

九三：不恒其德，或承之羞，贞吝。

学者一般认为，这个爻的爻辞是说：如果不能恒久地保持道德，早晚有一天会蒙受耻辱。也有的学者认为，爻辞追忆的是原始社会的遗风，集体劳动和平均分配。德，即得字。承，奉送。羞，同馐，指鱼羊等美食。据说在原始社会时期，打到猎物的部落成员，要主动把最好的猎物奉送给没有打到猎物的部落成员。笔者认为，这两种解释并不矛盾，“不恒其德，或承之羞”是一个成语和谚语，它的起源是一回事，它的应用又是一回事。这种现象在语言学上屡见不鲜。

九四：田无禽。

田，打猎。无禽，没有收获。这段爻辞和恒字有什么关系呢？意思是说，打不到猎物，是猎人经常碰到的事情。

六五：恒其德，贞，妇人吉，夫子凶。

学者一般认为，这爻爻辞是说：恒久保持美德，妇人占问吉利，男子占问不吉利。这样解释，于情于理好像都不通顺。笔者认为，这段爻辞是说：勤俭持家、收藏好所得，这作为家庭主妇是可以的，但作为男子汉大丈夫，应该志在四方，能收能放。

上六：振恒，凶。

振，有的学者解释为雷雨，振恒即雷雨不止，这样当然会凶。有的学者解释为振动，振恒即振动不已，这样当然也不吉利。

䷴渐卦

渐：女归吉，利贞。

渐，有前进和逐渐之义。因六爻爻辞开头两字皆有“渐”字，故名为渐卦。渐卦和其他卦有很大不同，它更像《诗经》中的一首诗，有比有兴，充满文采，令人遐想和喜爱。卦辞的意思是：出嫁闺女，大吉大利。

初六：鸿渐于干，小子厉，有言无咎。

鸿，大雁。干，水边。小子，小孩子。厉，危险。言，谴责。此爻爻辞是说：大雁渐渐飞到水岸边，小孩子在那里玩耍多危险，好在有大人规劝，最终有惊而无险。

六二：鸿渐于磐，饮食衎衎，吉。

磐，大石。衎衎，快乐自得。此爻爻辞是说：大雁渐渐飞到大石上，有吃有喝喜洋洋。

九三：鸿渐于陆，夫征不复，妇孕不育，凶，利御寇。

陆，高平之地。不复，不得回家。妇孕不育，流产。御寇，抗击侵略者。此爻爻辞是说：大雁渐渐飞到高原上，丈夫出征不还乡，妻子怀孕又流产，誓将来敌消灭光。

六四：鸿渐于木，或得其桷，无咎。

桷，音觉，盖房屋用的梁椽。此爻爻辞是说：大雁渐渐飞到树木上，有人得到椽和梁，盖起新房乐无央。

九五：鸿渐于陵，妇三岁不孕，终莫之胜，吉。

陵，山岭。终莫之胜，最终没有屈服。此爻爻辞是说：大雁渐渐飞到山岭旁，妻子三年未怀上，最终战败侵略者，全家团圆享荣光。

上九：鸿渐于阿（陆），其羽可用为仪，吉。

原爻为“鸿渐于陆”。有些学者认为“陆”不但与九三爻重复，且不协韵，当是“阿”之误。笔者同意这个见解。阿，大陵也。此爻爻辞是说：大雁渐渐飞到高陵上，它的羽毛真漂亮，制成仪仗好吉祥。

䷵归妹卦

归妹：征凶，无攸利。

归妹，即嫁女。这一卦是专门论述婚姻的。结婚是喜庆之事，是全家团圆的时刻，有战乱当然不吉利。所以卦辞说：征凶，无攸利。

初九：归妹以娣，跛能履，征吉。

以，与。娣，妹妹。姐妹共嫁一夫是远古的遗风，但到西周时贵族嫁女，常以嫁者之妹等陪嫁，陪嫁者谓之媵。跛，瘸子。履，走路。征，前往。此爻爻辞是说：姐姐出嫁妹妹陪嫁，就好比虽是瘸子但仍然能走路，妹妹作为侧室只要坚守妻妾之道，就会无往而不利。

九二：眇能视，利幽人之贞。

眇，一个眼看不清为眇。幽人，有的解释为女子，有的解释为困顿之士，还有的解释为善于思考和观察的人。联系全卦内容来看，这里的“幽人”，应当指女子。此爻爻辞是说：眼睛虽然不好但还能看见，待字闺中的女子，最终会等来好结果。

六三：归妹以须，反归以娣。

须，借为媭，即姐姐。反归，被休弃回娘家。此爻爻辞是说：妹妹出嫁以姐姐陪嫁，这不符合礼仪，被休弃回娘家，最终仍以妹妹陪嫁。

六四：归妹愆期，迟归有时。

愆期，拖延日期。时，等待。此爻爻辞是说：出嫁时拖延了时间，推迟出嫁时间因为有所等待。

六五：帝乙归妹，其君之袂不如其娣之袂良。月几望，吉。

其君，君夫人，正妻。袂，衣袖，代指嫁妆。望，月圆。此爻爻辞是说：帝乙出嫁闺女，新娘子的衣服不如陪嫁妹妹的衣服漂亮，月儿快要圆了，总之嫁女是吉利的。有的专家考证，“帝乙”就是商纣王的父亲，他在把女儿嫁给周文王时，也是姐妹共嫁一夫，当时确实是姐姐的衣服不如妹妹的衣服漂亮。

上六：女承筐，无实。士刲羊无血。无攸利。

承，捧也。刲，音亏（kuī），刺杀。古人多认为此爻描述的是婚礼和祭祀。古代贵族结婚有献祭宗庙之礼，女则捧筐盛果品，以果品献神，男则以刀刺羊，以羊血祭神。现在是女子捧筐而筐中无物，男子杀羊而羊不出血，均是不祥之兆，故无所利好。笔者倒以为“女承筐，无实。士刲羊无血”云云，也可能是一句流传久远的谚语，它描写的是新婚之夜的反常现象，后来引申为一个不祥征兆的代词，并指喻现象反常则不吉不利。还有的学者认为这是梦境，因为现实生活中没有“承筐，无实。刲羊无血”的现象，此亦备一说。

☴☵涣卦

涣：亨，王假有庙，利涉大川，利贞。

涣，洪水横流无阻。这一卦是讲如何对待水患的。亨，祭祀。假，至。有，于。这个卦辞的意思是：有了水患，大王到庙里去祭祀水神，这样是好的。

初六，用拯马壮，吉。

拯，乘也。此爻爻辞是说：洪水初来，因乘坐健壮的马匹而逃脱，所以吉利。

九二：涣奔其机，悔亡。

机，机会，及时。悔亡，悔事消亡，没有遗憾。此爻爻辞是说：洪水奔涌而来，因逃脱及时没有受到伤害。也有的学者认为，机同基，指房屋的基础。悔亡，不吉利。将此爻爻辞解释为：洪水来得猛，冲塌了房基，倒霉极了。亦备一说。

六三：涣其躬，无悔。

躬，身。此爻爻辞是说：洪水冲到身上了，最终逃脱没有受到伤害。

六四：涣其群，元吉。涣有丘，匪夷所思。

群，群众，也指平时聚集之地。丘，高地。夷，平常，也指平地，即平时聚集之地。此爻爻辞是说：洪水冲到平时大家居住的地方，没有什么问题；洪水如果冲到了高丘上，那就不是冲到平地时所能想象到的危险。这也是“匪夷所思”成语的出处。它原来的意思是指，洪水冲到山丘上，其后果是洪水冲到平地时所无法想象的。这里的“匪夷所思”一语，和我们今天所说的义项还有较大差别。

九五：涣汗其大号，涣王居，无咎。

涣汗，水势盛大。大号，奔走呼号。王居，王者所居之地。此爻爻辞是说：洪水越来越大，众人奔走呼号，洪水涨到了大王住的地方，但因为有所防范最终没有被伤害。

上九：涣其血去，逖出，无咎。

血，同恤，忧也。逖，同惕，警惕也。此爻爻辞是说：洪水的忧患是过去了，但只有提高警惕，才能避免灾害。

䷾既济卦

既济：亨，小利贞。初吉终乱。

既，已经。济，本义为渡水。既济，就是渡水结束。既济也代表事情的成功和顺利。亨，亨通。小利贞，占问小事则吉利。初吉终乱，开始还好而最终危乱。既济卦各爻爻辞好像是讲要辩证看待事情的：成功中有危机，得中有失，大的不如小的，开始好也可能结局不好。

初九：曳其轮，濡其尾，无咎。

曳，拉。濡，湿。此爻爻辞是说：拉车渡水，水湿了车尾，但问题不大。

六二：妇丧其茀，勿逐，七日得。

茀，头巾。逐，寻找。此爻爻辞是说：妇女丢了块头巾，不用寻找，七日内自然可以回来。

六三：高宗伐鬼方，三年克之，小人勿用。

高宗，商朝高宗武丁。鬼方，当时北方一个比较强势的部族。小人勿用，可能是指对普通百姓不吉利。此爻爻辞是说：高宗讨伐鬼方，三年大获成功，但普通民众可能要深受战乱之苦。

六四：繻有衣袽，终日戒。

繻，华美的衣服。袽，破旧的衣服。戒，警惧。此爻爻辞是说：美丽的衣服很快变成破旧的衣服，看到这种情况使人终日警惕不安。

九五：东邻杀牛，不如西邻之禴祭，实受其福。

东邻、西邻，有的学者考证分别指商和周。当时商强周弱，但后来发生了反转。杀牛，指用牛祭祀。禴祭，指用蔬菜祭祀，属于薄祭。此爻爻辞是说：东邻杀牛盛祭，不如西邻用蔬菜薄祭，更能得到神灵的赐福。

上六：濡其首，厉。

首，头。厉，危险。此爻爻辞是说：渡水湿了头部，有危险。

（二）

我们现在来说《易传》。

《易传》是《周易》的重要组成部分，它不仅是《周易》这座神秘殿堂的砖和石，还是这座殿堂的配套建筑和装饰。《易传》也称《易大传》，是对《易经》的最早和最权威的解释，后来和《易经》加在一起统称为《周易》。《易传》共包括七个部分、十个篇章，即《彖传上》《彖传下》《象传上》《象传下》《系辞上》《系辞下》《文言》《说卦》《序卦》《杂卦》，古人也称“十翼”，说《易大传》好比是《易经》的十个翅膀。是的，《易传》就是《易经》的羽翼和翅膀，没有《易传》，《易经》这条巨龙是飞腾不起来的，是不能凌空而立的，它的光辉是不能照耀华夏大地的。

关于《易传》，还有几个问题需要和初学《周易》的朋友交流一下。一是《易传》对《易经》的解释，有些符合《易经》的原义，有些是牵强附会，更多的是借题发挥。这种现象确实是存在的。因此，有些朋友看到这种情况，就对《易传》的地位和作用看轻了，甚至认为，学习和研究《易经》可以抛开《易传》。这种观点是不对的。首先，《易传》是最早解释《易经》的著作，《易传》的作者离《易经》的成书时代最近，《易传》对《易经》的解释还是最具参考价值的。《易传》在解释《易经》和借题发挥中，形成了自己的完整思想体系，其学术成就和思想价值极高，我们不管是研究《易经》，还是学习中华传统文化，都要高度重视《易大传》。二是《易传》的作者和成书年代，这是个至今仍没有定论的学术问题，估计短时期内也不会有更权威的说法。我想，作为一般的《周易》爱好者，不要过多地去思考这个问题，更不要被这些学术上有争议的问题扰乱了心智。说句实话，自北宋欧阳修提出《易传》非孔子所作后，已经争论一千多年了，至今仍然是众说纷纭，根本连一点眉目都没有，甚至仍然还有很多学者坚持认为《易传》就是孔子所作。当然，现在多数学者倾向《易传》非一人所作，它的主要篇章都完成于战国时代。三是在学习《周易》时，会看到各式各样的版本，有的《经》和《传》汇在一起，有的《传》附在《经》后，也有的将一部分《传》和《经》合在一起，而将另一部分《传》附在《经》后。对这个现象也不要见怪，《经》和《传》的分合从秦汉到今天总是这样，一会儿分开，一会儿合并，一会儿这样分，一会儿那样分。我们都不用去管它。分有分的道理，合有合的好处。

下面逐次介绍一下《易大传》各篇的内容和思想特点。

1.《彖传》

《彖传》只解释每卦的卦辞，对每卦的卦名、卦体、卦义予以解说。彖者，先儒认为即“断”也，即裁断一卦之吉凶的文辞。我们先看《彖传》对《乾》《坤》两卦卦辞的解说：“大哉‘乾元’，万物资始，乃统天。云行雨施，品物流形。大明终始，六位时成，时乘六龙以御天。乾道变化，各正性命，保合大和，乃‘利贞’。首出庶物，万国咸宁。”“至哉‘坤元’，万物资生，乃顺承天。坤厚载物，德合无疆。含弘光大，品物咸亨。牝马地类，行地无疆，柔顺‘利贞’。君子攸行，先迷失道，后顺得常。‘西南得朋’，乃与类行。‘东北丧朋’，乃终有庆。‘安贞’之吉，应地无疆。”

上面这两段彖辞，既对《乾》《坤》两卦的卦辞做了自己的解说，又把乾、坤作为天地的象征进行了热情的讴歌。你看，“伟大啊乾天！万物就是因为有了它才开始，所以天是一切的根本。云雨以时兴降，各类物种在大气的流动中随之长成。太阳终而复始地围天运动，宇宙上下四方之位于是确定，这就好像太阳依时乘驾着六龙有规律地飞行在苍天……”你再看，“伟大啊，坤地！万物依赖它而生成，顺承天道。坤地厚重，载育万物，德性和合，无与伦比。它涵容宽裕，结施广善，各类物种因之顺畅成就。母马属于坤地一类，其持久的耐性使其在大地上健行不已，其柔顺的品质使其利于持守正道……”

《谦》卦卦辞只有“亨，君子有终”五个字，但《彖传》对谦虚这种美德做了很大一段解释，强调谦虚的品德符合天地之道，只有保持谦虚的人才能无往而不利。其文云：“谦，亨。天道下济而光明，地道卑而上行。天道亏盈而益谦，地道变盈而流谦，鬼神害盈而福谦，人道恶盈而好谦。谦尊而光，卑而不可逾，君子之终也。”你看，连鬼神都厌恶傲慢而降福于谦虚的人。《恒》卦卦辞也只有九个字：

“亨，无咎。利贞，利有攸往。”《彖传》不仅就《恒》卦卦辞发了一大通议论，还希望我们每位学习《周易》的人，都要通过《恒》卦来认识天地万物之情。其文云：“恒，‘亨，无咎。利贞’，久于其道也。天地之道恒久而不已也。‘利有攸往’，终则有始也。日月得天而能久照，四时变化而能久成，圣人久于其道而天下化成。观其所恒，而天地万物之情可见矣!”《革》卦的卦辞只说了“巳日乃孚，元亨，利贞，悔亡”几个字，《彖传》却对社会变革的重大意义发了一通感慨：“革，水火相息，二女同居，其志不相得曰革。‘巳日乃孚’，革而信之。文明以说，大亨以正。革而当，其悔乃亡。天地革而四时成，汤武革命，顺乎天而应乎人。革之时大矣哉!”当然，如果不是联想十分丰富的话，我们无论如何也从《革》卦卦辞中看不出有汤武革命之含义的。

《易传》特别推崇“中正”的思想，认为人们只要做到了既“中”又“正”，就会无往而不利。如《彖传》对《需》卦的解说：“需，‘有孚，光亨，贞吉’，位乎天位，以正中也。”如对《讼》卦的解释说：“利见大人，尚中正也。”如对《观》卦的解释说：“大观在上，顺而巽，中正以观天下。”如对《离》卦的解说：“离，丽也，日月丽乎天，百谷草木丽乎土。重明以丽乎正，乃化成天下。柔丽乎中正，故亨。”再如对《节》卦的解说：“节，亨，刚柔分而刚得中。苦节不可贞，其道穷也。说以行险，当位以节，中正以通。天地节，而四时成。节以制度，不伤财，不害民。”

2. **《象传》**

《象传》分为《大象传》和《小象传》，《大象传》根据卦象解释卦辞，《小象传》根据爻象和爻位解释各爻爻辞。这样，对应六十四卦和三百八十六爻（含《乾》卦“用九”、《坤》卦“用六”），《大象传》则有六十四段文字，《小象传》则有三百八十六条文字。《易经》说到底是圣人通过观象设卦进行教化，这正是“易者，象也。……象也者，像此者也”。黄宗羲在《易学象数论》中指出，《易经》有“八卦之象”、“六画之象”、“像形之象”、“爻位之象”、“反对之象”、“方位之象”和“互体之象”。关于爻位之象，我们前面已经谈到中、正、比、应、承、乘等知识。《象传》在解说《易经》时，主要是依象释义，有时也望文生义，还有不少是凭空创义。

《大象传》在解释《易经》时有一个规律，它总是先解释这一卦卦名的由来和卦象的含义，然后接着说，君子看到这个卦象时应该受到什么启示。如《大象传》对《乾》卦的解释：“天行健，君子以自强不息。”对《坤》卦的解释：“地势坤，君子以厚德载物。”对《蒙》卦的解释：“山下出泉，蒙。君子以果行育德。”对《大有卦》的解释：“火在天上，大有。君子以遏恶扬善，顺天休命。”对《无妄》卦的解释：“天下雷行，物与无妄。先王以茂对时育万物。”对《大畜》卦的解释：“天在山中，大畜。君子以多识前言往行，以畜其德。”对《小过》卦的解释：“山上有雷，小过。君子以行过乎恭，丧过乎哀，用过乎俭。”《大象传》对卦象和卦辞的解释，我们有时候会莫名其妙，一头雾水，根本看不出来卦象、卦辞中有它说的那些意蕴，如对《随》卦的解释：“泽中有雷，随。君子以向晦入宴息。”我们实在看不出，“泽中有雷”这种现象为什么会启发君子要“向晦入宴息”。再如对《旅》卦的解释：“山上有火，旅。君子以明慎用刑而不留狱。”整个《旅》卦的卦辞爻辞，都是讲的商人在旅途中所发生的事，根本和“明慎用刑而不留狱”搭不上界。

我们现在举《豫》《巽》两卦为例，看《象传》是如何依据卦象和爻象，对卦辞和爻辞进行解说的。

䷏豫卦

豫：利建侯，行师。

初六：鸣豫，凶。

六二：介于石，不终日，贞吉。

六三：盱豫，悔，迟有悔。

九四：由豫，大有得；勿疑，朋盍簪。

六五：贞疾，恒不死。

上六：冥豫，成有渝，无咎。

《象传》对卦体和卦辞是这样解说的：“雷出地奋，豫。先王以作乐崇德，殷荐之上帝，以配祖考。”《豫》卦卦象上卦是震，为雷；下卦是坤，为地。“雷出地奋”云云，就是说看到雷电震动、大地回春，先王也振作起来，制礼作乐，祭祀神灵和祖先，将干一番事业，或分封诸侯，或行军打仗。《象传》对初六爻的解释是：“初六鸣豫，志穷凶也。”按照常理来说，初爻应该是阳爻，但《豫》卦初爻是阴爻，失位不正，所以志穷而有凶。《象传》对第二爻的解释是，阴爻得正，又处在下卦的中间位置，得中。所以说是贞正大吉。《象传》对第三爻的解释是：“盱豫有悔，位不当也。”《豫》卦第三爻是阴爻，失位，即“位不当也”，所以最终有悔恨之事。《象传》对第四爻的解释是：

"由豫，大有得，志大行也。"《豫》卦第四爻是阳爻，第五爻是阴爻，第五爻的阴爻会顺从第四爻的阳爻，所以第四爻会出现大有收获、理想和抱负得以实现的好局面。《象传》对第五爻的解释是："六五贞疾，乘刚也；恒不死，中未亡也。"《豫》卦第五爻是阴爻，它下面的第四爻是阳爻，所以是乘刚也，即阴爻凌驾于阳爻之上，这种现象对于占问疾病当然不是好兆头。但是，为什么会久病而不死呢？因为第五爻处于上卦的中间位置，得中处尊是能够最终化险为夷的。《象传》对上爻的解释是："冥豫在上，何可长也。"上爻居一卦之上，事物发展到了顶峰，怎么能够保持长久的安然无恙呢？

䷸巽卦

巽：小亨，利有攸往，利见大人。

初六：进退，利武人之贞。

九二：巽在床下，用史巫纷若，吉，无咎。

九三：频巽，吝。

六四：悔亡，田获三品。

九五：贞吉，悔亡，无不利，无初有终。先庚三日，后庚三日，吉。

上九：巽在床下，丧其资斧，贞凶。

《象传》对《巽》卦卦体和卦辞的解释是："随风，巽。君子以申命行事。"在八卦中巽（☴）为风，《巽》卦是由两个八经卦巽重叠而成，所以说是两个风相重相从，故说随风。风，风俗，又和教化有密切关系。所以《象传》才说，君子看到《巽》卦的卦象和示意时，应该想到要抓紧申述教令、推行政务。《象传》对《巽》卦初六爻的解释是："进退，志疑也。利武人之贞，志治也。"初六阴爻，位在最下，又为二阳爻所乘，故当有所收敛，有所疑虑，不敢贸然进退。但如果是武人、阳刚之人，即初六爻换成阳爻的话，则可以达到大治的理想目标。《象传》对第二爻的解释是："纷若之吉，得中也。"这一爻占问为什么是吉利的呢？因为九二爻居中，所以"吉，无咎"。《象传》对第三爻的解释是："频巽之吝，志穷也。"九三爻居下卦之极而上无应，所以说是志穷而不得伸。《象传》对第四爻的解释是："田获三品，有功也。"关于"三品"，学者一般认为是泛指很多猎物。也有的学者认为"三品"即"上杀"、"中杀"和"下杀"。在打猎时，射中动物的心脏为"上杀"，其猎物可作为祭品；射中动物的腿部为"中杀"，其猎物可以宴宾客；射中动物的腹部为"下杀"，其猎物供自己食用。六四爻阴爻居柔位，可谓得正，又与九五阳爻相比邻，因此形势很好，只要得巽（顺）之道，顺势而为，当然是可以建功立业的。《象传》对第五爻的解释是："九五之吉，位中正也。"九五爻阳爻居阳位，得正；九五爻居上卦三爻之中间，居中。所以说："九五之吉，位中正也。"《象传》对上爻的解释是："巽在床下，上穷也；丧其资斧，正乎凶也。"巽在床下，即伏在床下。资斧，即货币。上九爻居一卦之极，所以说上穷也，再往上发展已没有空间。"正乎凶也"，正训为贞，即占问为凶。

3. **《文言》**

《文言》只对《乾》《坤》两卦作出解释。什么是"文言"呢？关于"文言"前儒有很多种解释。如说《乾》《坤》为易之门户，

《乾》《坤》德大，故以文说《乾》《坤》。如说经天纬地为文，乾为天、坤为地，解《乾》《坤》之辞故为“文言”。如说单就卦文辞而推衍之，故曰“文言”。如说卦爻辞为文王所作，故称为“文言”。还有的学者认为：《文言传》当初并不只有《乾》《坤》两篇，而是六十四篇，也就是每卦都有一篇文言，后人在进行整理时，可能碍于篇幅太长，故只取了六十四卦之首的《乾》《坤》两卦作为代表，其余六十二卦一概不用。笔者反复研读《文言》，认为《乾》《坤》两卦《文言》差异很大，《乾·文言》有八百多字，《坤·文言》只有二百多字，很不成比例，不像是专为注经所作，倒很有可能是当时学生整理的课堂笔记，随意记录下来的文字。但不管怎么说，《文言》还是很有价值的，它对《易经》的解读也有独到和精彩的地方。

如《乾·文言》对元、亨、利、贞的解释，对君子人格的定义和要求，都具有重大的创新和建树，对中国的思想文化都产生了积极影响：“元者，善之长也；亨者，嘉之会也；利者，义之和也；贞者，事之干也。君子体仁足以长人，嘉会足以合礼，利物足以和义，贞固足以干事。君子行此四德者，故曰乾：元、亨、利、贞。”又说：“君子进德修业，忠信所以进德也，修辞立其诚，所以居业也。知至至之，可与几也。知终终之，可与存义也。是故居上位而不骄，在下位而不忧，故乾乾因其时而惕，虽危无咎矣。”《乾·文言》对“大人”的一段描述也非常经典，被后人广泛宣传和引用：“夫大人者，与天地合其德，与日月合其明，与四时合其序，与鬼神合其吉凶。先天而天弗违，后天而奉天时，天且弗违，而况于人乎？况于鬼神乎？”《坤·文言》有一段话对福祸皆由渐积而成的道理论说得很精辟：“坤道其顺乎，承天而时行。积善之家必有余庆，积不善之家必有余殃。臣弑其君，子弑其父，非一朝一夕之故，其所由来者渐矣。由辩之不早辩也。《易》曰：‘履霜，坚冰至。’盖言顺也。”

4.《**系辞**》

“系辞”，先儒一般认为是将言辞系属于卦爻之下的意思，即《系辞》是解说《易经》的文字。《系辞传》是解释《易经》的总论和通论，它既解说《易经》的起源，也评论《易经》的重大意义和价值；它既阐发《易经》的意蕴，也指点如何运用《易经》修身立业；它既解释某些卦爻辞，也传授运用《易经》进行占筮的方法和步骤。《系辞》不仅在整个《易传》中是学术水平最高的，在先秦诸子百家的论著中也是出类拔萃的。《系辞》不仅学理精辟严密，而且文采飞扬，读后令人荡气回肠。我每次阅读《系辞》，都会产生一种骄傲和神圣的感觉，认为世界上很少有哪一个国家和民族，古圣先贤给她的后代子孙留下如此华美的文章！

我们现在摘录几段《系辞》，一起领悟先贤的哲思和风采：

天尊地卑，乾坤定矣。卑高以陈，贵贱位矣。动静有常，刚柔断矣。方以类聚，物以群分，吉凶生矣。在天成象，在地成形，变化见矣。是故刚柔相摩，八卦相荡。鼓之以雷霆，润之以风雨。日月运行，一寒一暑。乾道成男，坤道成女；乾知大始，坤作成物。乾以易知，坤以简能。易则易知，简则易从。易知则有亲，易从则有功。有亲则可久，有功则可大。可久则贤人之德，可大则贤人之业。易简而天下之理得矣，天下之理得而成位乎其中矣。

什么叫高屋建瓴？什么叫振聋发聩？什么叫拨云见日？什么叫醍醐灌顶？大概就是指上面这样的文章吧！这段话不仅深刻揭示了《周易》的价值和特性，而且生动描绘出宇宙和万事万物的生成图。《周易》和天地一起产生，《周易》之道是一阴一阳、一男一女，天地之道亦是日月运行、一寒一暑。宇宙万事万物是复杂多变的，但只要掌握了《周易》的“易知”和“简能”之道，就能够从容应对，就能够“有亲”和“有功”，就能够成就“贤人之德”和“贤人之业”。

《易》与天地准，故能弥纶天地之道。仰以观于天文，俯以察于地理，是故知幽明之故。原始反终，故知死生之说。精气为物，游魂为变，是故知鬼神之情状。与天地相似，故不违。知周乎万物而道济天下，故不过。旁行而不流，乐天知命，故不忧。安土敦乎仁，故能爱。范围天地之化而不过，曲成万物而不遗，通乎昼夜之道而知，故神无方而易无体。

你看，我们的先贤对《易经》是多么自信，对自己的文化是多么自信。《周易》为什么能包罗天下万物之理，就因为大易之道是取法和模仿于天地。掌握了大易之道，不仅会洞察万物，明晓事理，无往而不吉。即便是鬼神的情状，也知道得一清二楚，也会为人所用。《周易》与天地之理是一致的，按照大易之道指引的路径行事，当然就不会违背自然规律。《易》的知识广及宇宙万物，掌握了《易》就不会有所过失。《易》的恩泽广被万物，懂得了《易》理就能够坦然正视天命、仁爱众生而无所忧愁。《周易》熟知阴阳之道，无所不能，如果说神灵是变化无常的话，那么《周易》也没有固定的形态。

一阴一阳之谓道，继之者善也，成之者性也。仁者见之谓之仁，知者见之谓之知，百姓日用而不知，故君子之道鲜矣。显诸仁，藏诸用，鼓万物而不与圣人同忧，盛德大业至矣哉。富有之谓大业，日新之谓盛德。生生之谓易，成象之谓乾，效法之谓坤。极数知来之谓占，通变之谓事，阴阳不测之谓神。

上面这短短一百多个字，揭示了多少宇宙之道和人事大法，给了我们多少金玉良言和有益启示：一阴一阳的矛盾对立和变化，这是宇宙间的总规律，遵循这个规律既能够化生万物，也能够成就万事万物。只是《易》和天地的阴阳之道太深奥，仁者从仁的角度去观察它，智者从智的角度去观察它，都是只见树木、不见森林，一般的人更是只知应用而不明就里，所以能够真正认识和把握大道的人是很少的。天地之道显示出来的是仁慈，内部隐藏的是实用，但天地不会像圣人那样充满忧虑，它只是按自己的规律行事而已，保证人间的道德和功业发展到极致。什么是大业呢？物质财富不断充盈。什么是盛德呢？精神面貌天天都有新气象。生生不息和变化不止，这就是《周易》。能呈现天象的是《乾》卦，能效法地势的是《坤》卦。只有占筮才能够预知未来，通晓变化之理和趋吉避凶，是《周易》的功劳，也只有《周易》才有测量天地的神妙作用。

《易》有圣人之道四焉：以言者尚其辞，以动者尚其变，以制器者尚其象，以卜筮者尚其占。是以君子将有为也，将有行也，问焉而以言，其受命也如响，无有远近幽深，遂知来物。非天下之至精，其孰能与于此？

在这段文字里，《系辞》作者总结了《周易》的四大作用，并明确指示在什么时候、在什么情况下如何来发挥这四大作用。这就是：想要说话和表达思想时，就要向《周易》学习语言和修辞；想要有所行动时，就要向《周易》学习变化之道；想要制作器物时，就要学习和模仿《周易》中的象形；想要预测未来时，就应求教于《周易》中断占的卦爻辞。《系辞》还自信地告诫大家：人们在有所作为、有所行动之前，一定要向《周易》请教，《周易》都会原原本本、毫无保留地告诉你。不管是眼前之事，还是将来之事，《周易》都会准确无误、如响应声、如影随形地给你以明确而及时的答案。《系辞》作者最后还反问道：《周易》如果不是天地间最至上的智慧精华，又如何能达到这个地步呢？

乾坤成列，而《易》立乎其中矣；乾坤毁，则无以见《易》。《易》不可见，则乾坤或几乎息矣。是故形而上者谓之道，形而下者谓之器，化而裁之谓之变，推而行之谓之通，举而错之天下之民谓之事业。

这段文字把《周易》的地位和价值又提到了一个新的高度：《周易》不仅是对大自然最好的模仿和抽象，它和天地万物几乎就是同体共生，和大自然是一而二、二而一的关系，和大自然是神和形、体和用的关系。你看，天地产生了，大易之道也就出现了。反之，如果没有了《周易》，空有其表的天地万物也就停止了生息。所以说，无形无象可见者称之为道，有形有象可见者称之为器。《周易》就是总结道和器变化的学问，用这些学问和知识来指导人们的日常生活，这就是千秋功业。

> 八卦成列，象在其中矣；因而重之，爻在其中矣；刚柔相推，变在其中焉；系辞焉而命之，动在其中矣。吉凶悔吝者，生乎动者也；刚柔者，立本者也；变通者，趣时者也。吉凶者，贞胜者也；天地之道，贞观者也；日月之道，贞明者也；天下之动，贞夫一者也。夫《乾》确然，示人易矣；夫《坤》隤然，示人简矣。爻也者，效此者也；象也者，像此者也；爻象动乎内，吉凶见乎外，功业见乎变，圣人之情见乎辞。天地之大德曰生，圣人之大宝曰位。何以守位曰仁，何以聚人曰财，理财正辞、禁民为非曰义。

这段文字不仅描述了八卦、六十四卦和三百八十四爻的运动方式，而且揭示了人的一举一动、吉凶祸福和《周易》的内在联系：吉、凶、悔、吝皆体现于卦象的变动之中，阴爻和阳爻是建立《周易》的根本。《周易》所讲的变通，就是要使事情达到最佳的状态。

吉凶的变化，说明坚守正道的人最终会获得胜利；天地运动变化的规律，是将正义显示给人们；日月星辰运动的现象，是将光明展示给人们；天下万事万物的变动规律，都是遵守正道的。《乾》的特点是刚健而平易，《坤》的特点是柔顺而简约。卦的每个爻，就是效仿刚和柔；卦的每个象，就是模仿万事万物的形态。这样，卦爻卦象变动于卦内，吉凶祸福则呈现于卦外；建功立业表现在顺应卦爻的变动上，圣人的思想情感体现在卦爻辞之中。天地最大的恩泽就是化生万物，圣人最可宝贵的就是守住应有的位置。用什么来保持住应有的位置呢？就是要靠仁爱之心。用什么来聚集群众呢？就是要靠创造财富。创造财富，正定法令，禁止人们为非作歹，维持良好的社会秩序，这就是“正义”。

天地设位，圣人成能。人谋鬼谋，百姓与能。八卦以象告，爻象以情言，刚柔杂居，而吉凶可见矣。变动以利言，吉凶以情迁。是故爱恶相攻而吉凶生，远近相取而悔吝生，情伪相感而利害生。凡《易》之情，近而不相得则凶，或害之，悔且吝；将叛者，其辞惭；中心疑者，其辞枝；吉人之辞寡，躁人之辞多，诬善之人其辞游，失其守者其辞屈。

我们读上面这段文字，一定会有一种毛骨悚然的感觉：原来我们生活的社会环境是这样复杂，凶险随时都会不期而至。为什么会是这样？因为刚柔相杂，人性不一。如果都是好人和君子，那当然就不会有什么凶险。一切变动都为利益所牵引，一切吉凶都随着情感的不同而迁移。爱好不一致，意见不相同，党同伐异就会出现吉凶。远的和近的，如果相处不好，不能相互得到理解，悔恨和困难也就从中产生了。有的是真情，有的是假意，久而久之也会形成各种利害关系。这段《系辞》最重要的一个观点，是向我们揭示了一个普通的规律，即能给你带来伤害的，大都是亲戚、朋友和熟人，不认识你的人，绝不会给你带来任何伤害。这也就是我们常说的恩怨，有恩情才会有怨恨。“近而不相得则凶”，是的，我们离得很近，我们彼此都熟悉，如果得不到想从你那里得到的，就会有凶险之事发生。各位读者掩卷而思，我们每个人是否都经过这样的伤痛之事。好在圣人告诉了我们如何辨识人情的真伪，以便早早做出防范：将要背叛你的人，他的言语和心理就会惭愧不安；心中狐疑不定的人，他的言语必然散乱无章；吉祥富贵的人，说话总是言简意赅；躁狂低俗的人，说话总是废词滔滔；诬陷好人的人，说话总是虚浮游移；失去贞操的人，说话总是歪曲梗塞。有的学者认为，这段《系辞》的内容堪称中国最早的相面术。这话有一些道理。

5.《说卦》

《说卦》主要论说八卦的卦象和特性，也讲八卦的顺序、方位和相互关系。《说卦》虽然讲的是八卦的卦象，但因六十四卦都是由八卦组合而成，所以认识整个《周易》的卦象都以此为基础，都要从《说卦》里去寻找。八卦有基本卦象，即乾（☰）为天，坤（☷）为地，震（☳）为雷，巽（☴）为风，坎（☵）为水，离（☲）为火，艮（☶）为山，兑（☱）为泽。《说卦》把天下万事万物都划分到这八卦里面，凡是你能指认的事物，都隶属于八卦中的某一卦，这就是所谓“触类而长之，天下之能事毕矣”。不管《易传》的这种分类是否完全有道理，但几千年来，人们都是根据这种分类来解说军国大事、推断吉凶祸福的。

天地定位，山泽通气，雷风相薄，水火不相射，八卦相错。数往者顺，知来者逆，是故《易》逆数也。

这里的天地就是指乾、坤，山泽即艮、兑，雷、风即震巽，水火即坎、离。八卦不是独立存在的，它们是一个有机整体。八卦每两两一对，两个卦之间既相互对立又相互作用，正是这种相互对立又相互作用，才有了大千世界的勃勃生机。如果八卦之间不相互作用，没有风雷激荡，没有山泽通气，没有水火蒸润，整个宇宙就是死水一潭，就没有千变万化，就没有繁衍生息。这段文字里的“数往者顺，知来者逆”云云，是占筮时用的，是指六爻或八卦的顺序，有时正着数，有时又要倒着数，一般读者对此不必深究。

帝出乎震，齐乎巽，相见乎离，致役乎坤，说言乎兑，战乎乾，劳乎坎，成言乎艮。万物出乎震，震东方也；齐乎巽，巽东南也；齐也者，言万物之絜齐也。离也者，明也，万物皆相见，南方之卦也，圣人南面而听天下，向明而治，盖取诸此也。坤也者，地也，万物皆致养焉，故曰：致役乎坤。兑，正秋也，万物之所说也，故曰：说言乎兑。战乎乾，乾西北之卦也，言阴阳相薄也。坎者，水也，正北方之卦也，劳卦也，万物之所归也，故曰：劳乎坎。艮，东北之卦也。万物之所成终而所成始也，故曰：成言乎艮。

上面这段文字主要论说的是八卦所代表的方位，并指出每个方位的作用和特点：震是东方之卦，春雷一声，万物蠢动；巽是东南之卦，万物上长整齐；离是南方之卦，太阳高照，天下光明；坤是西南之卦，大地千里，滋养众生；兑是西方之卦，丰收在望，一片喜悦；乾是西北之卦，阴阳交接，巨龙腾空；坎是北方之卦，天寒地冻，休息归藏；艮是东北之卦，物皆有成，终而又始。

乾，健也；坤，顺也；震，动也；巽，入也；坎，陷也；离，丽也；艮，止也；兑，说也。

这段文字是说：乾，象征着刚健；坤，象征着柔顺；震，象征着动荡；巽，象征着潜入；坎，象征着艰险；离，象征着光丽；艮，象征着静止；兑，象征着喜悦。

乾为马，坤为牛，震为龙，巽为鸡，坎为豕，离为雉，艮为狗，兑为羊。

在动物中，乾象征着马，坤象征着牛，震象征着龙，巽象征着鸡，坎象征着猪，离象征着雉，艮象征着狗，兑象征着羊。巽为什么象征着鸡呢？因为巽为风，风有号令之意，鸡守时司晨，也有号令之意。离为什么象征着雉，离为火，为文明，雉鸟五彩而文，又古人认为雉鸣则有人到来，故离为雉。为什么艮象征着狗呢？艮为山为止，有阻拦之意，狗守御门户，有阻挡外人进入之意。

在人的身体中，八卦分别象征着这些部位："乾为首，坤为腹，震为足，巽为股，坎为耳，离为目，艮为手，兑为口。"

在家庭关系中，八卦则有这样一些象征意义："乾，天也，故称乎父；坤，地也，故称乎母；震，一索而得男，故谓之长男。巽，一索而得女，故谓之长女；坎，再索而得男，故谓之中男；离，再索而得女，故谓之中女；艮，三索而得男，故谓之少男；兑，三索而得女，故谓之少女。"

《说卦》下面这段话，把八卦的象征意义扩大到人类生活的各个方面：

乾为天，为圜，为君，为父，为玉，为金，为寒，为冰，为大赤，为良马，为老马，为瘠马，为驳马，为木果。坤为地，为母，为布，为釜，为吝啬，为均，为子母牛，为大舆，为文，为众，为柄，其于地也为黑。震为雷，为龙，为玄黄，为旉，为大途，为长子，为决躁，为苍筤竹，为萑苇。其于马也，为善鸣，为馵足，为作足，为的颡。其于稼也，为反生。其究为健，为蕃鲜。巽为木，为风，为长女，为绳直，为工，为白，为长，为高，为进退，为不果，为臭。其于人也，为寡发，为广颡，为多白眼，为近利市三倍，其究为躁卦。坎为水，为沟渎，为隐伏，为矫輮，为弓轮。其于人也，为加忧，为心病，为耳痛，为血卦，为赤。其于马也，为美脊，为亟心，为下首，为薄蹄，为曳。其于舆也，为多眚，为通，为月，为盗，其于木也，为坚多心。离为火，为日，为电，为中女，为甲胄，为戈兵。其于人也，为大腹。为乾卦，为鳖，为蟹，为蠃，为蚌，为龟。其于木也，为科上槁。艮为山，为径路，为小石，为门阙，为果蓏，为阍寺，为指，为狗，为鼠，为黔喙之属。其于木也，为坚多节。兑为泽，为少女，为巫，为口舌，为毁折，为附决。其于地也，为刚卤。为妾，为羊。

《说卦》其内容或许整体上是有根据的，是正确的，但我们看后也会有一些疑惑：为什么有些卦说得那么细致，有八十多个字，象征的事物那么多？为什么有些卦则说得那么简略，只有二十多个字，象征的事物那么少？还有些内容过于玄虚，比如巽卦：说它象征着木和风，这都好理解；但说它“其于人也，为寡发，为广颡，为多白眼，为近利市三倍”，我们则很难理解。

6.《序卦》

《序卦》主要讲述六十四卦的排列顺序，并试图为《易经》的排列顺序找出理论根据。《说卦》有丰富的历史辩证思想，它解释卦序主要靠两个理论：一是事物都是有前因后果的，事物都是沿着递进的方向向前发展的；二是物极必反，事物发展到一定程度就会向相反的方向转化。六十四卦的排列，并不一定像《序卦》所说的那样，也可能有其他影响因素，甚至是随机性的。但《序卦》在解说六十四卦的排列顺序时，形成了自己的理论体系，并言之成理，持之有故，有些地方还说得很精辟。因此，我们在学习《易经》时，也不要忽略《序卦》。

> 有天地，然后万物生焉。盈天地之间者唯万物，故受之以《屯》。屯者，盈也。屯者，物之始生也。物生必蒙，故受之以《蒙》。蒙者，蒙也，物之稚也。物稚不可不养也，故受之以《需》。需者，饮食之道也。饮食必有讼，故受之以《讼》。讼必有众起，故受之以《师》。师者，众也。

你看，上面这段话说得多有道理：有了天地乾坤，然后才可以化生万物。万物在刚出生的时候，当然是蒙昧和幼稚的，所以要进行养育和教化。养育不公，供需不均，人们就会争吵，甚至会兴师动众，大打出手。

> 有天地然后有万物，有万物然后有男女，有男女然后有夫妇，有夫妇然后有父子，有父子然后有君臣，有君臣然后有上下，有上下然后礼仪有所错。夫妇之道，不可以不久也，故受之以《恒》。恒者，久也。物不可以久居其所，故受之以《遁》。遁者，退也。物不可以终遁，故受之以《大壮》。物不可以终壮，故受之以《晋》。晋者，进也。进必有所伤，故受之以《明夷》。夷者，伤也。伤于外者必反于家，故受之以《家人》。

这段话讲得慷慨激昂、理直气壮，不仅对卦的顺序做了精辟的解说，还为后来儒家的“三纲”“五常”提供了理论基础。但也有些话说得似嫌牵强，如从《遁》卦向《大壮》卦、再由《大壮》卦向《晋》卦的转承中，于情于理都有些不太通畅。事物刚刚隐退，怎么忽一下就成了大壮了；大壮和前进是递进的关系，是继续前行的关系，怎么能说“物不可以终壮，故受之以《晋》”。《序卦》作者好像也意识到了这一点，所以对“壮”字没有再做解释，而是轻轻地滑了过去。

《序卦》在解说最后《既济》《未济》两卦时，反映出很高的辩证性思维水平：“有过物者必济，故受之以《既济》。物不可穷也，故受之以《未济》，终焉。”以《未济》终结六十四卦，这就使《易经》处于一种开放的思想体系中，终则有始，始则有终，成中有毁，毁中有成，事物永远处在生生不息、变动不居之中。而这正是天地之道、宇宙基本规律的真实反映。

7.《杂卦》

为什么叫《杂卦》呢？可能有以下几点理由：一是解卦打乱了原来六十四卦的排列顺序，错杂众卦而说之；二是杂取百家之言，对六十四卦卦义进行总的概括；三是作者自谦，认为《杂卦》只是一家之言，随意说之而已，仅供参考。《杂卦》虽然只有三百字左右，但言简意赅，精义频出，对我们从整体上把握六十四卦卦义颇有启迪。

《乾》刚《坤》柔，《比》乐《师》忧。《临》《观》之义，或与或求。《屯》见而不失其居，《蒙》杂而著。《震》，起也；《艮》，止也。《损》《益》，盛衰之始也。《大畜》，时也；《无妄》，灾也。

《萃》聚而《升》不来也。《谦》轻而《豫》怠也。《噬嗑》，食也；《贲》，无色也。《兑》见而《巽》伏也。《随》，无故也；《蛊》则饬也。《剥》，烂也；《复》，反也。《晋》，昼也；《明夷》，诛也。《井》通而《困》相遇也。《咸》，速也；《恒》，久也。《涣》，离也；《节》，止也。《解》，缓也；《蹇》，难也。《睽》，外也；《家人》，内也。《否》《泰》，反其类也。《大壮》则止，《遁》则退也。《大有》，众也；《同人》，亲也。《革》，去故也；《鼎》，取新也。《小过》，过也；《中孚》，信也。《丰》，多故也；亲寡，《旅》也。《离》上而《坎》下也。《小畜》，寡也；《履》，不处也。《需》，不进也；《讼》，不亲也。《大过》，颠也；《姤》，遇也，柔遇刚也。《渐》，女归待男行也；《颐》，养正也。《既济》，定也；《归妹》，女之终也。《未济》，男之穷也；《夬》，决也，刚决柔也，君子道长，小人道忧也。

把《乾》概括为“刚”，把《坤》卦概括为“柔”，这就抓住了《乾》《坤》两卦的要义。把《蒙》卦解释为“杂而著”，这是很有见地的：任何事物在初级阶段都会幼稚、蒙昧和良莠不齐，经过发展和简拔，最终必然是光明而昭著。将《解》卦解释为“缓也”，可能很多学者不赞成，认为与经义不符，《彖传》和《象传》也没有这个说法，但现实生活告诉我们，只有“舒缓”才能“解开”，我们今天不是还常说“缓解”吗？“缓”和“解”怎能没有联系呢？将《革》卦和《鼎》概括为“去故取新”，实在精辟，我们今天还常说“革故鼎新”。《杂卦》为什么把《夬》卦放在最后解释，并且用文字最多，很多学者并不理解。笔者认为，《杂卦》就是想告诉世人，整个《易经》六十四卦、三百八十四爻，无非是想说明一个道理：“君子道长，小人道忧也”，即正义一定战胜邪恶，好人必然是吉人天相，坏人终究会充满戚忧。

（三）

《周易》是一部好书，是一部天书和奇书，但《周易》也是一部很难读懂的书。有一位学者说：在中国有两门学问不能学，一是佛学，二是《周易》。佛学博大精深，终其一生也难学好。《周易》是座迷宫，进去不易，出来更难。还有位学者说：《周易》这部书不学一定不会，学了也不一定会，学会终生受用。我们初学《周易》的朋友，一定要坚持一个信念：《周易》是能够学懂的。圣人著书立说，就是为民立极，就是为了教育后人，就是为了示人以正道，给人指点迷津，那当然是能够让人们看懂的，领会圣人之心，领会天地之道。严格地说，天下有难读之书，但绝没有读不懂之书。如果真有读不懂之书，那一定不是读者出了问题。据说孔子对《周易》这部书的概括是四个字：“洁静精微。”我的看法是，学习《周易》也要做到洁静精微。所谓“洁静”，就是学习《周易》一定要静下心来，不能心浮气躁，不能贪多，循序渐进，一点一点地学。所谓“精微”，就是学习《周易》一定要动脑子，深入思考，极深研几，用心领会。陆游在《冬夜读书示子聿》诗中说：“易经独不遭秦火，字字皆如见圣人。汝始弱龄吾已耄，要当致力各终身。”宋代思想家张九成说：“读易工夫恨不深，晚年方见圣人心。如何五十云无过？盖欲从初学到今。”是的，《周易》是要终生研读的，年轻的时候学习过，到老了还要温习，只有不断学习，反复领悟，才能明见圣人之心，才能提高自己的智慧。

学习《周易》，还有一个问题需要辨明。易学历来分义理和象数两大派。所谓义理，就是《周易》的哲学思想；所谓象数，就是占卜等应用技术。虽然古圣先贤提出过“不占而已矣”“善为易者不占”，告诫我们学习《周易》主要是认识大道，主要是修行向善，这样自会天佑人助。笔者的看法是，最好还是道术兼修，以道御术，以术明道，趋吉避凶，完善人生。冯友兰先生说得好：“研究《周易》当然以《周易》哲学为主，但《周易》本来是一部筮书。《周易》的哲学思想有些与筮法有关，因此对筮法也要作调查研究工作。前人在这方面的工作限于书本上的材料，这是一个途径；此外还有一个途径，就是封建社会中的术士们的传授。”笔者还认为，作为一个《周易》的爱好者，不仅要知晓《周易》的占卜内容，就是在《周易》思想的指引下，后来逐渐形成的纳甲筮法、奇门遁甲等，也应该有所了解，因为它们已成为中华传统文化的一部分，而且在民间有广泛的影响。

最后说一下帛书《周易》的问题。1973 年在湖南长沙马王堆汉墓出土了古本《周易》，学术界称为“帛书《周易》”或“马王堆《周易》”。帛书《周易》与传世本《周易》有些不同，六十四卦的排列顺序不一样，有些卦名的字也不一样，如《乾》卦，帛书写为《键》卦；《坤》卦，帛书写为《川》卦；《履》卦，帛书写为《礼》卦；《豫》卦，帛书写为《余》卦；《临》卦，帛书写为《林》卦；《咸》

卦，帛书写为《钦》卦等。帛书《周易》中的《易传》部分和传世本的《周易》差别更大，不仅内容上有不一致的地方，而且还多出了传世本《周易》中很多没有的章节。帛书《易传》中的“二三子问”、“易之义”、“缪和”和“昭力”等，在今本《易传》中都没有。帛书《易传》中有很多孔子对《易经》的解释，如孔子说：“夫易，刚者使知惧，柔者使知图，愚人为而不妄，渐人为而去诈”，这些都是十分珍贵的资料。但是，帛书《周易》和传世本《周易》的关系，我同意大多数专家的意见，既各有特色，又没有根本上的差别。笔者认为，研究帛书《周易》，那是专家学者的事，我们作为一般的易学爱好者，只专心于学习传世本的《周易》就好了。

三

千家说易蜂拥至

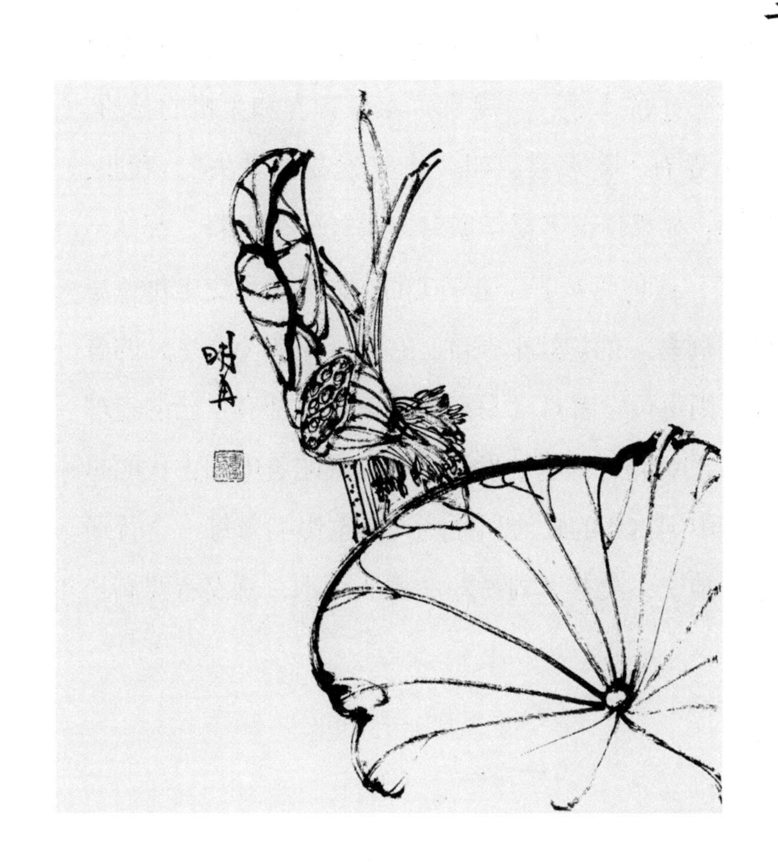

世界上还没有哪一本书，能像《周易》那样，在长达两千多年的时间里，被人们一而再、再而三地理解、解释和再理解、再解释。《周易》包容和开放的姿态，《周易》熔旧铸新的能力，《周易》随时代的变化而改变自身形态的本领，《周易》永葆青春和生机的品质，实在令人称奇。学术界有一句名言，叫“十家说易九家失”。我想，这句话要看怎么理解：如果说很多易学家对《易经》的解释，都并不符合《易经》的原义，这种现象是普遍存在的。如果说历史上每位思想家和易学家都借《周易》的炉灶来煮自己的饭，都借《周易》的脊背来搓自己的麻绳，则每位学者对《易经》的解释，都有自己的道理和价值。对《周易》的解释，易学的发展，不仅影响着中国古代的思想和文化，也影响着中国古代的政治和经济，甚至影响着每一个普通人的生活。毫不夸张地说，没有《周易》的源头活水，就没有波澜壮阔的中国古代文化。

（一）

《四库全书总目》中有这样一段话来概括秦汉至宋代易学的发展

和主要流派：

> 故《易》之为书，推天道以明人事者也。《左传》所记诸占，盖犹太卜之遗法。汉儒言象数，去古未远也；一变而为京（房）、焦（赣），入于机祥，再变而为陈（抟）、邵（雍），务穷造化，《易》遂不切于民用。王弼尽黜象数，说以老庄，一变而胡瑗、程子（颐），始阐明儒理；再变而李光、杨万里，又参证史事，《易》遂日启其论端。此两派六宗，已互相攻驳。又《易》道广大，无所不包，旁及天文、地理、乐律、兵法、韵学、算术，以逮方外之炉火，皆可援《易》以为说，而好异者又援以入《易》，故《易》说愈繁。

从上面这段话中，我们已经可以看出历史上《周易》研究流派之多、意见分歧之大。实际上，在中国古代《周易》研究流派之多、作者之众，要远远比《四库全书总目》中概括的繁杂得多。据说中国古代流传下来的易学专著，有三千种之多，且很多都是见仁见智的一家之言，并不雷同。《周易》确实是一位千变万化的仙女，从不同的视角去看，她就会展现出不同的风姿。

关于中国古代易学发展的不同阶段和历史时期，学术界一般认为：除先秦的《易传》时期，主要分为汉代易学时期、魏晋隋唐易学时期、两宋易学时期、明清易学时期。

我们先说汉代易学时期。

这里所说的汉代，包括西汉和东汉，即公元前 206 年至公元 220

年。汉代易学是中国易学发展的重要时期，它对后来的易学发展和走向一直产生着巨大影响。汉代易学最大的特点，就是象数易。象数易有把《周易》技术化、应用化的倾向，这也可能和当时的数学、天文、历法的高度发达有关。所谓象数易，就是认为《周易》中每一句话、每一个字都不是凭空杜撰的，都是概括卦象、爻象而来。汉代学者最大限度地开发《周易》卦爻辞背后的象数，竭力寻找卦爻辞和卦爻象之间的内在联系。他们除了继承《易传》用象数解易的方法，又创造发明了很多新的象数。如增加《易传》中已有的八卦之象，称为“以象生象”；如创造新的取象方法，用互体法、卦变法、纳甲法、爻辰法、升降法、爻体法、消息法等，称为“象外生象”。如果易象还不能满足需要，汉儒们还会利用五行、九宫、历律等知识，进行一些《易》外求象。经过三四百年的努力，汉代的易学发展融合了当时的阴阳五行学说、天文历法和数学等自然科学知识，逐步建立起以象数为特色、偏于天道、以占卜为用的庞大易学解释体系。不少学习《周易》的人都会感慨，是汉儒把《周易》搞复杂了，如果没有汉代的象数易，《周易》会好学得多。但是，复杂归复杂，象数易有它自身存在的道理和价值。试想，人类历史上的每一个知识领域，不都是越搞越复杂、越搞越难吗？数学和物理是这样，化学和生物也都是这样。不如此，后来之人干什么？

下面介绍几个代表性人物，来反映汉易的发展情况和特点。

1. 孟喜和卦气说

据《史记》《汉书》记载，易学在秦汉之际有一个传承的脉络。司马迁认为：孔子死后，易学传于商瞿，经六世传给齐人田何。汉兴，田何传易于周王孙、丁宽、服生，后又授易于杨何。这是汉朝初年的易学传承系统。后来，丁宽又传易于田王孙，田王孙又传易于施雠、孟喜、梁丘贺，于是“《易》有施、孟、梁丘之学”。其中，孟喜又传易于焦延寿，焦又传易于京房。这是两汉中后期易学传授的情况。其中孟喜和京房的影响最大，可以说是汉代象数易的代表和领军人物，世称“孟京易学”。其实，上面所说的只是官方的易学传授情况，还有以费直为代表的民间易学传承系统。

孟喜，字长卿，东海兰陵人，约出生于公元前 90 年。孟喜和施雠、梁丘贺都是同学，一起向田王孙学《易》。据历史记载，孟喜好自称誉，说只有他得到了老师的秘传，田老师是枕着他的膝盖安详去世的。但他的同学梁丘贺曾出面证伪，说田老师去世时只有施雠师兄在场，这时孟喜已回山东老家，说老师是枕着他的膝盖而死纯属胡扯。史书上还有这样的记载，说孟喜不遵守“师法”和“家法”，好独辟蹊径。据说有一次空出一个“博士”的名额（当时五经都设有博士，由国家供养），很多人都推荐孟喜，但朝廷认为孟喜擅改师法，最终不予任用。过去把不守师法视为大逆不道，用我们今天的眼光来看，也可能是孟喜喜欢学术创新，是优点而不是缺点。

孟喜的学术创新和最大建树是什么呢？就是卦气说。所谓卦气说，就是以《周易》卦象解说一年中节气的变化，以六十四卦配四时、十二月、二十四节气、七十二候，再推测气候的变化，进而推断人事的吉凶祸福。唐代的典籍中保存了一些孟喜的易学思想，如僧一行的《卦议》中引用孟喜的卦气说：

自冬至初，《中孚》用事。一月之策，九六七八，是为三十。而卦以地六，候以天五。五六相乘，消息一变。十有二变而岁复初。坎、震、离、兑，二十四气，次主一爻。其初则二至二分也。坎以阴包阳，故自北正。微阳动于下，升而未达，极于二月，凝涸之气消，坎运终焉。春分出于震，始据万物之元，为主于内，则群阴化而从之，极于南正，而丰大之变穷，震动究焉。离以阳包阴，故自南正，微阴生于地下，积而未章，至于八月，文明之质衰，离运终焉。仲秋阴形于兑，始循万物之末，为主于内，群阳降而承之。极于北正，而天泽之施穷，兑功究焉。故阳七之静始于坎，阳九之动始于震；阴八之静始于离，阴六之动始于兑，故四象之变，皆兼六爻，而中节之应备矣。

上面这段话是说，从冬至的天气开始，相匹配的就是《中孚》卦，即“《中孚》用事”。一个月的天数，就是《周易》大衍筮法中九、六、七、八之数的总和，所以说“是为三十”。“卦以地六”，是说每月配五个卦，每卦则各主管六天。“候以天五”，“候”即七十二候。“五六相乘”，是说五乘六为三十日，正好代表一个月的节气。“消息一变”，是指一个月气候变化，“坎、震、离、兑，二十四气”，是说，此四卦称为四正卦，各主管二十四节气中的六个节气，即从冬至到惊蛰为坎卦用事，春分到芒种为震卦用事。“次主一爻”，是说一卦六爻，每一爻又主管一个节气，如坎卦初六爻为冬至，九二爻为小寒，六三爻为大寒，六四爻为立春，九五爻为雨水，上六爻为惊蛰。其他三正卦也与此相仿。“其初则二至二分”，是说四正卦的初爻，分别为冬至、夏至、春分和秋分。“坎以阴包阳”云云，是说《坎》卦（䷜）的卦象是两个阴爻包围着一个阳爻，对其余三正卦的解说，也都与此类似。

孟喜的卦气之说，还包括他提出的十二月卦，即以十二辟卦代表一年里的十二个月。所谓“辟”，即君主的意思，这里象征着主宰，就是说主宰着一个月的变化吉凶。孟喜十二辟卦的具体内容是：

复卦䷗十一月中 冬　　临卦䷒十二月中 冬

泰卦䷊正月中 春　　大壮卦䷡二月中 春

夬卦䷪三月中 春　　乾卦䷀四月中 夏

姤卦䷫五月中 夏　　遁卦䷠六月中 夏

否卦䷋七月中 秋　　观卦䷓八月中 秋

剥卦䷖九月中 秋　　坤卦䷁十月中 冬

这十二个卦代表一年节气中的中气，十二卦共七十二爻，代表着七十二候。之所以用这十二个卦来作十二辟卦，是因为其中阳爻、阴爻的变化形象地体现了阴阳二气的消长过程。前六卦，即从《复》卦到《乾》卦，表示阳爻逐渐增加，从下向上依次增长：《复》卦为一阳生（即只有一个阳爻），《临》卦为二阳生，《泰》卦为三阳生，《大壮》卦为四阳生，《夬》卦为五阳生，《乾》卦则生到六爻皆阳，表示阳气达到极盛。以上六爻爻象的变化，是一个阳息阴消的过程。后六卦，即从《姤》卦到《坤》卦，表示阴爻逐渐增加，从下向上依次增长：《姤》卦为一阴生（即只有一个阴爻），《遁》卦为二阴生，

《否》卦为三阴生，《观》卦为四阴生，《剥》卦为五阴生，《坤》卦则生到六爻皆阴，表示阴气达到极盛。以上六爻爻象的变化，是一个阴息阳消的过程。所以，易学家称十二辟卦，也称为十二消息卦。关于七十二候，《复》卦初九爻表示阳气初动，为十一月冬至次候，到《乾》卦六爻皆阳，表示阳气达到顶点，为四月小满次候；《姤》卦初六爻表示阴气始动，为五月夏至次候，到《坤》卦六爻皆阴，表示阴气达到顶点，为十月小雪次候。十二消息卦在易学中占有重要位置，人们不仅用它来解释某些卦的卦爻辞，也用它推测自然和人事的变化。

孟喜的卦气说，还以六十卦配一年的日数，认为六十卦中每月配五个卦，每卦则主管六日七分，此即“卦以地六，候以天五”。所谓七分，系指一日之八十分之七。按照这种说法，六十卦所代表的总日数为三百六十五日多，相当于一年的日数。孟喜的这种算法，和当时流行的太初历是相一致的。太初历规定一年的日数是 $365\frac{385}{1539}$，即 $365\frac{1}{4}$天。

2. 京房和《京氏易传》

在汉代有两个叫京房的人，并且都是有传承的易学家。我们这里所介绍的京房，是出生于公元前 77 年，家在东郡顿丘，字君明，受《易》于梁人焦延寿的京房。京房这个人很奇葩，有很多奇闻轶事。据说京房本姓李，是他自己根据音律推断，自定为京氏。他的老师焦延寿曾经预言，“得我道以亡身者，必京生也”，后京房果以四十一岁之英年，因用《易》屡言灾异而殒命。史书上还记载：京房在入狱后，曾对其弟子周敞说，吾死后四十日，客星必入天市，这就表明我是无辜的。后来果然应验，周敞也上书为他申冤。

据《汉书》记载：初元四年（前45年），京房以孝廉为郎。永光元年，二月日全食，三月大雨雪，九月大霜，天下大饥。永光二年二月，汉元帝下罪己诏，并大赦天下，“赐民爵一级，女子百户牛酒，鳏寡孤独、高年、三老、孝弟，力田帛”。尽管朝廷采取了一些措施敬天安民，可是自永光至建昭年间，自然灾害仍连续不断，民不聊生。在这几年里，京房数次上书，预言灾害的降临时间、地点，近则数月，远则一年，而且是“所言屡中”。汉元帝对京房很信任，多次召见京房，询问灾变原因和救助方略。于是，京房就仿照董仲舒《天人三策》和《春秋繁露》，上奏实施“考功课吏法”，并说：“古帝王以功举贤，则万化成，瑞应著。末世以毁誉取人，故功业废而致灾异。宜令百官各试其功，灾异可息。”京房的考功课吏法，虽然受到阻力和非议，但汉元帝鉴于“畏天命”，还是毅然支持京房，并命他全权主持其事，在全国范围内推行。京房的考功课吏法，其实质是以政绩来决定对官员的取舍，而不是以各种人事关系来影响官员的升降，这些举措严重触犯了当时权贵的利益。中书令石显和五鹿充宗等人，先是离间京房和皇帝的关系，继而搜集到京房与其岳父张博交往中的一些把柄，最终致京房于死地。

京房是汉代最重要的易学家，他是汉代象数易的代表人物。京房认为《周易》是占算吉凶、预测未来的经典。京房把当时的天文、历法、数学、阴阳五行和孟喜的卦气说，都融入了自己的易学谱系，开创了很多占算的新体例，后来两千多年的卜筮方法，都是在京房易学体系的基础上建立发展起来的。京房的易学思想和学术贡献，主要反映在传世的《京氏易传》中。《京氏易传》的内容很庞杂，包括：“八宫卦说”、“起月与建候”、“私算法”、“纳甲说”、“六亲说”、“互体说”、“占星说”和“象之数说”等。我们下面择其要者，作一些介绍和解释。

先介绍《京氏易传》中的“八宫卦说”。京房的“八宫卦”学说，是京房对易学的最大贡献，具有划时代的意义，对后世影响最大。《周易》六十四卦有固定的排列顺序，为什么是这样的排列顺序，《序卦》中讲得头头是道、振振有词、无懈可击，这就是：“有天地，然后万物生焉。(为什么把乾、坤两卦排在最前面，因为它们是天地，是万物之本）盈天地之间者唯万物，故受之以《屯》。屯者，盈也。屯者，物之始生也。物生必蒙，故受之以《蒙》。蒙者，蒙也，物之稚也。物稚不可不养也，故受之以《需》。需者，饮食之道也。饮食必有讼，故受之以《讼》……”两千多年来，《周易》的各种书籍，都是按照这个顺序来排列六十四卦的，人们都已经习以为常。京房却异想天开、大胆创新，认为六十四卦的排列顺序和方式，应该是由八经卦（也称八体卦），即《乾》《震》《坎》《艮》《坤》《巽》《离》《兑》各领一宫，每宫八卦，共八八六十四卦。京房之所以用“八宫”的方式来排列六十四卦，当然也有他的理论根据。我想，这除了和当时流行的卦气说有关外，更重要的是京房看到了六十四卦各卦之间爻变的规律和内在有机联系。当然，京房也找到了一些更权威的依据，如《京氏易传》中说：“孔子云，《易》有四易。一世、二世为地易，三世、四世为人易，五世、六世为天易，游魂、归魂为鬼易。”

京房是如何利用“八宫卦”思想来排列六十四卦的呢？我们看一下下面这个图表就一目了然了。

京房八宫卦次图

八纯	一世	二世	三世	四世	五世	游魂	归魂
乾 ䷀	姤 ䷫	遁 ䷠	否 ䷋	观 ䷓	剥 ䷖	晋 ䷢	大有 ䷍
震 ䷲	豫 ䷏	解 ䷧	恒 ䷟	升 ䷭	井 ䷯	大过 ䷛	随 ䷐
坎 ䷜	节 ䷻	屯 ䷂	既济 ䷾	革 ䷰	丰 ䷶	明夷 ䷣	师 ䷆
艮 ䷳	贲 ䷕	大畜 ䷙	损 ䷨	睽 ䷥	履 ䷉	中孚 ䷼	渐 ䷴
坤 ䷁	复 ䷗	临 ䷒	泰 ䷊	大壮 ䷡	夬 ䷪	需 ䷄	比 ䷇
巽 ䷸	小畜 ䷈	家人 ䷤	益 ䷩	无妄 ䷘	噬嗑 ䷔	颐 ䷚	蛊 ䷑
离 ䷝	旅 ䷷	鼎 ䷱	未济 ䷿	蒙 ䷃	涣 ䷺	讼 ䷅	同人 ䷌
兑 ䷹	困 ䷮	萃 ䷬	咸 ䷞	蹇 ䷦	谦 ䷎	小过 ䷽	归妹 ䷵

从上面这个八宫卦图中，我们会很清楚地看到，《京氏易传》对

六十四卦的排列顺序，首先确定八纯卦的顺序，然后每一个纯卦各统领其余七卦，组成八宫卦。八纯卦的顺序，是依据乾坤为父母卦，各统率三男三女的思想排序的，即乾父统率着震长子、坎中男、艮少男，坤母统率着巽长女、离中女、兑少女，故八宫的编排次序是《乾》《震》《坎》《艮》《坤》《巽》《离》《兑》，前面是四阳卦，后面是四阴卦，每一宫八卦的排列顺序，是以每一宫本宫卦（纯卦）爻象为基准，通过变动爻的性质，即阴爻变阳爻、阳爻变阴爻，根据变爻后而得新的卦象来排序。这种爻象的变化遵循以下几个规律：一是自初爻向上变，一直变到第五爻，每次只变一爻；二是当变第六爻时，第六爻不变，而是返回来根据已经变后的卦象再变一次第四爻；三是第七次的变化，不是变某一个爻，而是将已经变后的整个下卦全部改变爻性，即下卦的三个爻凡是阳爻皆变成阴爻，凡是阴爻皆变成阳爻。变爻后不仅每一个卦都有了前后顺序，而且每一个卦在本宫中还都有一个称号：初爻变动成的卦为一世卦，二爻变动的为二世卦，三爻变动的为三世卦，四爻变动的为四世卦，五爻变动的为五世卦，变至五爻然后返回再变四爻而成的卦，为游魂卦，最后全变四爻以下三爻而成的卦，称为归魂卦。为什么到第六爻就不能变了呢？据说初六为元士，二爻为大夫，三爻为三公，四爻为诸侯，五爻为天子，上爻为宗庙，而宗庙是不可改变的。为什么叫游魂、归魂卦呢？可能是依据《易传》中“精气为物、游魂为变”的思想而来的。

为了加深对八宫卦排列顺序的认识，我们现在以《乾》宫为例，把它们的变化过程写出来：（1）本宫——《乾》卦䷀。（2）一变——《姤》卦䷫，将《乾》卦的初爻阴阳属性进行变化，此是阳爻变成阴爻。(3) 二变——《遁》卦䷠，将《姤》卦二爻阴阳属性进行变化，此是阳爻变成阴爻。(4) 三变——《否》卦䷋，将《遁》卦的三爻阴阳属性进行变化，此是阳爻变成阴爻。(5) 四变——《观》卦䷓，将《否》卦的四爻阴阳属性进行变化，此是阳爻变成阴爻。(6) 五变——《剥》卦䷖，将《观》卦的五爻阴阳属性进行变化，此是阳爻变成阴爻。(7) 游魂——《晋》卦䷢，将《剥》卦的四爻阴阳属性进行变化，此是阴爻变成阳爻。(8) 归魂——《大有》卦䷍，将《晋》卦的初爻、二爻、三爻三个爻的阴阳属性全部进行变化，此是三个阴爻变成三个阳爻，得到《大有》卦。

京房的八宫卦排列方法影响深远，后来的纳甲筮法都是运用八宫卦，以致很多民间《周易》爱好者和术士，只知京房的八宫卦，而不知道正统的六十四卦排列顺序。朱熹在《周易本义》卷首，为便于人们记忆，用歌诀的形式表述了京房的八宫卦，其歌云：

乾为天，天风姤，天山遁，天地否，风地观，山地剥，火地晋，火天大有；坎为水，水泽节，水雷屯，水火既济，泽火革，雷火丰，地火明夷，地水师；艮为山，山火贲，山天大畜，山泽损，火泽睽，天泽履，风泽中孚，风山渐；震为雷，雷地豫，雷水解，雷风恒，地风升，水风井，泽风大过，泽雷随；巽为风，风天小畜，风火家人，风雷益，天雷无妄，火雷噬嗑，山雷颐，山风蛊；离为火，火山旅，火风鼎，火水未济，山水蒙，风水涣，天水讼，天火同人；坤为地，地雷复，地泽临，地天泰，雷天大壮，泽天夬，水天需，水地比；兑为泽，泽水困，泽地萃，泽山咸，水山蹇，地山谦，雷山小过，雷泽归妹。

现在介绍《京氏易传》中的“纳甲说”。“纳甲”，也称纳干支。京房将八宫卦各配以十干，其每卦六爻又分别配以十二支。所谓“配”，就是“纳”的意思，将天干和地支纳入八卦之中。因为甲为十天干之首，故以“纳甲”名之，后世的“纳甲筮法”皆源于此。京房是根据什么原理而进行纳甲的呢？主要是根据当时的天文、历法、卦气说，还有他独创的“起月与建候”和“积算法”。如《京氏易传》起月例中说：“一世卦，阴主五月，一阴在午也；阳主十一月，一阳在子也。二世卦，阴主六月，二阴在未也；阳主十二月，二阳在丑也。三世卦，阴主七月，三阴在申也；阳主正月，三阳在寅也。四世卦，阴主八月，四阴在酉也；阳主二月，四阳在卯也。五世卦，阴主九月，五阴在戌也；阳主三月，五阳在辰也。八纯上世，阴主十月，六阴在亥也。阳主四月，六阳在巳也。游魂四世所主，与四世卦同。归魂三世所主，与三世同。”京房为什么要将天干地支纳入八卦爻之中呢？当然是为了更精确地推测自然灾异和人事吉凶。

京房是如何进行纳甲的呢？《京氏易传》中说：“分天地《乾》《坤》之象，益之以甲乙壬癸；《震》《巽》之象配庚辛，《坎》《离》之象配戊己，《艮》《兑》之象配丙丁。八卦分阴阳、六位配五行，光明四通，变易立节。”这就是说：《乾》《坤》两卦，《乾》卦内卦纳甲，外卦纳壬；《坤》卦内卦纳乙，外卦纳癸。其余六卦，分别配以庚辛、戊己和丙丁。京房是如何将八卦纳支的呢？主要是根据十二月和十二律结合而安排的。在十二月中，奇数月为阳，偶数月为阴；在十二地支中，奇数支为阳，偶数支为阴。又因为当时流行的历法是正月建寅，因此：十一月、五月为子午；十二月、六月为丑未。配以《乾》《坤》父母卦，《乾》卦初爻为子（十一月)，四爻为午；《坤》卦初爻为未（六月)，四爻为丑。《乾》卦其余四爻，由下往上，按阳支顺序，分别配以寅、辰、申、戌。《坤》卦其余四爻，按阴支顺序逆排，分别配以巳、卯、亥、酉。十一月、五月为子午，配阳卦《震》，六爻的纳支是子、寅、辰、午、申、戌；十二月、六月为丑未，配阴卦《巽》，六爻的纳支是丑、亥、酉、未、巳、卯。其余四卦的纳支，亦与此类似。下面列一个图表，反映一下京房的纳甲具体内容：

八卦纳甲图

八卦 爻位	乾	坤	震	巽	坎	离	艮	兑
上爻	壬戌	癸酉	庚戌	辛卯	戊子	己巳	丙寅	丁未
五爻	壬申	癸亥	庚申	辛巳	戊戌	己未	丙子	丁酉
四爻	壬午	癸丑	庚午	辛未	戊申	己酉	丙戌	丁亥
三爻	甲辰	乙卯	庚辰	辛酉	戊午	己亥	丙申	丁丑
二爻	甲寅	乙巳	庚寅	辛亥	戊辰	己丑	丙午	丁卯
初爻	甲子	乙未	庚子	辛丑	戊寅	己卯	丙辰	丁巳

现在介绍《京氏易传》中的“五行说”和“六亲说”。《京氏易传》中说：“生吉凶之义，始于五行，终于八卦。”京房认为不仅每一

卦有五行的属性，每一个爻也都有五行属性。如凡是《乾》宫卦的八个卦五行都属于金，凡是《坤》宫卦的八个卦五行都属于土，凡是《震》宫卦的八个卦五行都属于木，凡是《坎》宫卦的八个卦五行都属于水，每一个爻的五行属性主要由这一爻的地支属性来决定，《京氏易传》中说："寅中有生火，亥中有生木，巳中有生金，申中有生水，丑中有死金，戌中有死水，未中有死木，辰中有死水，土兼于中。"关于各个卦每爻的五行属性，我们用下面这个图表来反映：

八卦 爻位	《乾》 金	《坤》 土	《震》 木	《巽》 木	《坎》 水	《离》 火	《艮》 土	《兑》 金
上爻	土	金	土	木	水	火	木	土
五爻	金	水	金	火	土	土	水	金
四爻	火	土	火	土	金	金	土	水
三爻	土	木	土	金	火	水	金	土
二爻	木	火	木	水	土	土	火	木
初爻	水	土	水	土	木	火	土	火

大家知道，五行之间有相生相克的关系：金生水，水生木，木生火，火生土，土生金，木克土，土克水，水克火，火克金。京房为了预测人事吉凶祸福的需要，把八卦和六爻纳甲后五行相互之间的生克关系，转化成人类伦理关系的"六亲"。所谓"六亲"，主要是指父母、兄弟和妻子。《京氏易传》中说："八卦，鬼为系爻，财为制爻，天地为义爻，福德为宝爻，同气为专爻。"后人注释说：天地即父母

也，福德即子孙也，同气即兄弟爻也。这也就是后来的纳甲筮法中，逐渐形成和完善的父母、兄弟、子孙、官鬼、妻财的“六亲”关系，是占卜中最重要的推断因素和逻辑概念。我们现在以《乾》卦为例，来说明一下“六亲”的关系是如何确定的。《乾》宫卦属于金，《乾》卦的初爻纳甲子水，金生水，因此初爻为子孙爻；《乾》卦的二爻纳甲寅木，金克木，因此二爻为妻财爻；《乾》卦的三爻纳甲辰土，土生金，因此三爻为父母爻；《乾》卦的四爻纳壬午火，火克金，因此四爻为官鬼爻；《乾》卦的五爻纳壬申金，金与金为同气，因此五爻为兄弟爻；《乾》卦的上爻纳壬戌土，土生金，因此上爻为父母爻。有人或问，既说“六亲”，为什么只有“父母”、“子孙”、“兄弟”、“官鬼”和“妻财”五亲呢？先儒的解释是：因为“父母”包括父亲和母亲，每个人都是双亲。

京房易学是汉代象数易乃至整个易学发展的一个里程碑。京房以全新的思维方式，创建了不同于《易传》的卦序系统，揭示了六十四卦内在的深刻关系。京房发扬光大孟喜的卦气说，最大限度地将天文、历法、阴阳、五行、干支、星象等自然科学纳入易学，形成了具有丰富自然知识内容的新易学。京房创建的新的筮法体系，影响中国两千多年，使《周易》在推天时、察人事方面发挥着更现实的作用。

3. 郑玄和《周易注》

郑玄（127—200），字康成，北海高密（今属山东）人。郑玄是一代宗师，治学以古文经学为主，兼及今文经学。他以毕生精力整理古代文化遗产，遍注儒家经典，使经学进入了一个“小统一时代”。唐贞观年间，列郑玄于二十二先师之列，配享孔庙。据说郑玄八九岁时就精通算术，十二三岁时就能够诵读和讲解《诗》《书》《礼》《易》《春秋》，并掌握了占候、风角等一些以气象、风向的变化而推测吉凶的方术。在三十岁时，郑玄认为自己的学问在山东一带已无人可问，乃西去入关拜扶风人马融为师。马融学识渊博，为人骄贵，且时年已八十多岁，故只亲自教授少数学生，其余一般学生则由门下高足转相授业。郑玄虽然三年没有见到马融，但他勤奋治学，昼夜不倦。据说，有一次马融对勾股割圆法中的七个问题百思不得其解，弟子卢植也只能解开其中的两个，而郑玄能解出五个。从此马融对郑玄刮目相看，亲自传授《周易》《周礼》等经典。学成后，郑玄要辞师东归，马融会集 300 多人为之践行，并不无感慨地说："郑生今去，吾道东矣。"有一次，郑玄路遇黄巾军数万，黄巾军见郑玄皆作揖叩拜，并相约不入高密境。《后汉书》记载，在郑玄 74 岁那年春天，他夜晚梦见孔子，孔子对他说："起、起，今年岁在辰，来年岁在巳。"郑玄醒后知大限已到，因为龙年和蛇年对圣贤不利，遂安排后事。

郑玄的著作很多，计有《尚书注》《尚书义问》《毛诗笺》《诗纬注》《周官礼注》《仪礼注》《三礼图》《礼纬注》《左传注》《孝经注》《论语注》《尔雅注》《史记注》《老子注》《孟子注》等，不下百种。郑玄易学方面的著作主要是《周易注》，此外还有《易赞》《易注》《易纬注》《河图洛书注》《乾象历注》等。郑玄的易学思想主要有以下四个方面：

第一，发展了孟喜、京房的卦气说。

郑玄用"四仲四角"取代了前人的"四正四维"，认为四仲卦用来命德，四角卦用来纪时。他在注释《易纬通卦验》中说："仲，谓四仲之卦，震兑坎离也。命德者，震也，则命之曰木德；兑也，则命之曰金德；坎也，则命之曰水德；离也，则命之曰火德。维者，四角之卦，艮巽坤乾也。纪，犹数也。衡，犹当也。维卦起数之所当，谓若艮于四时之数当上春。”郑玄认为，八卦不仅可以命德纪时，而且可以表示八种来自不同方向的气，即震气、巽气、离气、坤气、兑气、乾气、坎气、艮气。八卦之气流布于一年四季为八风：“东北曰条风，东方曰明庶风，东南曰清明风，南方曰景风，西南曰凉风，西方曰阊阖风，西北曰不周风，北方曰广莫风。”八风至，则节气立。郑玄认为卦气失时会出现天灾，如乾气主立冬，若失时，即提前或晚到，则万物伤；如艮气主立春，若失时，则物伤而山崩水涌；如离气主夏至，若失时，则万物半死而弃地千里；如兑气主秋分，若失时，则物不生而虎伤人。

郑玄对孟喜等人的十二消息卦思想进行了继承和发展，他认为十二消息卦就是十二种气，流行于一年四季和十二个月。他还认为，六十四卦卦气有君臣尊卑之分，十二消息卦为君，其他五十二卦为杂卦为臣，君臣应该各尽其职。郑玄在利用卦气学说实现占验方面，也有很多新的建树。郑玄在注释《易纬通卦验》中说：

> 春三月候卦气者，《泰》也，《大壮》也，《夬》也，皆九三上六。实气决温不至者，君不明之征也，故曰为之变。夏三月候卦气者，《乾》也，《姤》也，《遁》也，皆九三上九，实气微，赤气应之，有兵，期三百二十日，此冬三月卦也。秋三月候卦气者，《否》也，《观》也，《剥》也，皆六三上九，实气决，寒而

> 不至，当君倒赏之征。君之赏，宜先远。今私外家，是其倒也。臣不尽力于其职，私外家使之然。大旱时，有赏赐也。冬三月候卦气者，《坤》也，《复》也，《临》也，皆六三上六。实气微寒而不至者，君政荼缓之征也。而火沴之，百二十日内有兵。臣下欲试之兵也。闻有日食，则君灾兵远，故期更远也。

郑玄用数量不等的阴阳爻、排列有序的十二卦表示十二个月，把十二个月的阴阳之气最大限度地进行量化，并认为阴阳卦当至者至，不当至者则不至，否则便会日月不明，四时失序，百草不生，灾害频仍。

郑玄认为，如果把卦气说发挥到极致，就不仅可以预测出自然灾害要发生的时间，还可以判断出自然灾害要发生的地方。郑玄把相对的两个节气作为应期，如冬至与夏至、小寒与小暑等，自然灾害的发生地点则和应期有关联：冬至灾期在齐，小寒灾期在周秦，大寒灾期在周，立春灾期在楚，雨水灾期在魏，惊蛰灾期在郑……

第二，把易数理论向前推进了一大步。

易和数本来就有密切联系，历代易学家也都用数来解易，用数来推演天道和人事。郑玄通过对前人易数思想的整合，创立了自己的易数理论。他的这些理论，主要包括气数说、蓍数说和九宫数说。郑玄在注释《易纬乾凿度》中说："易，太易也。太易变而为一，谓变为太初也。一变而为七，谓变为太始也。七变而为九，谓变为太素也。乃复变为一。'一变'误耳，当为'二'。二变而为六，六变而为八，则与上七九意相协。不言如是者，谓足相推明耳。九言气变之究也，二言形之始，亦足以发之耳。又言乃复之一，易之变一也。太易之变，不惟是而已，乃复变而为二，亦谓变而为太初。二变为六，亦谓变而为太始也。六变为八，亦谓变而为太素也。”郑玄在《周易注》中又说：“天地之气各有五。五行之次，一曰水，天数也；二曰火，地数也；三曰木，天数也；四曰金，地数也；五曰土，天数也。此五者阴无匹，阳无耦，故又合之。地六为天一匹也，天七为地二耦也，地八为天三匹也，天九为地四耦也，地十为天五匹也。二五阴阳各有合，然后气相得，施化行也。”郑玄还企图运用自己渊博的学识，为《系辞》中大衍之数找出逻辑根据，他说：“天地之数五十有五，以五行气通，凡五行减五，大衍又减一，故四十九也。”

第三，以史明《易》和以《礼》说《易》。

所谓以史明《易》，就是利用历史发展规律、历史事件和历史人物，去揭示《周易》的内涵和意蕴，解释一些卦爻辞的根据和由来。郑玄的以史明《易》具有开创性，对后世治《易》影响很大，如宋代的杨万里，也是承续了这种治易的方法。《周易》是在一定历史背景下产生的，用历史知识去还原、说明它，这无疑是可取的，是有道理的。郑玄以史明《易》，主要运用了以下四个方面的历史资料：①文王改正朔受命。②文王被囚羑里，其臣向纣王行贿，而使文王获释。③周公摄政。④文、武、周公有明德，代代相继，终于完成灭商兴国之大业。如郑玄在解释《离》卦时说：“明明相继而起，大人重光之象。尧、舜、禹、文、武之盛也。……离，南方之卦，离为火，土托位焉；土色黄，火之子。喻子有明德，能附丽于其父之道。文王之子发、旦是也。慎成其业，则吉也。”

所谓“礼”，主要是指《周礼》《仪礼》和《礼记》，也称“三礼”，是儒家的重要经典。郑玄治学用在“三礼”上的工夫最勤，据说他曾十四年闭门不出，专心致志钻研“三礼”。以“三礼”解说《周易》，既是郑玄的独创，也是郑玄治《易》的重要特色。如《周礼》中有“令男三十而娶，女二十而嫁”的要求，郑玄在解释《大过》卦九二爻“老夫得其女妻”时则说：“以丈夫年过娶二十之女，老妇年过嫁于三十之男，皆得其子。”再如《周礼》中说：“中春之月，令会男女。”郑玄在解释《泰》卦六五爻“帝乙归妹以祉，元吉”时则写道：“五爻辰在卯，春为阳中，万物以生。生育者，嫁娶之贵。仲春之月，嫁娶男女之礼。福禄大吉。”

第四，在解《易》时既重象数又重训诂。

因解《易》的方法和视角不同，在易学史上形成了很多流派，有以象数为主解《易》的，有以义理为主解《易》的，有以训诂为主解《易》的，很多学者都是各执一端，相互攻讦。郑玄在解《易》时，既重象数，又重义理，且兼及训诂。郑玄在用象数理论解《易》时，除使用传统的方法，还开创了以象生象、象外生象、爻辰法、卦气法、互体法、爻体法等多种解《易》路径。如郑玄在注释《噬嗑》上九爻“何校灭耳”时说说：“离为槁木，坎为耳，木在耳上，‘何校灭耳’之象也。”如在注释《离》卦九四爻时说：“震为长子，爻失正。……震之失正，不知其所如。”如在注释《家人》卦六二爻时说：“二为阴爻，得正于内，五，阳爻也，得正于外。犹妇人自修正于内，丈夫修正于外。”郑玄用训诂学的方式解《易》，也取得了很大成就，破解了很多疑难。如郑玄在注释《小畜》卦时说：“畜，静也。”注释

《泰》卦九二爻时说："荒，虚也。"注释《井》卦九二爻时说："射，厌也。"在注释《屯·象》时说："宜建侯而不宁，而，读曰能，能犹安也。"在注释《蒙》卦九二爻时说："苞，当作彪。彪，文也。"

郑玄的易学地位和影响，正如清代经学家皮锡瑞所言："学者苦其时家法繁杂，见郑君闳通博大，无所不包，众论翕然归之，不复舍此趋彼。于是郑《易注》行，而施、孟、梁丘、京之《易》不行矣。"郑玄的易学之所以能众望所归、卓然而立，就是由于他建立了融象数、义理和训诂为一体的完备易学诠释方法和体系，把易学的发展推向了一个新阶段。

4. 荀爽和虞翻

荀爽，字慈明，东汉末年人。他和郑玄一样，也是位饱学之士，遍注儒家经典。荀爽在易学上的最大创见，是《乾》升《坤》降说。荀爽认为《乾》《坤》两卦乃基本卦，此两卦的爻位互易，即《乾》卦九二居于《坤》卦六五爻位，《坤》卦六五居于《乾》卦九二爻位，这就是《乾》升《坤》降，并列成《坎》《离》两卦，为上经之终；《坎》《离》两卦相配合，则成为《既济》和《未济》，为下经之终。所以《乾》《坤》两卦爻位的升降乃八卦和六十四卦之基础。荀爽认为《乾》《坤》是众卦的父母，其余六十二卦都是《乾》《坤》的孩子。他在解释《易传》中"大哉乾元"和"至哉坤元"时说："谓万一千五百二十策，皆受始于乾，由坤而生也。策生于坤，犹万物成形，出乎地也。"

荀爽用这种《乾》《坤》升降法，解释各卦卦爻辞和《易传》，形成了自己的解易特色。如他在解释《需》卦上六爻辞"有不速之客三人来，敬之，终吉”时说：“三人谓下三阳也，须时当升，非有召者，故曰‘不速之客’焉。乾升在上，君位以定。坎降居下，当循臣职，故‘敬之，终吉’也。”他在解释《离》卦九四爻辞“突如，其来如”时说：“阳升居五，光炎宣扬，故‘突如’也。阴退居四，灰炭降坠，故‘其来如’也。”

虞翻，字仲翔，东汉末年会稽余姚人。虞翻的《易注》因《周易集解》的广为收录，是汉代保存比较完整的易学著作。虞翻家学渊源，据说是五代传易。清代易学家研究汉易，十分推崇虞翻，并形成虞氏易学。今人刘大钧先生，亦十分看重虞翻易学，且对其有深入系统的研究。虞翻不仅是一位学者，也是一个有作为、敢担当的官员，深得孙策赏识。虞翻占卜的水平也很高，据说他曾经给关羽占筮非常灵验云云。

虞翻是汉代象数易的代表人物，他的易学研究最大的特色是卦变说。卦变说来源于卦气说，但虞翻发展了卦气说，对卦象、爻象之间的联系作了更为深刻的探究，开辟了更为广阔的解易途径。虞翻的卦变说内容繁复，除乾坤父母卦变为六子卦、十二消息卦变为杂卦外，还有旁通、互体和半象等。

虞翻用他的卦变说，既解释《易经》，也解释《易传》，还用来推测天道和人事。如在解释两仪生四象时说：“四象四时也。两仪谓乾坤也。乾二五之坤，成坎、离、震、兑。震春，兑秋，坎冬，离夏，故‘两仪生四象’。”这就是说，《乾》卦二五及九二爻和九五爻，居《坤》卦二五爻之位，此即“乾二五之坤”，形成《坎》《震》两卦。坤二五之乾，则形成《离》《兑》两卦。

如解释《需》卦卦辞“有孚，光亨，贞吉”时说：“大壮四之五，孚谓五，离日为光。四之五，得位正中，故‘光亨，贞吉’。”这就是说，《大壮》卦（䷡），四五爻互易，即成《需》卦（䷄）。《需》卦由消息卦《大壮》卦变来。其三、四、五互体为离，离为日光，九五又居中位，所以是：“有孚，光亨，贞吉。”虞翻的卦变说还认为，卦中的两爻互易能成为另一卦。如在解释《屯》卦卦辞“元亨，利贞”时说：“《坎》二之初，刚柔交震，故‘元亨’；之初得正，故‘利贞’矣。”这就是说，《坎》卦（䷜）二初互易则为《屯》卦（䷂）。《屯》卦下卦为震，则柔始交，所以“元亨”；其初爻当位，所以“利贞”。

虞翻为了有更多的象可取，为了解说《周易》方便，他还提出了“半象”的概念。所谓“半象”，是说取卦象一半，如坎☵卦之半象，为⚎或⚍，巽☴的半象，为⚌或⚍。虞翻又依据“半象”的概念，对很多经传进行解释，如解释《小畜》卦“‘密云不雨’，尚往也”时说：“密，小也，兑为密。需坎升天为云，坠地称雨。上变为阳，坎象半见。故‘密云不雨’，上往也。”虞翻的易学，正如清人王夫之所评论的那样：“汉儒泥象，多取附会。流及于虞翻，而约象互体，半象变爻，曲以象物者，繁杂琐屈，不可胜纪。”(《周易外传》)

5. 魏伯阳和《周易参同契》

魏伯阳，东汉末年会稽上虞人。史书上说他“恬淡守素，唯道是从”，著《周易参同契》三篇，“密示青州徐从事。徐乃隐名而注之。至后汉孝桓帝时，公复传授与同郡淳于叔通，遂行于世”。《周易参同契》是一部奇书，全书共6000余字，基本上是用四字一句或五字一句的韵文写成的，书中多用隐语和比拟，后来虽然注家很多，但人们仍然难尽悉其义。《周易参同契》虽然是讲炼丹的，但它“援易以为说”，用《周易》的基本理论指导提升炼丹术，因此在易学史上也独树一帜，颇有可观之处。

《周易参同契》对易学的最大贡献，是它的坎离为易说和月体纳甲说。《周易参同契》认为，在六十四卦中，《坎》《离》两卦最为重要，《坎》《离》两卦是六十四卦变易的依据。《周易参同契》中说：“坎离匡郭，运毂正轴。牝牡四卦，以为橐籥，覆冒阴阳之道，犹工御者准绳墨、执衔辔，正规矩，随轨辙，处中以制外。数在律历纪，月节有五六，经纬奉日使，兼并为六十，刚柔有表里。”这就是说，《坎》《离》两卦是整个《周易》变化的框架、轴心和准绳。又说：“《易》谓坎离。坎离者，乾坤二用。二用无爻位，周流行六虚，往来既不定，上下亦无常。幽潜沦匿，变化于中。包囊万物，为道纪纲。以无制有，器用者空。故推消息，坎离没亡。”这就是说，乾坤要想发挥作用，也要靠坎离来运行。坎、离虽然没有具体爻位，却可以周流天地之间，像日月一样照亮一切。《周易参同契》还认为，炼丹也是一样，主要靠坎离的运行变化，因为坎、离就是水火：“《火记》不虚作，演《易》以明之。偃月法鼎炉，白虎为熬枢。汞日为流珠，青龙与之俱。举东以合西，魂魄自相拘。”又说：“阳燧以取火，非日不生光。方诸非星月，安能得水浆。二气玄且远，感化尚相通。何况近存身，切在于心胸。阴阳配日月，水火为效征。”

《周易参同契》的所谓“月体纳甲说”，虽然讲的是炼丹火候随每月月亮的盈虚而转移，却是对“卦气说”“纳甲说”的发挥和应用。《周易参同契》中说：“捣治并合之，驰入赤色门。固塞其际会，务令致完坚。炎火张于下，昼夜声正勤。始文使可修，终竟武乃陈。候视加谨密，审察调寒温。周旋十二节，节尽更须亲。”这里的“赤色门”是指鼎口，“固塞”是指将炼丹的鼎口密封加固。“声正勤”是指药石倒入丹炉后熔化蒸馏的声音。这里的“文”是指“文火”；“武”是指“武火”。这里的“十二节”，是指一年的十二个月，或者一天的十二个时辰。又说：“故《易》统天心，《复》卦建始萌。长子继父体，因母立兆基。消息应钟律，升降据斗枢。三日出为爽，《震》庚受西方。八日《兑》受丁，上弦平如绳。十五《乾》体就，盛满甲东方。蟾蜍与兔魄，日月气双明。蟾蜍视卦《节》，兔者吐生光。七八道已讫，屈折低下降。十六转就统，《巽》辛见平明。《艮》直于丙南，下弦二十三。《坤》乙三十日，东北丧其朋。《节》尽相禅与，继体复生龙。壬癸配甲乙，《乾》《坤》括始终。七八数十五，九六亦相应。四者合三十，阳气索灭藏。”

谈到汉代的易学，还有《易纬》也值得一提。所谓“纬”，是相对于“经”而言，“纬者，经之支流，衍及旁义”，圣人作经，贤者纬之。纬书是两汉特有的学术现象，纬书以天人感应和神学思想为指导，对儒家经典逐一进行解释，《诗》《书》《春秋》《礼》《乐》均有纬书。《易经》也有纬书，称为《易纬》。《易纬》是这类书的总称，主要包括《乾凿度》《乾坤凿度》《稽览图》《辨终备》《通卦验》《乾元序制记》《是类谋》《坤灵图》等书。《易纬》对《周易》的解释，虽然有神道设教和随意曲解现象，但也不是一无是处。比如《乾凿度》对“易之三义”的解释，就很符合大易之旨：“易也，变易也，不易也。”另外，《易纬》在卦气说、九宫说、爻辰说等方面，也都有自己的一些见解。学习两汉易学特别是研究汉代的象数易，不可不知谶纬，不可不知《易纬》。

（二）

我们现在谈魏晋隋唐易学时期。

魏晋南北朝是中国古代学术史、思想史的大转变时期，这种转变的结果就是形成了独具特色的魏晋玄学。在易学方面，就是一扫两汉以来烦琐的象数学，以老庄思想解释《周易》，崇尚义理，提倡“得意忘象”，使易学走向了清新和简洁，对后世影响巨大。隋唐时期的经学，是和其中央集权及大一统的政治局面相适应的，主流意识是兼顾儒、释、道三家，促使三教统筹和相互取长补短。在易学方面，隋唐时期虽然在象数和义理两个方面都还有些发展，但这个时期对易学的最大贡献，却是对秦汉以来有关易学书籍的整理、注释、辑录和保存。我们现在能看到的秦汉时期的易学作品，大都在隋唐人的著述里。

下面介绍几个代表性人物，来反映魏晋隋唐时期易学发展情况和特点。

1. 王弼

王弼（226—249），字辅嗣，山阳高平（一说今山东金乡）人。我的家乡离金乡只有30多公里，每当我路过金乡时，都会想起这位英年早逝的天才，在心中悼以无比的赞赏和怜惜。王弼虽然只活了二十多岁，却创立了自己的哲学体系，成为一个划时代的人物。一个天才，可以在二十多岁时写出传世文学作品，如王勃与其《滕王阁序》，但古今中外，还很少有人能像王弼那样，在二十多岁时就成为一个卓尔不凡的思想家。我想，王弼的存在应该是一个谜。

王弼非常聪颖，据说他 14 岁时去拜访吏部郎裴徽。裴徽向王弼提出了一个问题：既然“无”是世界和万事万物之来源，可是为什么孔子从未提及，老子却反复强调“无”呢？王弼回答说：孔子以“无”作为自己的人格和根本，但是“无”不能用语言去解释，所以不多说。老子没有达到孔子的境界，仍以“有”作为自己的人格和根本，所以总是谈论自己所欠缺的东西——“无”。一个十几岁的孩子，能做出如此富有哲理和情趣的解答，实在是难能可贵。王弼不仅书读得多，他写的书也不少，如《老子指略》《论语释疑》等。他的易学著作主要有《周易注》和《周易略例》。

刘大钧先生在《周易概论》中说：“由于易学的雪球越滚越大，象数愈演愈繁，最后崩散，势在必然。故西汉今文之《易》入东汉而衰，东汉古文之《易》入唐而大部分消亡，追究起来，汉人《易》文象数的烦琐零碎，不能不是主要原因之一。正是在此形势之下，王弼之《易》得以脱颖而出。”

王弼解释《周易》，一扫两汉以来的象数之说，主张言《易》最重得“意”，提出了“得意忘象，得意忘言”的崭新观点。王弼说：“夫象者，出意者也。言者，明象者也。尽意莫若象，尽象莫若言。言生于象，故可寻言以观象；象生于意，故可寻象以观意。意以象尽，象以言著，故言者所以明象，得象而忘言。象者，所以存意，得意而忘象。”王弼认为，“象”只是用来存“意”的一种方法和手段。凭借着各种卦象和爻象，人们可以得到《周易》的“意”。在得到了“意”之后，作为该卦的“象”即得“意”的手段，是可以抛弃的，是不必再拘泥和执着的。王弼还举了一个例子来说明他的这个思想：“犹蹄者所以在兔，得兔而忘蹄；筌者所以在鱼，得鱼而忘筌也。”又说：“立象以尽意，而象可忘也；重画以尽情，而画可忘也。”

王弼所说的“忘象”并不是不要“象”，并不是一概排斥“象”，而是强调在理解《周易》时，在得“意”时，不要拘泥于“象”，不要把象搞得烦琐又烦琐，成为人们认识《周易》的绊脚石。他说：“义苟在健，何必马乎？类苟在顺，何必牛乎？爻苟合顺，何必坤乃为牛？义苟应健，何必乾乃为马？而或者定马于乾，案文责卦，有马无乾，则伪说滋漫，难可纪矣。互体不足，遂及卦变；变又不足，推致五行。一失其原，巧愈弥甚。纵复或值，而义无所取。”

王弼的这些前所未有的创见，像黑夜中的一道闪电，照亮了易学的万里星空，使人们看到了新的希望，对易学的发展充满了新的期盼。王弼不仅提出了“得意忘象，得意忘言”的新理念，他还用这种新的理念方法对《周易》六十四卦全部进行了解释，这种解释不再烦琐，言简意赅；不再东拉西扯，直奔主题，使人们又回到了汉初解《易》“训诂举大谊”的本来面貌。如王弼在注释《乾》卦九二爻时说：“出潜离隐，故曰‘见龙’；处于地上，故曰‘在田’。德施周普，居中不偏，虽非君位，君之德也。初则不彰，三则乾乾，四则或跃，上则过亢。利见大人，唯二、五焉！”解释得多么简洁和明快，既不用卦气，也不用爻辰，既不取互体，也不涉旁通，有啥说啥，直截了当。

除上面说的之外，王弼在易学方面还提出了这样一些新观点：一爻为主说、爻变说、适时说、辩位说、太极新说等，这些新观点也都是很有价值的。如“一爻为主说”认为：一卦六爻，各爻都有意义，其全卦的意义主要由其中的一爻之义来决定。《周易略例》中说：“凡彖者，通论一卦之体者也。一卦之体必由一爻为主，则指明一爻之美以统一卦之义，《大有》之类是也。”王弼利用一爻为主来概括全卦的意义，从复杂的爻象中探讨简易的原理，进而追求事物的最高普遍原则，这在易学和哲学上都是一个进步。

王弼的易学研究在易学史上具有举足轻重的地位，隋唐之后，官方一直奉王弼易学为正宗，科举考试也以王注为标准答案。黄宗羲的评论，应该是比较中肯的：“有魏王辅嗣出而注《易》，得意忘象，得象忘言；日时岁月，五气相推，悉皆摈落，多所不关，庶几潦水尽而寒潭清矣。顾论者谓其以老、庄解《易》，试读其注，简当而无浮义，何曾笼落玄旨？故能远历于唐，发为《正义》，其廓清之功不可泯也。”是的，王弼在易学上的最大贡献就是他的“廓清之功”，廓清了两汉以来愈演愈繁的象数学，恢复了《周易》的本来面目。中国易学历来有象数派和义理派之分，王弼则是义理派的开山之祖。

2. 阮籍和《通易论》

阮籍（210—263），字嗣宗，陈留尉氏（今属河南）人，竹林七贤之一，魏晋名士。在此之所以介绍一下阮籍的易学思想，一是因为阮籍对《周易》确实有研究，写出了著名的《通易论》；二是因为阮籍这个人实在有趣，是一个真人。就是想让大家来看一下，一个放荡不拘、视纲常名教为草芥的人，是如何认识和解读《周易》的。

阮籍的奇闻和轶事很多。有一次阮籍来到了河南荥阳的广武山，这是当年楚汉相争最激烈的古战场，阮籍触景生情、有感而发，说出了一句为世人所熟知的名言："时无英雄，使竖子成名。"阮籍喜欢自驾游，车上装满酒，走一路、喝一路，当走到路的尽头，便放声大哭。哭过之后，换一条路继续走，当走到这条路的尽头，还是同样放声大哭。这就是《滕王阁序》中所说的："阮籍猖狂，岂效穷途之哭!"据说阮籍经常到邻居家的酒坊喝酒，酒坊的老板娘是一个十分漂亮的小媳妇，阮籍喝醉就瘫睡在她的身旁，小媳妇的丈夫也不见怪，成为一道招徕顾客的风景线。还有一件特别匪夷所思的事：有一个军官的女儿，极有才华且非常美丽，不幸还没有出嫁就死了。阮籍与这家人无亲无故，也不认识这个姑娘。听到消息后就莽撞地去吊唁，在灵堂里号啕大哭，劝都劝不住。阮籍与当权的司马氏集团，既不合作，也不得罪，虚与委蛇。司马昭想与阮籍联姻，每次到他家说亲阮籍都是醉得不省人事，有时一次能醉两个月，联姻只能告吹。阮籍唯一一次主动出来当官，是任东平相，原因是他喜欢这里的风土人情。阮籍在东平任上，一共只待了十天，只做了一件事：把东平官衙重重叠叠的房间墙壁全部拆掉，官吏实行集中办公，在透明和互相监督的环境里处理公务。据说，这条举措既提高了东平官衙的办事效率，又杜绝了各种请托之风。几百年后，李白写了一首诗，对阮籍的为官之道进行了肯定和赞赏："阮籍为太守，乘驴上东平。剖竹十日间，一朝风化清。"

阮籍和王弼一样，都是玄学的代表人物，都崇尚老庄，也都以义理来解释《周易》。阮籍认为《周易》是一部讲变化之道的书，他在《通易论》中说："易者何也？乃昔之玄真，往古之变经也。庖牺氏当天地一终，值人物憔悴，利用不存，法制夷昧，神明之德不通，万古之情不类，于是始作八卦。引而伸之，触类而长之，分阴阳，序刚柔，积山泽，连水火，杂而一之，变而通之，终于《未济》，六十四卦尽而不穷。"又说："庖牺氏布演六十四卦之变，后世圣人观而因之，象而用之，禹、汤之经皆在，而上古之文不存。至乎文王，故系其辞，于是归藏氏逝而周典经兴。上下无常，刚柔相易，不可为典要，惟变所适，故谓之易。易之为书也，本天地，因阴阳，推盛衰，出自幽微以致明著。"

阮籍认为《周易》六十四卦的排列顺序和各卦内容，都是反映世道盛衰的，都是要求如何治理国家和教化民众的。并反复强调，只有按照天道和大易之道行事，才能够做到国泰民安、万物协同。《通易论》在解释《乾》卦到《泰》卦时说：

> "乾元"初"潜龙，勿用"，言大人之德隐而未彰，潜而未达，待时而兴，循变而发。天地既没，"屯""蒙"始生，"需"以待时，"讼"以立义，"师"以聚众，"比"以安民，是以"先王以建万国，亲诸侯"，收其心也。原而积之，畜而制之，是以上下和洽，"裁成天地之道，辅相天地之宜，以左右民"，顺其理也。

在解释从《否》卦到《离》卦时说：

先王既没，德法乖易，上陵下替，君臣不制，刚柔不和，“天地不交”，是以君子一类求同，“遏恶扬善”，以致其大。“谦”而光之，“裒多益寡”，崇圣善以命，“雷出于地”，于是大人得位，明圣又兴，故先王“作乐”“荐上帝”，昭明其道，以答天贶。于是万物服从，随而事之，子遵其父，臣承其君，临驭统一，“大观”天下，是以“先王以省方、观民、设教”，仪之以度也。包而有之，合而舍之，故先王用之以“明罚敕法”。自上乃下，贵“复”其贱，美成享尽，时极日至，“先王闭关，商旅不行，后不省方”，以静民也。季叶既衰，非谋之获，应运顺天，不妄其作，故先王“茂对时育万物”，施仁布泽以树其德也。万物归随，如法流承，养善反恶，利积生害，“刚过”失柄，“习坎”以位，上失其道，下丧其群，于是大人“继明照于四方”，显其德也。

阮籍研习《周易》的结论是：“盛衰有时，刚柔无常，或得或失，一阴一阳，出入吉凶，由暗察彰；‘文明以止’，有翼不飞，随之乃存，取之者归，施文以若，用之在微，贵变慎小，与物相追。……道至而反，事极而改。‘反’用应时，‘改’用当务。应时，故天下仰其泽；当务，故万物恃其利。泽施而天下服，此天下之所以顺自然，惠生类也。”上面这段话的大意是：事物的兴盛和衰败都是有定数的，或者是得到，或者是失去，这都是阴阳变化、刚柔相互作用的结果。

游走在吉凶祸福之际，要善于从事物的萌芽状态看到它的发展趋势。当形势处在比较好的情况下，就不要瞎折腾，要善于存续。做事情要谨小慎微，要根据形势的变化不断变化方式方法。事物发展到一定程度，就会向相反的方向发展，就要采取不同的策略来应对，明确当前所应该做的事。顺应形势、发展顺利，天下人才能得到好处；知道当前做什么、能做成什么，各种力量才能得到有效发挥。天下人得到利益就会敬服你，顺应形势而为就会给天下人带来恩惠。

阮籍还探讨了天道和人事的关系，并指出如何运用《周易》的智慧来趋吉避凶，实现人生的最好状态。《通易论》中说："'易'，顺天地，序万物，方圆有正体，四时有常位，事业有所丽，鸟兽有所萃，故万物莫不一也。阴阳性生，性故有刚柔；刚柔情生，情故有爱恶。爱恶生得失，得失生悔吝，悔吝著而吉凶见。八卦居方以正性，著龟圆通以索情。情性交而利害出，故立仁义以定性，取蓍龟以制情。仁义有偶而祸福分，是故圣人以建天下之位，定尊卑之制，序阴阳之适，别刚柔之节。顺之者存，逆之者亡，得之者身安，失之者身危。故犯之以别求者，虽吉必凶；知之以守笃者，虽穷必通。"

3. 孔颖达和《周易正义》

孔颖达（574—648），字冲远，冀州衡水（今河北省衡水）人，孔子三十二代孙。孔颖达天资聪慧，勤奋好学，八岁时就日诵千余言。据说，有一次隋炀帝召集天下儒生于洛阳，出题目让大家互相论难，孔颖达表现最为优异，学冠群儒，以致招来嫉妒，遭人暗害，因逃匿及时才幸免于难。后来孔颖达成为唐朝的儒学宗师，是著名的经学家、易学家，也是深受唐太宗器重的学术顾问。孔颖达根据唐太宗的旨意撰写《五经正义》,《周易正义》就是其中最精彩的一部。

唐代提倡儒、释、道三教合一，各种学术派别虽然还有相互对立和相互争斗的地方，但相互依存、相互吸取和相互统一已经成为问题的主导方面。这是大唐帝国政治上高度集中统一对思想文化领域的必然要求，也是两汉、魏晋以来学术思想自身发展的必然趋势。孔颖达亲自主笔的《周易正义》，便是这种统一的体现和结果。《周易正义》以王弼及韩康伯《易注》为底本，博采诸家之长，由众多易学家参与，历时十余年反复修订而成，成为两千多年来易学史上最为完美的注本，至今仍受到学术界的推崇和重视。《周易正义》共分两个大的部分，第一部分是孔颖达自序和“八论”，第二部分是注疏。第一部分可以说是易学通论，对《周易》的性质、作者、成书年代、易学传承，特别是两汉以来易学的演变和各家易说，都做了阐述和评论。第二部分可以说是正文，除孔颖达自已对《周易》的注释外，还对王弼、韩康伯的注释进行了解说。

孔颖达的《周易正义》虽然以王弼本为底本，但并不意味着只墨守王学一家之言，也不意味着对王弼易学的全盘接受。实际上，孔颖达既重义理，又兼顾象数，是对两汉、魏晋以来象数、义理两大易学流派的创新、继承和扬弃。如《周易正义》中说：“圣人名卦，体例不同。或则以物象而为卦名者，若《否》《泰》《剥》《颐》《鼎》之属是也。或以象之所用而为卦名者，即《乾》《坤》之属是也。如此之类多矣。虽取物象乃以人事而为卦名者，即《家人》《归妹》《谦》《履》之属是也。所以如此不同者，但物有万象，人有万事。若执一事，不可包万物之象；若限局一象，不可总万有之事，故名有隐显，辞有踳驳，不可一例求之，不可一类取之。故系辞云：‘上下无常，刚柔相易，不可为典要。’”又说：“《乾》卦象天，故以此四德皆为天德。但阴阳合会，二象相成，皆能有德，非独《乾》之一卦。是以诸卦之中，亦有四德。但余卦四德，有劣于《乾》。故《乾》卦直云四德，更无所言；欲见《乾》之四德，无所不包。其余卦四德之下，则更有余事，以四德狭劣，故以余事系之，即《坤》卦之类是也。”

孔颖达通过吸取魏晋南北朝以来象数派与义理派斗争的经验教训，充分运用有机的、辩证的认识论与方法论，在更高的层次上综合了象数派与义理派关于“言”“象”“意”三者关系的两种不同倾向，明确了三者之间相互依存、不可偏废的辩证统一关系。孔颖达关于象数义理相统一的易学观，不仅在易学史上首次使《周易》中完整的天人之学得以彰显，而且对整个唐代及其后世易学哲学的发展，都产生了极其深远的影响。

孔颖达用他这种象数义理相统一的易学观，在对《周易》进行解释时，确实出现了一些新的气象。比如他提出的“易理备包有无”，就发前人所未发。《周易正义》云：“易象唯在于有者，盖以圣人作易，本以垂教，教之所备，本备于有。故系辞云：‘形而上者谓之道，道即无也；形而下者谓之器，器即有也。’故以无言之，存乎道体；以有言之，存乎器用。以变化言之，存乎其神；以生成言之，存乎其易。以真言之，存乎其性；以邪言之，存乎其情。以气言之，存乎阴阳；以质言之，存乎爻象。以教言之，存乎精义；以人言之，存乎景行。此等是也。”

孔颖达还提出了“无阴无阳谓之道”的新观点，《周易正义》中说："言阴之与阳，虽有两气，恒用虚无之一以拟待之。言在阳之时，亦以为虚无无此阳也；在阴之时，亦以为虚无无此阴也。云在阴为无阴，阴以之生者，谓道虽在于阴而无于阴，言道所生皆无阴也。虽无于阴，阴终由道而生，故言阴以之生也。在阳为无阳，阳以之成者，谓道虽在阳，阳中必无道也；虽无于阳，阳必由道而成，故言阳以成之也。道虽无于阴阳，然亦不离于阴阳。阴阳虽由道成，即阴阳亦非道，故曰一阴一阳也。"

4. 李鼎祚和《周易集解》

《周易集解》虽然在易学史上占有重要地位，但它的作者李鼎祚却不见于史书的记载，因此其生平事迹不详。有的学者这样解释这一现象："由于功利所使，玄学易成为易学主流和正宗。为官者多习玄学易……李氏致力于象数易学，必然受到冷落而不为列传。"这种说法或许有一些道理，但也不好肯定，因为《周易集解》里面也有很多玄学易的内容。

李鼎祚的《周易集解》，是继孔颖达《周易正义》之后的又一部总结两汉以来易学成果的优秀著作。李鼎祚在《序》中说："采群贤之遗言，议三圣之幽赜……刊辅嗣之野文，补康成之逸象，各列名义，共契元宗。"《周易集解》保存了唐代以前大量的易学资料，今天我们研究两汉易学，绝大部分要靠此书。《四库全书总目》对《周易集解》作出了很高的评价："盖王学既盛，汉易遂亡，千百年后学者得考见画卦之本旨者，惟赖此书之存耳，是真可宝之古笈也。"

《周易集解》究竟保存有多少前人的易学成果呢？据统计有三四十家之多。他们分别是：子夏、孟喜、焦赣、京房、马融、荀爽、郑玄、刘表、何晏、宋衷、虞翻、陆绩、干宝、王肃、王弼、姚信、王廙、张璠、向秀、王凯冲、侯果、蜀才、翟玄、韩康伯、刘瓛、何妥、崔憬、沈驎士、卢氏、崔觐、伏曼容、孔颖达、姚规、朱仰之、蔡景君、孔安国、延叔坚等。

（三）

我们现在谈两宋易学时期。

从北宋开始，中国易学的发展又进入了一个新阶段，被称为宋易时期。宋易并不限于北宋和南宋，其解易的学风一直延续到明末清初。宋易的一大特点是对“图”“书”之学的发明和创造。所谓“图”“书”，主要指“河图”和“洛书”，是当时宋人附会前人易注而发明出来的易图。这些易图又被后人不断附会、推广，愈演愈繁，据说易图最终达到上千种之多。从宋元到明清，易图成为讲易的一个新学派，被称为图、书之学。就是时至今日，专门研究易图的学者仍大有人在。宋易的另一大特点是易学哲学化，用讲易来发展“道学”和“理学”。应该说，宋代易学的发展，使中国古代在本体论和认识论上，都达到了前所未有的高度。宋代的经学之所以称为新儒学，也和这个时期易学的不断发展和创新有关。

宋人论易，著作宏丰，仅《四库全书》就收入有五十多种。宋代研究《周易》的人更多，不仅有易学家和思想家，还有很多政治家和文学家，如王安石、司马光、欧阳修、范仲淹、苏轼、杨万里等。关于宋代的易学传授体系，易学家朱震曾这样概括：“陈抟以《先天图》

传种放，放传穆修，修传李之才，之才传邵雍。放以《河图》《洛书》传李溉，溉传许坚，坚传范谔昌，谔昌传刘牧。修以《太极图》传周敦颐，敦颐传程颐、程颢。是时张载讲学于二程、邵雍之间，故雍著《皇极经世》之书，牧陈天地五十有五之数，敦颐作《通书》，程颐述《易传》，载造《太和》《三两》等篇。”

下面介绍几个代表性人物，来反映两宋时期易学发展情况和特点。

1. 陈抟和易图

陈抟，字图南，宋太宗赐号希夷先生，亳州真源（今河南鹿邑）人，居华山四十余年，潜心修道。陈抟在民间影响很大，被称为陈抟老祖。《宋史》说：“抟好读《易》，手不释卷。常自号扶摇子，著《指玄篇》八十一章，言导养及还丹之事。”陈抟的易学，继承了《周易参同契》的传统。陈抟所发明和传授的易图，据说主要有先天太极图、龙图和无极图等。

我们先说先天太极图。太极图在中国文化史上影响巨大，已经成为一个重要的符号和标志。陈抟发明和绘制先天太极图，应该主要是根据《系辞》中“易有太极，是生两仪”和“一阴一阳之谓道”等思想。

太极图由黑白两条鱼组成，形成阴阳环抱之势。其中黑白两点，白点为阳精，黑点为阴精，白中有黑点，意味着阳中原有阴魂；黑中有白点，意味着阴中含有阳精。更为奇妙的是，太极图是变动不居的，阴鱼和阳鱼是相互转化和彼消此长的。关于太极图周边的先天八卦图，后来学者认为陈抟是受了《周易参同契》的影响，根据炼丹的过程来描绘的。比如说为什么乾坤居上下、离坎居东西，是因为炼丹

先天太极八卦图

取法于天地日月之象。再如坎为月精纳戊，离为日光纳己，居于中宫。还有初三月生光，应震卦而纳庚，“以喻吾身之火候言之”；初八，月至上弦，应兑纳丁，“以喻吾身阳火上升之半也”；十五月望，应乾纳甲，“以喻吾身阳火盛满之候也”；十六，应巽纳辛，“则阴受阳禅，峰回路转之时也”；二十三日，月下弦，应艮纳丙，“以喻吾身阴符下降之半也”；三十日，月晦，应坤纳乙，“以喻吾身阴符穷尽之候也”。

我们现在说龙图。所谓“龙图”，即龙马负图，指的是河图和洛书一类的图式。“河图”一词，最早见于《尚书·顾命》：“赤刀、大训、弘璧、琬琰，在西序；大玉、夷玉、天球、河图，在东序。”孔子在《论语》中说：“凤鸟不至，河不出图，吾已矣夫。”《周易·系辞》中说：“河出图，洛出书，圣人则之。”西汉的易学家扬雄，则把《周易》的起源和河图、洛书紧密联系在一起，他说：“大易之始，河序龙马，洛贡龟书。”但是，“河图”和“洛书”究竟是什么样子，直到宋代，谁也没有说过，谁也没有见过。陈抟正是根据上面说的这些文字，加上他自己的理解和想象，发明绘制出“龙图”，包括河图和洛书。

陈抟在《龙图序》中说：“且夫龙马始负图，出于羲皇之代，在太古之先也。今存已合之位，或疑之，况更陈其未合之数耶？然则何以知之？答曰：于仲尼三陈九卦之义探其旨，所以知之也。况夫天之垂象，的如贯珠，少有差则不成次序矣。故自一至于盈万，皆累累然如系之于缕也。且若《龙图》本合则圣人不得见其象，所以天意先未合而形其象，圣人观象而明其用。是《龙图》者，天散而示之，伏羲合而用之，仲尼默而形之。”

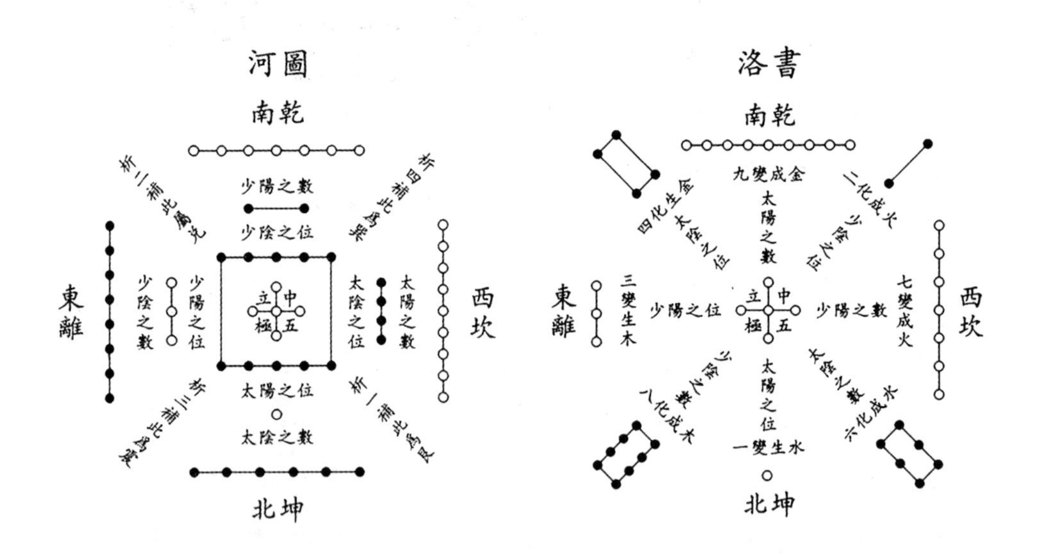

河图和洛书

关于河图、洛书的形成过程和具体排列方式，陈抟在《龙图序》中有详细的说明，他说：“始龙图之未合也，惟五十五数。上二十五，天数也。中贯三五九，外包之十五，尽天三天五天九并十五之用，后形一六无位，又显二十四之为用也。兹所谓天垂象矣。下三十，地数也，亦分五位，皆明五之用也。十分而为六，形坤之象焉。”《龙图序》中还说：“后既合也，天一居上为道之宗，地六居下为气之本，天三干地二地四为之用。三若在阳则避孤阴，在阴则避寡阳。”

我们现在说无极图。明末易学家黄宗炎在《图学辩惑》中指出：“太极图者，创于河上公，传自陈图南，名为无极图，乃方士修炼之术。”黄宗炎还说陈抟曾将无极图刻于华山石壁，后将此图传于穆修，穆修又将此图传授于周敦颐，周敦颐的太极图即来源于陈氏的无极图。

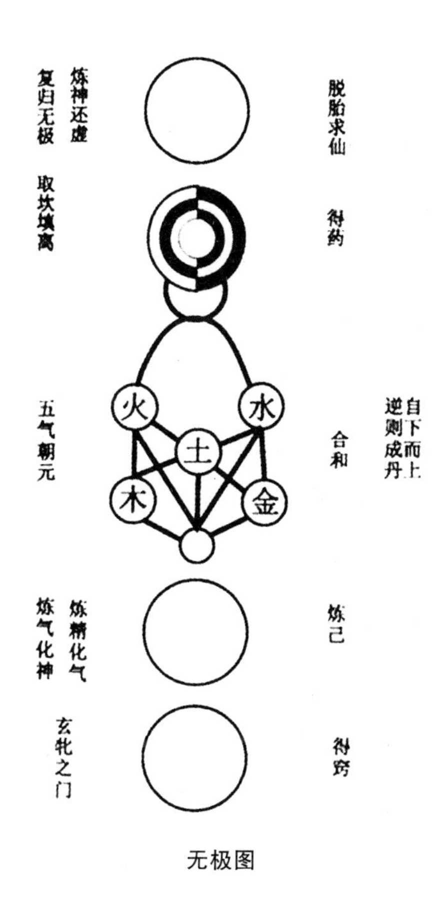

无极图

黄宗炎从方士炼丹的角度，对陈氏的无极图进行了详细解释，他说："乃方士修炼之术，其义自下而上，以明逆则成丹之法。其大较重在水火，火性炎上，逆之使下，则火不燥烈，唯温养而和燠；水性润下，逆之使上，则水不卑湿，唯滋养而光泽。滋养之至，接续而不已；温养之至，坚固而不败，律以老氏虚无之道已为有意。就其图而述之，其最下一'〇'名为'玄牝之门'，玄牝即谷神也。牝者窍也，谷者虚也……人身命门两肾空隙之处，气之所由以生，是为祖气。凡人五官百骸之运用知觉，皆根于此。于是提其祖气上升为稍上一'〇'，名为'炼精化气，炼气化神'。炼有形之精，化为微芒之气。炼依希呼吸之气，化为出有入无之神，便贯彻于五藏六腑，而为……五气朝元。行之而得也，则水火交媾而为……取坎填离，乃成圣胎。又使复还于无始，而为最上之一'〇'，名为'炼神还虚，复归无极'，而功用至矣。"

2. 邵雍和《皇极经世书》

邵雍（1011—1077），字尧夫，谥康节，祖籍河北，后定居洛阳。邵雍是著名的学者，与周敦颐、张载、程颢、程颐并称"北宋五子"。邵雍是一位旷世奇人，据说他年轻时为了磨炼意志、专心读书，冬不生炉，夏不用扇，子时前不睡。邵雍虽然是一介布衣，但当时的达官贵人和社会名流，如富弼、司马光、文彦博、王拱辰和吕公著等人，都追随在他左右，并为其提供生活上的方便。邵雍在当时的洛阳成为一道亮丽的风景线，他每次出游，必坐着一个人拉的小车，市民争相欢迎和问候，并亲切地说："我家先生来到了"，从来没有人直呼他姓名。在市民中，父亲训诫儿子、兄长教育弟弟，常常这样说："你不好好做人做事，就不怕邵先生知道吗？"就是在今天，邵康节先生在民间的影响仍然很大，传得像神一样，以致有很多关于占卜、算命的书，都假托是邵康节所撰。我的母亲姓邵，我外祖父这一支一直认为是邵雍的后代，是从洛阳迁徙到鲁西南的。我从外祖父家里，听过他们讲的很多有关邵康节先生的故事，我还在邵氏宗庙里见过邵康节先生的画像。行文至此，一种亲切之情涌上心头。

邵雍的易学称为先天之学。大家知道，邵雍的易学得授于李挺之，但也正如程颢所说："今穆李之言及其行事，概可见矣。而先生纯一不杂，汪洋浩大，乃其所自得者多矣。"这就是说，邵雍的易学虽有师承，但更多的是他自己的发明创造。邵雍的易学也是有家学渊源的，他的父亲邵古，也是一位大易学家，著有《周易解》五卷，特别是在音律文字学方面，有独特的造诣，这一点可能深深地影响了邵雍。所谓先天之学，就是推崇伏羲的卦画易学。邵雍认为，伏羲所画的卦画，虽然没有文字，但天下万物之理，尽在其中矣。学者只需用心揣摩卦画，不必过多地在意卦爻辞，这样可能更容易获得真知。邵雍自己也发明了十四幅易图，朱熹将这些易图归结为四种，刊印在他的《周易本义》里，得以保存至今。邵雍认为，《周易》无非是象、数两端，天下万事万物也无非是象数，把象数搞透了，就能够既明天道，又知人事，就能够鉴往知来，洞察幽微，预知祸福，趋吉避凶。因此，邵雍建立起了一个有史以来最为庞大的象数易体系。据程颢回忆，当年邵雍想把他的绝学传授给程氏兄弟，但他们兄弟俩合计，要学邵先生的象数易，至少要花去二十年的工夫，因此望而生畏，婉言谢绝。

邵雍对易学和中国文化最大的贡献，是他撰写了一部奇书《皇极经世书》。这部书比《周易》本身还神奇，还难懂。我经常给朋友们说，古今中外的书，我读得不算少，还没有哪一部书始终读不懂。而《皇极经世书》一直放在案头，前后读了二十多年也没有真正读懂。《皇极经世书》共十二卷，包括“观物篇”和“观物外篇”等。邵雍对以易观物有自己独特的理解，他在《观物吟》中说：“耳目聪明男子身，洪钧赋予不为贫。因探月窟方知物，未蹑天根岂识人。乾遇巽时观月窟，地逢雷处看天根。天根月窟闲来往，三十六宫都是春。”在《观易吟》中又说：“一物其来有一身，一身还有一乾坤。能知万物备于我，肯把三才别立根。天向一中分体用，人于心上起经纶。天人焉有两般义，道不虚行只在人。”邵雍的观物，实际上包括以天地观万物、以道观物和以物观物。总之，观物时就是要超然物外，这样才能看透事物的本质和真情。

《皇极经世书》被人们认为是一部“推步之书”，就是推演天道变化和人事更替的。它从开天辟地，还没有人类开始，以至三皇五帝和夏商周，历经秦汉和隋唐，一直推演到北宋。何年何月发生什么事情，为什么会发生这样的事情，它的因果关系是什么，都从易理上解释得头头是道，都用对应的天干地支、阴阳五行、六十四卦、声音律吕标注得清清楚楚。邵雍为了能够准确地推演古往今来天下之事，殚精竭虑地构筑起一个庞大的知识体系，这个体系用今天的话说，称之为数学模型和大数据未尝不可。《皇极经世书》所构筑的知识体系，纵可以描述亿万万年，横可以涵盖人类和各种动植物。

《皇极经世书》构筑的时间系统是：元、会、运、世。邵雍认为世界和人类从开始到消灭的周期叫作元，并推导出一元是十二万九千六百年。一元有十二会，一会有三十运，一运有十二世，一世有三十年。《观物篇》中说：“日经天之元，月经天之会，星经天之运，辰经天之世。以日经日，则元之元可知之矣；以日经月，则元之会可知之矣；以日经星，则元之运可知之矣；以日经辰，则元之世可知之矣。”当然，邵雍认为一元在宇宙大化中只是一瞬，最多相当于我们日常生活中的一年，然后又周而复始。他还推算出，一个“世之世”，就是五亿五千九百八十七万二千年。

邵雍的宇宙周期表是根据什么推演出来的呢？主要是根据六十四卦圆图。

六十四卦圆图

六十四卦分为八宫即从乾一到坤八，每宫八个卦。八宫分别配以元会运世岁月日时，乾一为元，兑二为会，离三为运，震四为世，巽五为岁，坎六为月，艮七为日，坤八为时。每一宫中的八个卦再分别配以元会运世岁月日时，如乾一中的八个卦，《乾》为元之元，《夬》为元之会，《大有》为元之运，《大壮》为元之世，《小畜》为元之岁，《需》为元之月，《大畜》为元之日，《泰》为元之时。兑二中的八个卦，《履》为会之元，《兑》为会之会，《睽》为会之运，《归妹》为会之世，《中孚》为会之岁，《节》为会之月，《损》为会之日，《临》为会之时。到《坤》宫八卦，《否》为辰之元，《坤》为辰之时。乾宫一中八个卦当一元之数，《乾》为一，即元之元；《夬》为十二，即元之会；《大壮》为四千三百二十，即元之世；《小畜》当一十二万九千六百，即元之岁；《需》为元之月，当一百五十五万五千二百个月；《大畜》为元之日，当四千六百六十五万六千日；《泰》为元之时，当五亿五千九百八十七万二千时辰。这种推算方法是：《乾》为一，乘以十二则为《夬》卦十二，《夬》卦十二乘以三十则为《大有》卦三百六十，《大有》三百六十乘以十二则为《大壮》四千三百二十，《大壮》乘以三十则为《小畜》一十二万九千六百。其他卦的推算和这类似，每宫中的八个卦，居奇数位的乘以十二，居偶数位的则乘以三十。

《皇极经世书》构筑的空间体系是：动植通数。《观物篇》六十一中说：

太阳之体数十，太阴之体数十二；少阳之体数十，少阴之体数十二；少刚之体数十，少柔之体数十二；太刚之体数十，太柔之体数十二。进太阳、少阳、太刚、少刚之体数，退太阴、少阴、太柔、少柔之体数，是谓太阳、少阳、太刚、少刚之用数；进太阴、少阴、太柔、少柔之体数，退太阳、少阳、太刚、少刚之体数，是谓太阴、少阴、太柔、少柔之用数。太阳、少阳、太刚、少刚之体数一百六十，太阴、少阴、太柔、少柔之体数一百九十二，太阳、少阳、太刚、少刚之用数一百一十二，太阴、少阴、太柔、少柔之用数一百五十二。以太阳、少阳、太刚、少刚之用数，唱太阴、少阴、太柔、少柔之用数，是谓日月星辰之变数；以太阴、少阴、太柔、少柔之用数，和太阳、少阳、太刚、少刚之用数，是谓水火土石之化数。日月星辰之变数一万七千二十四，谓之动数；水火土石之化数一万七千二十四，谓之植数。再唱和日月星辰水火土石之变化通数二万八千九百八十一万六千五百七十六，谓之动植通数。

日月星辰者，变乎暑寒昼夜者也。水火土石者，化乎雨风露雷者也。暑寒昼夜者，变乎性情形体者也；雨风露雷者，化乎走飞草木者也。暑变飞走木草之性，寒变飞走木草之情，昼变飞走木草之形，夜变飞走木草之体。雨化性情形体之走，风化性情形体之飞，露化性情形体之草，雷化性情形体之木。性情形体者，本乎天者也；飞走木草者，本乎地者也。本乎天者，分阴分阳之谓也；本乎地者，分柔分刚之谓也。夫分阴分阳、分柔分刚者，天地万物之谓也。备天地万物者，人之谓也。

邵雍建立起了“万时”和“万物”的模型，就可以对天下古往今来之事进行推演。如《皇极经世书》对尧、舜、禹和夏、商、周三代历史事件的推断，就和我们国家20世纪末进行的“夏商周断代工程”的结论是基本一致的。为了说清楚中华文明的来龙去脉和悠久历史，我们国家集中了大批史学家和科学家，于1996年5月启动了“夏商周断代工程”，到2000年9月全面完成。这一工程的最终结论是：夏朝起止年代为公元前2070年至前1600年，商朝为前1600年至前1046年，周朝为前1046年至前771年（西周）。《皇极经世书》纪年始于“以会经运”之二、经月之巳六甲辰，这一年，中国历史上“五帝”之一的尧即位；用“以运经世”论之，唐尧即位之年为经世之未二千一百五十六甲辰，终于“以运经世”之十、经世之子二千二百六十己未，这一年是后周世宗显德六年，即公元959年。唐尧即位之年为二千一百五十六世，第二个十年甲辰；后周世宗显德六年己未，为二千二百六十六世少四年。以一百一十世即三千三百年减去九百七十三年，可知尧帝即位之年为公元前2327年。尧帝在位七十三年，禅让于舜；舜在位六十一年，禅让于禹；禹在位二十七年，其子启继位，建立夏朝，夏朝的建立当在公元前2166年。夏朝存在四百三十二年后为商汤所灭，则商朝建立当在公元前1734年；商朝存在六百三十五年后为周武王所灭，则周朝建立当在公元前1099年。

邵雍依据自己建立起来的庞大象数易体系，不仅能推演过往之事，也能预测未来之事，如他对王安石变法之事的预判，就是一个非常著名的案例。据说邵雍在洛阳隐居时，有一天与客人漫步在天津桥上，忽然听到杜鹃鸣叫声，惨然不乐。客人问他为何伤心，邵雍说：

“洛阳旧无杜鹃，今始至……不二年，上用南士为相，多引南人，专务变更。天下自此多事矣。”客人问何以知之？邵雍回答说：“天下将治，地气自北而南；将乱，自南而北。今南方地气至矣。禽鸟飞类，得地气之先者也。《春秋》书‘六鹢退飞’‘鸜鹆来巢’，气使之也。自此南方草木皆可移，南方疾病瘴疟之类，北人皆苦之矣。”后不多年，果然神宗用王安石为宰相，推行新法，朝野震动不安。

邵雍不仅能够推演古今，他还凭着卓越的学识，在一千多年前，天才地猜测到月亮本无光，月光是太阳光的反射。他还判断大地的南极和北极，必然是极端的严寒天气。他还提出了十分有创见的体数和用数的概念，并认为万事万物都存在着体四用三的普遍规律。例如一年四季，春夏秋生长作物，而冬季作物基本不生长，这就是体四用三。再如圆者经一围三，方者经一围四，圆主动，方主静，这也是体四用三。邵雍说：“体数，何为者也？生物者也。用数，何为者也？运行者也。”又说：“用也者，心也；体也者，迹也。”对邵雍的学识和《皇极经世书》世人无不钦佩之极，连大儒朱熹也说：“自《易》以后，无人做得一物如此整齐，包括得尽。”

我前面说过，《皇极经世书》是一部极难读懂之书，可能有些读者不以为然，现在抄录书中的几行，大家可知所言非虚。

一音	□□近揆●●●●	二声	坤巧丘弃●●●●
二音	黄华雄贤●●●●		□□乾虯●●●●
一声	五瓦仰□●●●●		黑花香血●●●●
	吾牙月尧●●●●	三音	□爻壬寅●●●●
	安亚乙一●●●●	一声	母马美米●●●●

3. 欧阳修对易学的贡献

欧阳修（1007—1072），字永叔，号醉翁，晚号六一居士，吉州吉水（今属江西）人。欧阳修是著名的文学家、史学家和政治家，他不仅写有《醉翁亭记》这样的千古名篇，还以一己之力撰修了《新五代史》，主编了《新唐书》。他对自己的作品精益求精，到了晚年还反复修改自己所写的文章。有一次，他的夫人说，你这么大年纪了，作文章还怕老师责骂吗？欧阳修回答说："我不怕老师责骂，只怕后人笑话。"欧阳修对中国文化的最大贡献，不是他自己的作品多么卓越，而是他对王安石、曾巩、苏洵、苏轼、苏辙、司马光、张载、程颢等人的推荐和激赏，这实际上成为宋代文化繁荣昌盛的一个重要因素。

欧阳修虽然不是专业的易学家，但他凭着卓越的学识，对易学提出了独特的见解，做出了历史性贡献。从秦汉以来，大家一致认为，《易传》由孔子所作。欧阳修第一个破天荒地提出，《易传》的主要内容非孔子所作。欧阳修提出这一重大的崭新观点，是有充分根据的。如他说："《系辞》非圣人之作乎？曰何独《系辞》焉，《文言》《说卦》而下，皆非圣之作，而众说淆乱，亦非一人之言也。昔之学《易》者，杂取以资其讲说，而说非一家，是以或同或异，或是或非，其择而不精，至使害经而惑世也。"又说："孔子之文章，《易》《春秋》是已。其言愈简，其义愈深。吾不知圣人之作，繁衍丛脞之如此也。"欧阳修认为孔子的话言简意赅，而《易传》中的有些话前后重复、杂乱无章，不可能是孔子一人所作。欧阳修的这一观点，经过众多学者的辩证和商讨，目前基本上为多数人所接受。

欧阳修对易学的另一个重要贡献，是他反对将易学神秘化，对象数易学的流弊进行抨击和驳斥。北宋时期，图书之学开始兴盛，易学界弥漫着一股神秘之风，故意夸大《易经》的超理性色彩。欧阳修深为厌绝，他说：“河、洛不出图书，吾昔已言之矣。”又说：“大抵学《易》者，莫不欲尊其书，故务为奇说以神之。至其自相乖戾，则曲为牵合而不能通也。”

欧阳修的易学著作，主要有《易童子问》和《易或问》。欧阳修对易学的贡献，除上面谈到的两点外，还有一些观点也很有见地。

第一，《周易》主要讲人事。欧阳修说：“童子问曰：‘象曰天行健，君子以自强不息，何谓也?’曰：‘其传久矣，而世无疑焉，吾独疑之也。盖圣人取象，所以明卦也，故曰天行健。《乾》而嫌其执于象也，则又以人事言之，故曰君子以自强不息。六十四卦皆然也。’”又说：“圣人急于人事者也，天人之际罕言焉。……以人之情而推天地鬼神之迹，无以异也。然则修吾人事而已，人事修则与天地鬼神合矣。”要之，欧阳修认为，《周易》是指导人们如何做人做事的，不是讲天道和鬼神的。只要修好人事，自然无往而不吉。

第二，《周易》讲物极而必反。欧阳修说：“《剥》者，君子止而不往之时也。《剥》尽则《复》，《否》极则《泰》，消必有息，盈必有虚，天道也。是以君子尚之，故顺其时而止，亦有时进也。”又说：“阳过乎亢则灾，数至九而必变，故曰‘见群龙无首，吉’。物极则反，数穷则变，天道之常也，故曰‘天德不可为首’也。阴柔之动，多入于邪，圣人因其变以戒之，故曰‘利永贞’。”

第三，《周易》讲析常和变。欧阳修认为《周易》是讲变革的，但变革是有条件的，变革是应对非常之事的。他说：“童子问曰：

‘《革》之《彖》曰：汤武革命，顺乎天而应乎人，何谓也？’曰：‘逆莫大乎以臣伐君，若君不君，则非君矣。是以至仁而伐桀纣之恶，天之所欲诛，而人之所欲去，汤武诛而去之，故曰顺乎天而应乎人也。’童子问曰：‘然则正乎？’曰：‘正者常道也。尧传舜，舜传禹，禹传子是已。权者非常之时，必有非常之变也，汤武是已。故其《彖》曰革之时大矣哉云者，见其难之也。’”

4. 周敦颐和《太极图说》

周敦颐（1017—1073），字茂叔，道州营道（今湖南道县）人，世称“濂溪先生”。周敦颐是著名的文学家，《爱莲说》家喻户晓。他也是宋明理学的开山始祖，二程亦多受其影响。周敦颐对《周易》造诣颇深，著有《太极图说》、《通书》和《易说》等。周敦颐对易学最大的贡献，是其《太极图说》。

《太极图说》，顾名思义，当然是有图又有说，就是对“太极”的图解。大家知道，“太极”思想在中国文化史上占有重要的地位，太极思想，实际上是中国人的宇宙本体论和万物生成论。关于周氏的《太极图说》，很多学者认为是受陈抟等道教人士的传授，这或许也有可能。但周敦颐对太极图的解说，却是用儒家正统思想进行提升和改造的。我们现在看到的周敦颐的《太极图说》，是经过朱熹等人整理而流传下来的，其原文如下：

无极而太极，太极动而生阳。动极而静，静而生阴。静极复动。一动一静，互为其根。分阴分阳，两仪立焉。阳变阴合，而生水火木金土，五气顺布，四时行焉。五行一阴阳也，阴阳一太极也，太极本无极也。五行之生也，各一其性。无极之真，二五之精，妙合而凝。乾道成男，坤道成女。二气交感，化生万物。万物生生而变化无穷焉。惟人也得其秀而最灵。形既生矣，神发知矣。五性感动而善恶分，万事出矣。圣人定之以中正仁义而主静，立人极焉。故圣人与天地合其德，日月合其明，四时合其序，鬼神合其吉凶。君子修之吉；小人悖之凶。故曰："立天之道，曰阴与阳。立地之道，曰柔与刚。立人之道，曰仁与义。"又曰："原始反终，故知死生之说。"大哉《易》也，斯其至矣。

《太极图说》虽然只有 249 字，却是一篇立意高远、内容丰富、价值巨大、逻辑严谨、文采飞扬的哲学美文。关于"无极而太极"这句话，前人争议很大，到今天也没有定论。但笔者认为，周敦颐的"无极"，就是老子所说的"道"。"无极"像"道"一样，无形无状、无声无臭，但它却是万有之基。"无极而太极"，就是说太极来源于无极。因为无极没有任何形可以状，所以只能画出太极图。宇宙化生的路径很清楚，太极的动和静，产生了阴和阳。阴阳的交合和变化，又产生了金木水火土。人也是这种阴阳交合的产物，只不过人是万物之灵，最得造化之秀，"神发知矣"，能分辨善恶。周敦颐《太极图说》最要害的是，为儒家的仁义中正和君臣父子，找到了理论根据和出处，它们像其他万事万物一样，都来自天道和大化的运行。那么，结论就非常明确：只有按道而行，只有遵守中正仁义，才能趋吉避凶，永葆吉祥。这是《太极图说》的要义，是《周易》的要义，当然也是整个儒家文化的要义。

周敦颐对中国思想文化的另一个贡献，是他在解《易》时提出乾元为“诚之源”，认为“圣，诚而已矣”。后来的程朱理学把“诚”和“敬”提到很高的位置，应该是受周敦颐的影响。周敦颐在《通书》中说：“圣，诚而已矣……诚，五常之本，百行之源也……静无而动有，至正而明达也……五常百行，非诚，非也。邪暗，塞也……故诚则无事矣……至易而难行……故曰：‘一日克己复礼，天下归仁焉。’”又说：“诚者，圣人之本。大哉乾元，万物资始，诚之源也。乾道变化，各正性命，诚斯立焉，纯粹至善者也。故曰：‘一阴一阳之谓道；继之者善也，成之者性也。’元亨，诚之通；利贞，诚之复。大哉《易》也，性命之源乎！”

5. 张载和《横渠易说》

张载（1020—1077），字子厚，陕西眉县横渠镇人，故世称“横渠先生”。张载学识渊博，气象宏大，他的“为天地立心，为生民立命，为往圣继绝学，为万世开太平”的名言，被誉为“横渠四句”，成为一千多年来读书人的理想和追求。张载的易学造诣也很深，他经常和邵雍、二程兄弟等人一起辩论易学问题。据说张载早年在开封讲易学，总喜欢坐在虎皮椅上，听众甚多，场面庄严。有一天晚上，程颢、程颐兄弟造访，一起探讨易学问题至深夜。第二天张载再讲《周易》时，就把虎皮从椅子上撤掉了，并给听众说：“吾平日为诸公说者皆乱道，有二程近到，深明易道，吾所弗及，汝辈可师之。”张载的易学著作主要有《横渠易说》，也简称《易说》。

张载的易学思想，概括起来主要有以下几个方面：

第一，观察是解《易》的基础。张载虽然属于义理派，但他认为

《易经》毕竟是因象系辞，有其象才有其文，所以，他认为解释易经必须立足于卦象，即“观其象而玩其辞”。张载说：“隐高于卑，《谦》之象也。易大象皆是实事，卦爻小象则容有寓意而已。言‘风自火出《家人》’，家人之道必自烹饪始。风，风也，教也，盖言教家人之道必自此始也。又如言‘木上有水井’，则明言《井》之实事也。又言‘地中有山《谦》’，夫山者崇高之物，非谦而何。又如言‘云雷《屯》’，云雷皆是气之聚处，屯，聚也。”

第二，《易》论天道而终归于人事。在对待《周易》上，有几种不同的倾向，有的学者认为《周易》主要讲天道，人们要通过卜筮向神灵求问吉凶祸福。有的学者则认为《周易》主要讲人事，按照大易之道行事，自然会吉祥如意。张载则认为，《周易》讲的是天道，落脚点则是人事，天道和人事是密不可分的。他说：“易即天道，独入于爻位系之以辞者，此则归于人事。盖卦本天道，三阴三阳，一升一降，而变成八卦，错综为六十四，分而有三百八十四爻也。因爻有吉凶动静，故系之以辞，存乎教诫，使人动则观其变而玩其占，其出入以度，内外使知惧，又明于忧患与故，无有师保，如临父母。圣人与人撰出一法律之书，使人知所向避，易之义也。”又说：“天能谓性，人谋谓能。大人尽性，不以天能为能，而以人谋为能，故曰‘天地设位，圣人成能’。天人不须强分，易言天道，则与人事一衮论之，若分别则是薄乎云耳。自然人谋合，盖一体也，人谋之所经画，亦莫非天理耳。”

第三，有气才有象和易。张载虽然很推重程颐兄弟，但有些观点并不一致。比如程颐认为“理”是宇宙的本体，也是产生象和易的源头。张载则不然，他认为“气”是宇宙的本体，有气方有象，气之生即是道是易。张载说：“阳之意健，不尔何以发散和一？阴之性常顺，然而地体重浊，不能随则不能顺，少不顺即有变矣。有变则有象，如乾健坤顺，有此气则有此象可得而言；若无则直无而已，谓之何而可？是无可得名。故形而上者，得辞斯得象，但于不形中得于措辞者，已是得象可状也。今雷风有动之象，须得天为健，虽未尝见，然而成象，故以天道言。及其法也则是效也，效著则是成形，成形则地道也。若以耳目所及求理，则安得尽！如言寂然湛然亦须行此象。有气方有象，虽未形，不害象在其中。”又说：“凡不形以上者，皆谓之道，惟是有无相接与形不形处知之为难。须知气从此首，盖为气能一有无，无则气自然生，是道也，是易也。”

第四，对“一物两体”和对立统一思想的新表述。张载是卓越的哲学家，他对事物对立统一的认识，在中国思想史上占有重要地位。他说：“一物而两体，其太极之谓与？阴阳天道，象之成也；刚柔地道，法之效也；仁义人道，性之立也，三才两之，莫不有乾坤之道。”又说：“有两则有一，是太极也。若一则有两，有两亦一在。无两亦一在。然无两则安用一？不以太极，空虚而已，非天参也。”张载在《正蒙》中说的下面这几句话就更为高明，细想起来，天下万事万物莫不遵循这样的规律：“气本之虚则湛一无形，感而生则聚而有象。有象斯有对，对必反其为；有反斯有仇，仇必和而解。”

6. 程颐和《伊川易传》

程颐（1033—1107），字正叔，河南人，人称伊川先生。其兄程颢，人称明道先生，后世并称“二程”。二程是宋明理学的奠基人，并创立了影响深远的洛学。程颐的《伊川易传》，也简称《易传》，是继王弼之后，将义理学派推向一个新的阶段的重要著作，在易学史上具有划时代的意义。朱熹说："已前解《易》，多只说象数。自程门以后，人方都作道理说了。"近人马一浮先生也说："伊川作《易传》，重在玩辞，切近人事，而后本隐之显之旨明，深得孔子赞《易》之志。故读《易》当主伊川。"

程颐的《周易》思想主要有以下几个方面：

第一，用天理解释《周易》。程颐是理学家，他认为"理"是天地万物的根本，天地万物无非是一个"理"字。正如张载用"气"来解说《周易》一样，程颐则用"理"来解说《周易》。程颐认为，《周易》的"象"出自"理"，"理"能"遍理天地之道"。他在解说《乾》卦初九爻"潜龙，勿用"时说："理，无形也，故假象以显义。"在解说"天尊地卑，乾坤定矣"时说："事有理，物有形也……有理而后有象，成位乎中也。"在解说"易与天地准，故能弥纶天地之道"时说："弥，遍也。纶，理也……弥纶，遍理也。"《伊川易传》中还说："遍理天地之道……故能知幽明之故。在理为幽，成象为明。知幽明之故，知理与物之所以然也。"程颐在用"理"来解说《周易》时，有时也会牵强附会，如他在注释《系辞》"寂然不动，感而遂通天下之故"时，竟说："天理具备，元无少欠，不为尧存，不为桀亡。父子君臣，常理不易，何曾动来？……感非自外也。"

第二，《周易》包备天下万物之理。《伊川易传》中说："赜，深远也。圣人见天下深远之事，而比拟其形容，体象其事类，故谓之象。天下之动无穷也，必'观其会通'。会通，纲要也。乃以'行其典礼’。典礼，法度也，物之则也。系之辞以断其吉凶者爻也。言天下之深远难知也，而理之所有，不可厌也；言天下之动无穷也，而物有其方不可紊也。拟度而设其辞，商议以察其动，拟议以成其变化也。”又说：“《易》有圣人之道四焉：‘以言者尚其辞，以动者尚其变，以制器者尚其象，以卜筮者尚其占。’吉凶消长之理，进退存亡之道，备于辞。推辞考卦，可以知变，象与占在其中矣。”

第三，《周易》随时变化以符天道。程颐说：“易，变易也，随时变易以从道也。其为书也，广大悉备，将以顺性命之理，通幽明之故，尽事物之情，而示开物成务之道也。”又说：“乾道变化，生育万物，洪纤高下，各以其类，各正性命也。”他在《伊川易传》中还说：“大人与天地日月四时鬼神合者，合乎道也。天地者道也，鬼神者造化之迹也。圣人先于天而天同之，后于天而能顺天者，合于道而已。合于道，则人与鬼神岂能违也。”程颐之所以这样推崇《周易》的变易之道，就是因为他认为《周易》的一切变化都是遵循和符合天道天理的。

第四，“体用一源、显微无间”的易学哲学观。程颐是一位哲学家和思想家，他利用理学来解说《周易》，同时也利用《周易》来论证他的理学。其中，“体用一源、显微无间”的思想，就是一个明显的例证。程颐说：“理无形也，故因象以明理。理见乎辞矣，则可由辞以观象。故曰‘得其义则象数在其中矣’。”又说：“理无形也，故假象以显义。乾以龙为象。龙之为物，灵变不测，故以象乾道变化，阳气消息，圣人进退。初九在一卦之下，为始物之端，阳气方萌。圣人侧微，若龙之潜隐，未可自用，当晦养以俟时。”《二程遗书》还记载了这样一个故事："邵尧夫谓程子曰：'子虽聪明，然天下之事亦众矣，子能尽知邪？'子曰：'天下之事，某所不知者固多，然尧夫所谓不知者何事？'是时适雷起，尧夫曰：'子知雷起处乎？'子曰：'某知之，尧夫不知也。'尧夫愕然曰：'何谓也？'子曰：'既知之，安用数推也？以其不知，故待推而后知。'尧夫曰：'子以为起于何处？'子曰：'起于起处。'尧夫瞿然称善。"程颐认为，雷声在什么地方响起，自有在这个地方响起的原因，有震之理必有雷之声，体和用、显和微是一致的。

第五，对图书学派提出严厉批评。义理学派和象数学派历来都是对立的。程颐对当时盛行的图书学派，进行了严厉的批评和嘲讽。他说："圣人见河图、洛书而画八卦。然何必图、书，只看此兔，亦可作八卦，数便此中可起。古圣人只取神物之至著者耳。只如树木，亦可见数。"程颐还说："某与尧夫同里巷居三十年余，世间事无所不论，惟未尝一字及数耳。"二程兄弟和邵雍交往很深，他们也都很敬重康节先生。程颐和邵雍比邻而居三十多年，相见时无话不谈，唯独从来不谈象数易，怕见解不同而伤感情。

7. 杨万里和以史证易

杨万里（1127—1206），字廷秀，号诚斋，吉州吉水（今江西省吉水县）人。杨万里是著名的文学家，据说他一生写诗两万多首，与陆游、尤袤、范成大并称"中兴四大家"。杨万里的诗清新脱俗，自成一体，连陆游都说自己的诗不如杨万里。我十几岁读《宋诗一百首》时，杨万里的六首诗都给我留下了深刻的印象，如"篱落疏疏一径深，树头新绿未成阴。儿童急走追黄蝶，飞入菜花无处寻"。杨万里在易学上下的功夫很深，其子杨长儒说父亲为著《易传》：“阅十有七年而后成书，平生精力，尽于此书。”后人对杨氏的易学成就评价很高，如全祖望说：“《易》至南宋，康节之学盛行，鲜有不眩惑其说。其卓然不惑者，则诚斋之《易传》乎！……以史事证经学，尤为洞邃。予尝明辅嗣之传，当以伊川为正脉，诚斋为小宗，胡安定、苏眉山诸家不如也。”

杨万里治易的最大特点是以史证易，即认为《易经》中包含有大量历史人物、历史事件和国家兴衰的规律。应该说，以史证易在杨氏之前和之后都有，但都不如杨万里这么彻底和系统，对各卦各爻的解释，几乎都能证引历史事件和历史人物。比如解释《乾》卦时说：“乾乾者犹曰健健云耳，虽然九三危而无咎，信矣，亦有危而有咎者乎？曰有。蚩尤、后羿、莽、卓在上而骄其下，在下而忧其不为上。骄则有懈心，何德之勤？忧则有觎心，何位之惧？故终亦必亡而已矣。或曰不有操、懿乎？曰汉一变而为魏，盖三世希不失矣。魏一变而为晋，盖再世希不失矣。使魏晋不足征，则乾乾夕惕之戒妄矣。”又说：“五者，位之极。上者，极之极。故为‘亢’。居君位而又上焉，将何之乎？此益戒舜以罔淫于乐，禹戒舜以无若丹朱之时也。若志与位俱亢，则有悔矣。梁武帝、唐明皇晚年是已。”再如解释《坤》时说：“故阴盛阳微，月壮日亏。吕、武专而汉唐倾，懿、裕强而魏晋亡。此阴不从阳之灾也。故坤之阴，处先则迷，处后则得，必以后为利之主也。”又说：“阴极伤阳，臣盛伤君。六而居上，阴极而臣盛矣。故阴阳争，君臣战，两伤两穷而后已。赵高篡秦，秦亡而高亦诛。王莽篡汉，汉微而莽亦败……其血玄黄，两龙俱伤也。”

除了以史证易之外，杨万里的易学思想还有以下几点：

第一，《周易》是讲变通的书。杨万里说：“《易》者何也？易之为言变也。《易》者，圣人通变之书也。何谓变？盖阴阳太极之变也；五行阴阳之变也，人与万物、五行之变也；万事人与万物之变也。古初以迄于今，万事之变未已也。其作也，一得一失；而其究也，一治一乱。圣人忧焉，幽观其变，湛思其通，而逆紬其图，《易》之所以作也。”又说：“易之道有体有用。其变而无常者用也，其常而不变者体也。君子之学易，能通其变而得其常，极其用而执其体，是可谓善学易之书而深明易之辞，力行易之道者矣。”

第二，《周易》之道就是天理。杨万里说：“然则易之道何道也？天理而已。是理也，在天地为阴阳，在日月为昼夜，在四时为生育长养，在鬼神为吉凶，在人为君臣父子仁义礼乐，此易之道也。异端之所谓道，非易之所谓道。”又说：“易之道何道也？天理而已。本然之谓理，当然之谓义，因其本然而行其当然之谓道，天地人物均具此道之谓性。圣人得此道者也，体之以成身之谓德，用之以成事之谓业。”

第三，八卦图象起源于古文字。杨万里说：“☰ ☷古之天地字也。曷由知之？由坎离知之，偃之为☵ ☲，立之为水火。若雷风山泽之字亦然。故《汉书》坤字作巛。八字立而声画不可胜穷矣，岂待鸟迹哉！后世草书天字作玄，即☰也。”在宋代提出八卦起源于文字实属大胆和新颖，今天确有很多学者都认为八卦与古文字有关，如著名学者张政烺先生就持此观点。

8. 朱熹对易学的重大贡献

朱熹（1130—1200），字元晦，号晦庵，谥“文”，世称紫阳先生，生于南剑州尤溪（今福建省尤溪县）。朱熹是著名的理学家、思想家、教育家和诗人，一生勤奋笃学，注遍五经、四书，是经学的集大成者，被称为孔孟之后的第一人。朱熹的理学思想，成为元明清三代的官方哲学，他的思想影响到日本、朝鲜、越南等周边国家。朱熹的易学著作也很多，除《周易本义》《易学启蒙》《太极解义》外，还有后人辑录的《朱文公易说》。

朱熹对易学最大的贡献，是对北宋以来的易学发展情况进行了总结，并在批判继承象数、义理两派成果的基础上，建立起自己博大精深的易学体系。康熙御纂的《周易折中》，这样评价朱熹的易学成就："今案溺于象数而枝离无根者固可弃矣，然《易》之为书，实根于象数而作，非他书专言义理者比也……《本义》之作，实参程、邵两家以成书也。后之学者言理义、言象数，但折中于朱子可矣。"是的，朱熹易学最大的特色就是象数和义理兼顾，不使其偏废而执其一端。

朱熹的易学思想主要有以下几个方面：

第一，《易》本卜筮之书，经过四圣创作而成。《易经》究竟是不是卜筮之书，历来有争论，就是时至今天也仍然是这样。朱熹的观点非常鲜明，认定《易经》就是卜筮之书。为了表明《易经》是卜筮之书，朱熹还在他的《周易本义》一书卷首，专门写有一篇"筮仪"，即占卜前要做的准备工作和要持有的敬重心态。他说："筮者斋洁衣冠，北向盥手，焚香致敬。两手奉椟盖，置于格南炉北，出蓍于椟，去囊解韬。……命之曰：假尔泰筮有常，假尔泰筮有常，某官姓名，今以某事云云，未知可否。爰质所疑于神于灵，吉凶得失悔吝忧虞，惟尔有神，尚明告之！"朱熹认为，伏羲画八卦、周文王演为重卦作卦辞，周公旦作爻辞，孔子作传，都是立足于卜筮，但又不仅仅止于卜筮。他说："《易》本卜筮之书，后人以为止于卜筮。至王弼用老庄解，后人便只以为理，而不以为卜筮，亦非。想当初伏羲画卦之时，只是阳为吉、阴为凶，无文字，某不敢说，窃意如此，后文王见其不可晓，故为之作彖辞。或占得爻处不可晓，故周公为之作爻辞。又不可晓，故孔子为之作十翼，皆解当初之意。"朱熹又说："《易》之为书，更历三圣而制作不同。若疱羲氏之象、文王之辞，皆依卜筮以为教，而其法则异。至于孔子之赞，则又一以义理为教而不专于卜筮也。是岂其故相反哉！俗之淳漓相异，故其所以为教为法不得不异，而道则未尝不同也。"应该说，朱熹的这些见解都是十分精辟的。

第二，不排象数，亦反对过于穿凿和附会。历史上很多义理派的易学家，对象数是持排斥态度的。但是，朱熹则认为《易经》确实是因象而生，学易和解易都必须从画象入手，否则就失去了根本和源头。朱熹在解释《周易》中"圣人立象以尽意，设卦以尽情伪"一句话时说："言之所传者浅，象之所示者深。"正是因为言不足以尽意，所以圣人才画卦立象以尽情伪。朱熹认为："易之取象，固必有所自来，而其为说必已具于太卜之官。"朱熹在批评《程氏易传》时说："易传言理甚备，象数却欠在。"又说："却须先见象数的当下落，方说得理不走。不然事无实证，则虚理易差也。"朱熹不仅不排斥传统的易象，就是对当时流行的图书之学，他也能接受，并在其所著的《周易本义》一书中，绘有河图、洛书、先天八卦图和后天八卦图等十几幅易图。但是，朱熹同时也反对象数易派的过于穿凿和附会。他说："是以汉儒求之说卦而不得，则遂相与创为互体、变卦、五行、纳甲、飞伏之法，参互以求而幸其偶合。其说虽详，然其不可通者，终不可通；其可通者，又皆傅会穿凿而非有自然之势。”

第三，易只是个“空底物事”，借易可以说尽天下万理。朱熹认为，看待《周易》不能拘泥于具体的物和事，《周易》里包含有天下的所有道理，我们要去发掘，去体会，去应用。朱熹的理学哲学体系，也是借助于《周易》的思想建立起来的。朱熹说：“其他经，先因其事，方有其文。如《书》言尧舜禹成汤伊尹武王周公之事，因有许多事业，方说到这里。若无这事，亦不说到此。若《易》，只则是个空底物事。未有是事，预先说是理，故包括得尽许多道理。看人做甚事，皆撞著他。”这话说得多好呀，《周易》里面可能没有具体已经发生的事，它却提前把有关这些事的前因后果和应对的办法说到了，就看你做什么事了，说不定正好碰上《周易》说的这些理，就会从中受到启发和教益。他又说：“盖文王虽是有定象，有定辞，皆是虚说此个地头，合是如此处置，初不粘着物上。故一卦一爻，足以包无穷之事，不可只以一事指定说。……此所以见《易》之为用，无所不该，无所不遍，但看人如何用之耳。”

我极其推崇朱熹下面这段话，这段话不仅反映了朱熹对易学的深刻见解，也是他作为一个理学家，对人们提出通过修养可能达到一个很高的智慧境界。我每次读到这段话时，都想应该把它书写下来挂在案头，作为人生的努力目标和座右铭。朱熹这样说：“理定既实，事来尚虚。用应始有，体该本无。稽实待虚，存体应用。执古御今，由静制动。洁静精微，是之谓易。体之在我，动有常吉。”

第四，以理说易，把太极思想推向新高度。太极是易学的重要概念，也是整个中华传统文化的一个重要符号。历代易学家和思想家，大都对太极思想提出自己的见解。朱熹从理学大师的角度，对太极这一概念的解释，丰富和深化了太极思想，阐释了理和太极的关系、太极和阴阳的关系、太极和八卦及六十四卦的关系，把太极思想推向了新的高度。朱熹说："易有太极，是生两仪，则先从实理处说。若论其生则俱生，太极依旧在阴阳里。但言其次序，须有这实理，方始有阴阳也，其理则一。虽然，自见在事物而观之，则阴阳函太极，推其本，则太极生阴阳。"这段话有点费解，说太极生两仪（阴阳）是对的，但阴阳里也涵有太极。太极和阴阳的关系，有相生的关系，但还不同于我们常说的母子关系。朱熹虽然认为太极、八卦、六十四卦的形成都是太极之理自身展开的过程，但当学生问朱熹太极和阴阳等是不是母子的关系时，朱熹只能这样回答："是如此，阴阳、五行、万物各有一太极。"朱熹还深刻阐释了太极和理的关系，他说："太极之义，正谓理之极致耳。有是理即有是物，无先后次序之可言，故曰易有太极。"又说："未有天地之先，毕竟也只是理，有此理便有此天地。若无此理，便亦无天地，无人无物，都无该载了。……太极只是天地万物之理。在天地言，则天地中有太极。在万物言，则万物中各有太极。未有天地之先，毕竟是先有此理。"

第五，注《易》多有创见，且"多闻阙疑，慎言其余"。朱熹学问渊博，对先秦典籍烂熟于心，因此在注释《周易》经文时，多有创见，发前人所未发。如在注释《乾》卦卦辞"元亨，利贞"时，《子夏传》曰："元，始也。亨，通也。利，和也。贞，正也。"朱熹却解释："元，大也。亨，通也。利，宜也。贞，正而固也。"朱熹在注释《彖·乾》"大哉乾元，万物资始"时，又说："元，大也，始也。乾元，天德之大始。”在注释“大明终始，六位时成”时，又说：“始，即元也。终，谓贞也。”古时字少，一字多义现象比较普遍，朱熹依据文理而释义，往往精义迭出。再如朱熹在注释《丰》卦九三爻“丰其沛”时，说：“沛，一作旆，谓幡幔也。”将“沛”解释为“幡幔”，就和下文的“日中见沬”文从义顺：在被布幔遮蔽的房间里看太阳，就会觉得光线昏暗。朱熹在解释《周易》时还有一个最大的特点，那就是知之为知之，不知为不知，不明白就说不明白，不强作解释，留待后人。如《周易本义》在注释《明夷》卦时，对“入于左腹，获明夷之心，于出门庭”这几句，就说：“此爻之义未详。”如在注释《未济》卦初六爻“‘濡其尾’，亦不知极也”时，就说：“‘极’字未详。考上下韵亦不叶，或恐是‘敬’字，今且阙之。”

（四）

我们现在谈明清易学时期。

元明之际，大多数人在宋易的基础上，或发挥“图”“书”，或谈“性”“理”。在明代，以心学和易学相互发明，成为鲜明的时代特征。总之，元明两代是宋易及其哲学深入发展的时期，两宋形成和发展的象数之学和义理之学，经过元明易学家的阐发，到明末清初时期，无论是易学还是理学和心学，都达到了新的高峰。清朝是易学发展的又一个兴盛时期。康熙鉴于易学历来“门户交争，务求相胜”的现实情况，提出了“兼收并采，不病异同”的治易原则，他命李光地撰写的

《周易折中》，辑录了上起汉晋，下至元明，多达218家历代易学名著。《周易折中》里说："冠以《图说》，殿以《启蒙》，未尝不用数，而不以盛谈河、洛，致晦玩占，观象之原。冠以《程传》，次以《本义》，未尝不主'理'，而不以屏斥谶纬，并废互体变爻之用。其诸家训解，或不合于伊川、紫阳而实足发明经义者，皆兼收并采，不病异同……盖数百年分朋立异之见，至是而尽融。"但是，清儒对易学的最大贡献，还是对历代易学文献的辑录、搜遗、整理和考证，特别是对汉易的校勘和辑录。我们今天能够系统地研究汉象数易和经文的训释，没有清儒几代人的持续努力是根本办不到的。

下面介绍几个代表性人物，来反映明清时期易学的发展情况和特点。

1. 王守仁和易学

王守仁（1472—1529），字伯安，因曾在会稽山阳明洞筑室讲学，故世称阳明先生，浙江余姚人。王阳明是千年不遇的思想家，而且是卓越的政治家和军事家，据说只有曾国藩可以和他相提并论。他创立的心学和著名的四句教："无善无恶心之体，有善有恶意之动，知善知恶是良知，为善去恶是格物"，不仅对中国的思想文化影响深远，也极大地影响着日本等周边国家。

王明阳没有专门的易学著作，他的易学思想都包含在《传习录》《大学问》和有关文献里。王明阳和他的朋友湛若水、学生王畿一样，都是用《周易》来构建自己的心学，而又用心学来解说《周易》。王明阳的易学思想主要有以下几点：

第一，生死关头，靠研易可以从容应对。从现有的史料来看，王明阳在被贬龙场之前，至少在两次生死关头，都是靠研玩《周易》，开启智慧，平衡心态，而成功渡过难关的。一次是正德元年，王明阳因进谏忤旨被下狱，这期间他“相与讲《易》于桎梏之间者弥月，盖昼夜不怠，忘其身之为拘囚也”（《王文成公全书》卷二十二）。当时王明阳还写了一首《读易》诗，从诗中可以看出他当时读易的心得，诗云：“囚居亦何事？省愆惧安饱。瞑坐玩羲《易》，洗心见微奥。”另一次是接到被贬龙场的圣旨后，请一位道士给他占卜，得《明夷》卦，他体悟易理，决定顺天应命，毅然只身赴龙场驿。赴龙场驿前后，他对《恒》《遁》《晋》三卦的解说，很有新意，也很贴合他当时的处境，如他说：“《恒》之为卦，上震为雷，下巽为风，雷动风行，簸扬奋厉，翕张而交作，若天下之至变也。而所以为风为雷者，则有一定而不可易之理，是乃天下之至恒也。君子体夫雷风为《恒》之象，则虽酬酢万变，妙用无方，而其所立，必有卓然而不可易之体，是乃体常尽变。非天地之至恒，其孰能与于此？”（《王文成公全书》卷二十六）著名学者温海明认为：“阳明之学问气象，可谓悟于《易》亦终于《易》，其一生传道说法……若以易道观之，则浑然一体，圆融无碍。”

第二，易道即吾心，易道即良知。王明阳说：“《六经》者非他，吾心之常道也。故《易》也者，志吾心之阴阳消息者也……故《六经》者，吾心之记籍也，而《六经》之实则具于吾心。”（《王文成公全书》卷七）又说：“良知即是易，‘其为道也屡迁，变动不居，周流六虚，上下无常，刚柔相易，不可为典要，惟变所适’。此知如何捉摸得？见得透时便是圣人。”（《王文成公全书》卷三）

第三，太极思想中的即动即静，就是心学的知行合一。王阳明对周敦颐的《太极图说》中的“太极动而生阳。动极而静，静而生阴”，认为并不是指太极“先动后静”的次序，更不是动而生阳、静而生阴的因果关系。阴阳动静是不能割裂开的，是不能分为两段的。太极之动，是指其生成阴阳的不息妙用；太极之静，是这一生生活动之中的必然不变之体。这种“体用一源，显微无间”的大易思想，正是他心学中的“知行合一”思想。王阳明说：“孟子云：是非之心，知也。”“是非之心，人皆有之。即所谓良知也。孰无是良知乎？但不能致之耳。《易》谓：知至，至之。知至者，知也；至之者，致知也。此知行之所以一也。近世格物致知之说，只一‘知’字尚未有下落，若‘致’字工夫，全不曾道著矣，此知行之所以二也。”（《王文成公全书》卷五）

第四，洗心而退藏于密，学易可以修身养性。王阳明认为《周易》乃古圣先贤传心之经典，其内容涵盖三才之道、天人之理，易之道与天理良知相同相通，修身养性必须学易。他说：“是故君子洗心而退藏于密，斋戒以神明其德也。盖昔者夫子尝韦编三绝焉。呜呼！假我数十年以学《易》，其亦可以无大过已夫！”（《王文成公全书》卷二十三）又说：“《系》言‘何思何虑’，是言所思所虑只是一个天理，更无别思别虑耳，非谓无思无虑也……心之本体即是天理，天理只是一个，更有何可思虑得？……学者用功，虽千思万虑，只是要复他本来体用而已，不是以私意去安排思索出来。”（《王文成公全书》卷二）

第五，不排斥象数，认为卜筮也是理。王阳明不反对象数，认为

“观象玩辞”是领悟圣人之道的途径。他甚至认为卜筮也是理，卜筮里包含有圣人之道，卜筮不是一般的技艺，这个论断是很少有人作出的。王阳明说：“卜筮是理，理亦是卜筮。天下之理，孰有大于卜筮者乎？只为后世将卜筮专主在占卦上看了，所以看得卜筮似小艺。不知今之师友问答，博学、审问、慎思、明辨、笃行之类，皆是卜筮，卜筮者，不过求决狐疑，神明吾心而已。”（《王文成公全书》卷三）又说：“天地显自然之数，圣人法之以作经焉。甚矣！经不徒作也。天地不显自然之数，则圣人何由而法之以作经哉？《大传》言卜筮而推原圣人作《易》之由，其意盖谓《易》之用也不外乎卜筮，而《易》之作也则法乎图书。”（《王文成公全书》卷二十二）

2. 来知德和《易经集注》

来知德（1525—1604），字矣鲜，号瞿唐，四川夔州府梁山县（今重庆梁平）人。来知德一生刻苦研《易》，他自述其备尝艰辛的学易过程：“德生去孔子二千余年，且赋性愚劣，又居僻地，无人传授。因父母病，侍养未仕，乃取《易》读于釜山草堂，六年不能窥其毫发。遂远客万县求溪深山之中，沉潜反复，忘寝忘食有年，思之思之，鬼神通之，数年而悟伏羲、文王、周公之象，又数年而悟文王《序卦》、孔子《杂卦》，又数年而悟卦变之非。始于隆庆四年庚午，终于万历二十六年戊戌，二十九年而后成书，正所谓‘困而知之’也。”来知德用二十九年时间写成《易经集注》一书，认为：“四圣千古不传之秘，尽泄于此。学者能于此而熟玩之，则辞、变、象、占犁然明白，四圣之易不在四圣而在我矣！”因来氏对其易学成就自视过高，以致被人讥为“夜郎自大”。

骄傲归骄傲，来知德的易学研究确实有两下子。来知德易学研究最为独创的地方，是他的“卦错”“卦综”说，即认为六十四卦卦象爻象之间存在着“错”“综”的变化关系。来知德是这样来解释“错”“综”这两个概念的：“错者，阴与阳相对也。父与母错，长男与长女错，中男与中女错，少男与少女错。八卦相错，六十四卦皆不外此错也。天地造化之理，独阴独阳不能生成，故有刚必有柔，有男必有女，所以八卦相错。八卦既相错，所以象即寓于错之中。”“综字之义，即织布帛之综，或上或下，颠之倒之者也。……八卦既相综，所以象即寓于综之中。”刘大钧先生在《周易概论》中指出：“所谓‘卦综’，人们又称‘反易’，即两卦的卦画互相颠倒而成者。如《随》卦䷐之‘综’为《蛊》卦䷑，反之，《蛊》卦䷑之‘综’即为《随》卦䷐……所谓‘卦错’，即指两卦卦画完全相反者。来氏之‘卦错’，亦即汉人之旁通，如《乾》卦䷀与《坤》卦䷁相‘错’，《同人》卦䷌与《师》卦䷆相‘错’。来氏论‘卦错’有四正‘错’，四隅‘错’，论‘卦综’有四正‘综’，四隅‘综’。有的卦以正‘综’隅，有的卦以隅‘综’正。六十四卦之间复杂的‘错’‘综’之旨，皆由来氏自己苦思而出。其说虽不免有穿凿附会之处，但在揭示今本《周易》六十四卦的排列顺序及其卦体之间的变化关系上，不无启发意义，确有发汉、宋人所未发者，故当时被人誉为‘绝学’。”

来知德还有一个重要的观点，认为《周易》是圣人对自然象数的模仿，舍象不可以言易。来知德说：“天地万物一对一待，《易》之象也。盖未画《易》之前，一部《易经》已列于两间，故天尊地卑，未有《易》卦之乾坤，而乾坤已定矣。卑高以陈，未有《易》卦之贵贱，而贵贱已位矣。动静有常，未有《易》卦之刚柔，而刚柔已断矣。方以类聚，物以群分，未有《易》卦之吉凶，而吉凶已生矣。在天成象，在地成形，未有《易》卦之变化，而变化已见矣。圣人之《易》，不过模写其象数而已，非有心安排也。”（《易经集注》）又说：“《易》卦者，写万物之形象之谓也。舍象不可以言《易》矣。象也者，像也。假象以寓理，乃事理仿佛近似而可以想像者也，非造化之贞体也。彖者，象之材也，乃卦之德也。爻者，效天下之动者也，象之变也，乃卦之趣时也。是故伏羲之《易》，惟像其理而近似之耳，至于文王有彖以言其材，周公有爻以效其动，则吉凶由此而生，悔吝由此而著矣。而要之皆据其象而已，故舍象不可以言《易》也。”由于来知德对卦象高度重视，加之其对卦象多年的探研，他把卦象的来源分为：有自卦情而立象者，有以卦画之形取象者，有卦体大象之象者，有以中爻取象者，有将错卦立象者，有因综卦立象者，有爻变之象者，有相因而取象者。因此，来氏在用卦象解易时，经常是精义频出，比如他对《屯》卦六三爻“即鹿无虞，惟入于林中，君子几不如舍，往吝”解释时说：“盖此卦……中爻艮为山，山足曰麓，三居中爻艮之足，麓之象也。虞者，虞人也。三四为人位，虞人之象也……无虞者，无正应之象也。震错巽，巽为入，入之象也。上艮为木坚多节，下震为竹，林中之象也。言就山足逐兽，无虞人指示，乃陷入于林中也。坎错离明，见几之象也。舍者，舍而不逐也，亦艮止之象也。”

来知德在解《易》时还有一个重大的发明，那就是阴阳之理非对待则流行。他说：“先儒不知对待流行，而倡为先天后天之说。所以《本义》（朱熹《周易本义》）于此二节皆云‘未详’。殊不知二图分不得先后。譬如天之与地，对待也；二气交感，生成万物者，流行也。天地有先后哉？男之与女，对待也；二气交感，生成男女者，流行也。男女有先后哉？”又说：“盖有对待，其气运必流行而不已。有流行，其象数必对待而不移。故男女相对待，其气必相摩荡。若不相摩荡，则男女乃死物矣。此处安得有先后？故不分先天、后天。”认为自然界和万事万物都处在对待和流行之中，有对待必然有流行，对待是流行的动因和前提。这一哲学思想十分高明，就是质之于西方古典哲学也毫不逊色。

来知德还认为，《周易》是象数理占四位一体，在解《易》时不仅不能偏废，而且还要相互为用和印证，如他在讲占筮时，也同时不忘要有义理的指导，他说：“《易》不似别经，不可为典要。如占得潜龙之象，在天子则当传位，在公卿则当退休，在士子则当静修，在贤人则当隐逸，在商贾则当待价，在战阵则当左次，在女子则当愆期，万事万物莫不皆然。”

3. 方以智和《周易时论合编》

方以智（1611—1671），字密之，号曼公，出家后改名大智，人称药地和尚，南直隶安庆府桐城（今安徽桐城）人。方以智是奇才，他著的《东西均》和《物理小识》等书，不仅有极高的哲学思想水平，也代表着当时的自然科学水平。方以智出生在一个三代治易的易学世家，他的名字就是其祖父依《周易》“蓍之德圆而神，卦之德方以知”而命名的。《周易时论合编》的主体内容虽然由方以智的父亲方孔炤完成，但它的学术思想素材却来源于其曾祖父方学渐的《易蠡》，其祖父方大镇的《易意》及《野同录》。方以智对《周易时论合编》不仅进行了修订和润色，而且加了很多按语和题跋，将自己对《周易》的理解全部充实到该书里。据说，方以智的儿子和侄子也参与了《周易时论合编》的修订工作。实际上，《周易时论合编》凝聚着桐城方氏宗族五代人的心血。因方以智学高名大，人们一说起桐城易学和《周易时论合编》，往往举其为代表。行文至此，我们不由对桐城方氏宗族产生极大的钦佩，他们父子相承、祖孙相继，对易学孜孜以求，最终撰成皇皇巨著。他们内心期许自己的事业是可以为往圣继绝学的，是可以匡时和救世的。

方以智和《周易时论合编》的易学思想，主要有以下几个方面的内容和特点：

第一，《周易》的要义是趋时纠止，治易应该因时制宜，为当下所用。《周易时论合编》其书名之所以冠以“时论”，就是旨在突出《周易》的随时变化、因时制宜的思想精髓。方以智祖孙几代人生活在晚明时代，此时国运衰弱、民不聊生，内有党祸、外有寇兵，他们研究易理有强烈的时代感和责任感，想从大易之道中寻找一些救国救民的良策是十分自然的。《周易时论合编》中说：“一部大《易》，充塞古今，启键开关，要在因时制用而已。”又说：“学《易》家或凿象数以言占，或废象数而言理，岂观其通而知时义者哉！”《周易时论合编》中特别强调：“三才以用为时，圣人以明用神。知天道之表法，因民之故以前民之用，即理民之用。”方以智父子为了彰显大《易》的时代作用，还创造了不同于邵雍“元会运世”的“午会之时”说，并断言道路是曲折的，前途是光明的：“一元尧当巳末，周孔当午初，今当正午，万法咸章。虽遘阴至，而阳必用阴。……再历午未之三千六百年，交未会之万八百，则八荒皆明矣！”

第二，对前人的易学成果进行总结，博采百家之长。《周易时论合编》不仅汇集了方氏五代人的研易心得，还收录了宋明以来及汉晋诸家《易》说，李世洽在序言中说：“潜夫方先生缵承家学，著为《时论》，绍闻则祖明善而祢廷尉，集说则循康节而遵考亭，而又精探扬、京、王、郑、周、程、张、蔡之奥，以汇及近代名儒巨公、穷经博物诸君子不下十百余家。”清初李溉林对《时论》这样评论：“桐山方氏四世精《易》，潜夫先生研极数十年，明此‘一在二中’‘寂历同时’之旨，邵、周、程、朱是为正铎，而理寓象数，中旁皆通。近代王阳明、焦弱侯、管东溟、郝楚望、孙淇澳、高景逸、黄石斋、倪鸿宝诸先生之说，万派朝宗矣。一切生成，天然秩叙，元会呼吸，律历征几，通志成务，体用神明，兼该悉备，实造化人事之橐籥，百家九流之指归也。”方以智自己也说：“自晋以后，右王左郑，而李鼎祚集之，依然皮傅之钩鈲也。至康节，乃明《河》《洛》之原，考亭表之。学《易》家或凿象数以言占，或废象数而言理，岂观其通而知时义者哉！一有天地，无非象数也。大无外，细无间，以此为征，不者洸洋矣。观玩环中，原其始终，古今一呼吸也。杂而不越，旁行而不流，此《时论》所以折衷诸家者乎！”

第三，用新的自然科学知识，丰富提升传统的象数思想。明朝中后期，中国的科学技术有很大发展，特别是随着传教士的增多，西方的自然科学知识也逐步介绍到中国来。方氏家族十分重视对新知识的学习，方以智尤其酷爱自然科学，他著的《物理小识》全书十二卷，内容包括天文、地理、物理、化学、生物、医药、农学、工艺、哲学、艺术等方面。方以智不仅有理论知识，还亲自做过多种光学等方面的实验。中国传统的象数易本来就和天文、历法、数学有密切联系，这样一来方以智等人就运用这些新的自然科学知识，对传统的象数易进行了改造和提升。方以智说："因地而变者，因时而变者，有之，其常有而名变者，则古今殊称，无博学者会通之耳。天裂孛陨，息壤水斗，气形光声，无逃质理。智每因邵蔡为嚆矢，征《河》《洛》之通符，借远西为郯子，申禹周之矩积……通神明之德，类万物之情，易简知险阻，险阻皆易简，《易》岂欺人者哉！或质测，或通几，不相坏也。"这里所说的"借远西为郯子"云云，就是指运用西方的自然科学知识，以他们为师，来反观和提升中国的象数易文化。方以智在批评有些人怀疑象数之学时说："若谓图数不可信，则六合之日月，七尺之经络，应叶之律历，周旬之支干，皆不可信矣。橛虚者，执皆有皆无之影事而荒之；循庸者，执宰治质分之训诂而疑之，谁肯研极精义邪？"方以智在《周易时论合编》中对"六""八"数理的论证，则很有自然科学的味道："雪花六出者，凡物聚方以八围一，聚圆以六围一，此定理中之定数也。水居空中在气体内，气不容水，急切围抱，不令四散，水则聚而自保，故成圆体，此定理中之定势也。"

第四，对先天后天、阴阳五行等重要概念，提出了独到的见解和解说。先天和后天究竟是什么？先天八卦和后天八卦究竟是什么关系？是体和用的关系？是本和末的关系？抑或是自然和人为的关系？这是历代易学家都要探讨的问题，但也很难有令人满意的答案。方氏父子认为不管先天和后天是什么关系，作为先天的东西都在后天之中，先天不脱离后天而独立存在。这种“先在后中”的哲学思想，是十分有见地的。《周易时论合编》中说：“大人心通天地之先，而用必后天；事起天地之后，而智必先天。非可衔一先天之名于后天之上，别立一宗也。深彻几先，则无先后矣。”又说：“本自易知简能者，先天也；善用其知能者，后天也。先在后中，止有善用，故《易》示人善用之方，即是贞一，而《易》之所以为易，即在其中，岂忧缺少哉！”《周易时论合编》还以水为例，来阐发“先在后中”的关系：“先天不能不后天，纯不能不杂居。此吉凶同患者，所以神明乎天道民故也。纯在杂中，譬之水焉。水之味甘，水弥此盂，甘亦弥此盂也。必知其甘之所在，而水味得矣。因凝而冰，冰亦此盂水也。因加温焉，温亦弥此盂也。”

阴阳和五行也是易学家老生常谈的话题，但方氏父子也谈出了新意。比如他们认为阴阳体用互藏：“阴阳互体互用，而又自为体用，遂自为阴阳。实则全阴之一即全阳之一也。物物有水火，物物是坎离。”方氏父子还认为五行之中水火二行最为重要，如气候的变化最终是寒暑的变化，物体的变化都基于水火，人的五脏也以心肾为主宰。他们还说：“世但知火能生土，不知火能生金、生水、生木。盖金非火不能生成，水非火不能升降，木非火不能发荣。……今之土中、石中、金中、海中、树中，敲之击之钻之，无不有火出焉，则此火能藏神于万物，而又能生万物也。”

第五，在解易中发现“相反相因”和“交、轮、几”等规律，把中国古代哲学思维推向新高度。方氏父子认为“一在二中”“体在用中”“一不住一”“自分为二用”，就卦爻画来说，有两仪之对立，才有四象和八卦之差异；就世界来说，有阴阳的差异，才有一切对立的现象。方氏父子认为，整个《周易》无处不在讲“相反相因”的道理。《周易时论合编》中说：“上古何得不因二乎？自用何尝能离二乎？篆取文茂，故贰即二，以为副贰，亦二意也。一有天地，一即在二中矣。……六十四始乾坤，终二济，《易》以济为始终之义是也。”又说：“帝网之珠，光光相摄，然不序之杂之，岂知反因之有公因？又岂知公因即在反因中，而决于善用乎？……夫圣人之反复困衡人，以使寡过也，即天地自然之消息也。惟其不得自然，乃所以善享其自然。故先为决其因二贞一之纲宗，然后使之研极以自决焉。”

方氏父子在研易中，还发现了事物的发展都存在着“交、轮、几”的有机联系和规律。所谓“交”，就是两个事物之间相错和交合；所谓“轮”，就是两事物交合之后的相互轮转和推移；所谓“几”，就是事物将要发生变化的先兆和苗头。《周易时论合编》在解释交时说：“爻，古交字，从二中五而交之也。一以二用，道以用显，用以交几。”又说：“凡物理人事，用即是二，二无不以交易得所者，其几可惕。”《周易时论合编》在解释轮时说：“播五行于四时，言环中必轮用也，以岁为征。寔则大而元会，小而呼吸，皆此轮也。”又说：“《坤》游《需》，《乾》游《晋》，伏对轮也……火地《晋》，地火《明夷》，旋转轮也。”《周易时论合编》在解释“几”时说：“邵子知牡丹于未蓓蕾之先，善喻也。冬至子半，一蓓蕾之几也。当午知夜，何俟终日？知微彰刚柔之精义一致者，乌有不知几乎者？”又说：“神非思为所及，而神即在几深中。人习于见成教养，便执浅见，而不肯深入，何能通志？因循事例，而不知其几，何能成务？所以深几者神也，能深能几者神也。深而泯之乎浅，几而泯之乎事者神也，贵在尽心。”

4. 王夫之对易学的贡献

王夫之（1619—1692），字而农，号姜斋，湖南衡阳人，因晚年长期隐居于湘西石船山下草堂，故世称船山先生。王夫之与顾炎武、黄宗羲并称为清初三大儒，他的学术成就和思想影响，堪与朱熹、王阳明比肩。王船山是反清复明的义士，明亡之后，仍终其一生不剃发、不易服，为躲避迫害，四处奔逃，甚至只身至瑶域，自称瑶人。在颠沛流离之际，船山先生一直不辍其学：“启瓮牖，秉孤灯，读《十三经》《二十一史》及张、朱遗书，玩索研究，虽饥寒交迫、生死当前而不变。”（《大行府君行述》）王夫之一生著述巨丰，他自许“六经责我开生面”，著作在百种之上，计有八百多万字。他对《周易》更是“惟《易》之为道则未尝旦夕敢忘于心”，易学作品除《周易稗疏》《周易考异》《周易外传》《周易大象解》《周易内传》《周易内传发例》等专著外，在《张子正蒙注》和《思问录》等书中，也有大量有关《周易》的论述。

王夫之对易学的贡献主要有几个方面：

第一，守正执中，对历代易学思想进行全面总结。王夫之在治易过程中，用很大精力对前人的易学成就进行了梳理和批判，为建立自己的易学体系做了准备。王夫之虽然崇尚义理，但对义理派的弊端也随时指摘；虽然不看好象数，但也对易象的功能给予充分肯定。他说：“襄楷、郎颉、京房、郑玄、虞翻之流，一以象旁搜曲引，而不要诸理。王弼氏知其陋也，尽弃其说，一以道为断，盖庶几于三圣之意。而弼学本老庄虚无之旨，既诡于道，且其言曰：‘得意忘言，得言忘象’，则不知象中之言，言中之意，为天人之蕴所昭示于天下者，而何可忘耶？然自是以后，《易》乃免于鬻技者猥陋之诬，而为学者身心事理之典要。”又说：“苏氏轼出入于佛、老，敝与弼均，而间引之以言治理，则有合焉。程子之《传》，纯乎理事，固《易》大用之所以行，然有通志成务之理，而无不疾而速，不行而至之神。张子略言之，象言不忘，而神化不遗，其体洁静精微之妙，以益广周子《通书》之蕴，允矣至矣，惜乎其言约，而未尝贯全《易》于一揆也。”王夫之对朱熹的易学也提出了严厉批评：“朱子学宗程氏，独于易焉尽废王弼以来引伸之理，而专言象占，谓孔子之言天、言人、言性、言德、言研几、言精义、言崇德广业者，皆非羲、文之本旨，仅以为卜筮之用，而谓非学者之所宜讲习。其激而为论，乃至拟之于《火珠林》卦影之陋术，则又与汉人之说同，而与孔子《系传》穷理尽性之言，显相抵牾而不恤。由王弼以至程子，矫枉而过正者也，朱子则矫正而不嫌于枉矣。”

第二，经世致用，构建起自己庞大的易学体系。王船山研究《周易》的目的不同于一般的学者，他不是为了寻章摘句，不是为了消遣，而是为了奠定自己安身立命的根基，探索实现民族复兴的良策，寻找中华传统文化延续的载体。他对自己的易学体系是这样概括的：“大略以《乾》《坤》并建为宗；错综合一为象；《彖》《爻》一致、四圣一揆为释；占学一理、得失吉凶一道为义；占义不占利，劝戒君子、不渎告小人为用；畏文、周、孔子之正训，辟京房、陈抟日者黄冠之图说为防。”（《周易内传·发例》）这个易学体系是庞大的，既有象数，更重义理，一切以儒家思想为旨归，一切以经世致用为目的。

《乾》《坤》并建是王船山易学体系的核心和基石。王夫之主张"易之全体在象"，因此他要建立自己的易学体系，就首先要说清楚六十四卦卦象的来龙去脉和相互关系。他提出《乾》《坤》并建，就是旨在说明其余六十二卦都是《乾》《坤》两卦交互变化的结果。王夫之说："《周易》并建《乾》《坤》为太始，以阴阳至足者统六十二卦之变通。古今之遥，两间之大，一物之体性，一事之功能，无有阴而无阳，无有阳而无阴，无有地而无天，无有天而无地，不应立一纯阳无阴之卦；而此以纯阳为《乾》者，盖就阴阳合运之中，举其阳之盛大流行者言之也。六十二卦有时，而《乾》《坤》无时。"（《周易内传》）又说："《乾》有六阳，《坤》有六阴；而其交也，至《屯》《蒙》而二阳参四阴，至《需》《讼》而二阴参四阳，非阴阳之有缺也。《屯》《蒙》之二阳丽于明，四阳处于幽，《需》《讼》之二阴处于明，四阴处于幽；其形而见者为《屯》《蒙》，其隐而未见者为《鼎》《革》；形而见者为《需》《讼》，隐而未见者为《晋》《明夷》（余仿此）：变易而各乘其时，居其位，成其法象，非所见者有，所不见者无也。故曰'《乾》《坤》其《易》之蕴邪'，言《易》藏畜阴阳，具足充满，以因时而成六十二象。"（《张子正蒙注》）这里需要特别指出的是，我们过去讲王船山的《乾》《坤》并建，主要从易象的角度来分析，而实际上，《乾》《坤》两卦不仅其卦象是其余六十二卦卦象生成的源头和基础，《乾》《坤》两卦的卦德和义理，也贯穿在整个《周易》之中。比如乾健、坤顺，比如自强不息和厚德载物，这种精神就不仅属于《乾》《坤》两卦，而是整个大易精神的写照。换句话说，即《乾》《坤》两卦的精神弥漫在其余六十二卦之中。

占学一理和即占即学，也是王船山易学体系的一个重要特点。王船山虽然批评朱熹等人把《周易》当成占筮书来看，但他也承认《周易》有占卜的功能。与众不同的是，王船山认为占卜和义理是相统一的，占卜的过程也是学习义理的过程。王船山在解释《系辞上传》第五章时说："此章推极性命之原于《易》之道，以明即性见《易》，而体《易》乃能尽性于占，而学《易》之理备矣。根极精微，发天人之蕴，《六经》《语》《孟》示人知性知天，未有如此之深切著明者；诚性学之统宗，圣功之要领，于《易》而显。乃说者谓《易》为卜筮之专技，不关于学，将置夫子此章之言于何地乎?"正是基于这样的观点，王船山明确指出"《易》为君子谋，不为小人谋"。他说："《易》之为书，言得失也，非言祸福也，占义也，非占志也，此学《易》者不可不知也。"又说："得失，以理言，谓善不善也……《易》不为小人谋诡至之吉凶，于其善决其吉，于其不善决其凶，无不自己求之者，示人自反，而勿侥幸、勿怨尤也。"

第三，延天祐人，是《周易》的重要功能也是学易的根本目的。王船山认为《周易》是统率天人之道的经典，"性天之旨尽于《易》"，我们学习《周易》的目的，就是要知道天命和人性，按照天道以尽人事，这样必然是自天祐之，吉无不利。王船山易学之所以称得上博大精深，就是因为它贯通了天人性命，回答了如何用大易之道来修身养性，来提高人们的素质，来指引人们的行为这样一个重大现实问题。王船山说："'广大'，其规模之宏远；'悉备'，其事理之该括也。'道'者，立天、立地、立人之道也。《易》包括两间之化理，而效生人之大用，故于六位著其象。‘才’者，固有之良能，天地以成化，人以顺众理而应万事者也。阴阳，天之才；柔刚，地之才；仁义，人之才。天高地下，人居其中，各效其才，物之所以成，事之所自立也。”又说：“夫《易》，天人之合用也。天成乎天，地成乎地，人成乎人，不相易者也。天之所以天，地之所以地，人之所以人，不相离者也。易之则无体，离之则无用。用此以为体，体此以为用。所以然者，彻乎天地与人，惟此而已矣。故《易》显其用焉。”王船山还提出，人们只有按照《周易》上所说的“继善成性”，不断扩大自己的善心和美德，才能合乎天道而自求多福。他说：“阴阳之相继也善，其未相继也不可谓之善。故成之而后性存焉，继之而后善著焉。”又说：“终使善之，凝道而消其不测也，此圣人之延天以祐人也。”

第四，以易论道，在哲学思维方面超迈前人。王船山在解《易》时，用《周易》的思想对阴阳、道器、理气、太极等概念进行了阐释，从而形成自己的哲学思想体系。王船山在哲学上取得的成就，用钱穆先生的话概括就是：“船山则理趣甚深，持论甚卓，不徒近三百年所未有，即列之宋明诸儒，其博大宏阔，幽微精警，盖无多让。”比如王船山在论述道器关系时，就反对在形上和形下之间划一界限，把“道”“器”视为两种不同的东西，他说：“天下惟器而已矣。道者器之道，器者不可谓之道之器也。无其道则无其器，人类能言之。虽然，苟有其器矣，岂患无道哉？……人或昧于其道者，其器不成，不成非无器也。无其器则无其道，人鲜能言之，而固其诚然者也。洪荒无揖让之道，唐、虞无吊伐之道，汉、唐无今日之道，则今日无他年之道者多矣。未有弓矢而无射道，未有车马而无御道，未有牢醴璧币、钟磬管弦而无礼乐之道。则未有子而无父道，未有弟而无兄道，道之可有而且无者多矣。故无其器则无其道，诚然之言也，而人特未之察耳。”（《周易外传》）又说：“然则上下无殊畛，而道器无异体，明矣。”比如在论述理和气的关系时，他就主张理不能脱离气，因为天乃气之所积，离气则无天，无天哪有天理：“理即是气之理，气当得如此便是理。理不先而气不后。……理只是以象二仪之妙，气方是二仪之实。健者，气之健也；顺者，气之顺也。天人之蕴，一气而已。从乎气之善而谓之理，气外更无虚托孤立之理也。”（《读四书大全说·孟子》）

5. 惠栋和汉易的复兴

惠栋（1697—1758），字定宇，号松崖，江苏吴县（今苏州）人。惠栋出身四世治易世家，其曾祖、祖父和父亲都有易学著作。惠栋是乾嘉学派重要代表人物，一生以复兴汉学为己任，这正如《清史稿》中所说：“书垂成而疾革，遂阙《革》至《未济》十五卦及《序卦》《杂卦》两传，虽为未善之书，然汉学之绝者千有五百余年，至是而粲然复明。”惠栋的易学著作很多，主要代表作有《周易述》《易汉学》《周易古义》《郑氏周易》《周易本义辨证》等。

惠氏家族为什么几代人前后相继，持之以恒地要复兴汉学、复兴汉易呢？惠栋说：“栋四世咸通汉学，以汉犹近古，去圣未远故也。《诗》《礼》毛、郑，《公羊》何休，传注具存，《尚书》《左传》伪孔氏全采马、王，杜元凯根本贾、服。唯《周易》一经，汉学全非。”又说：“汉人通经有家法，故有五经师。训诂之学，皆师所口授，其后乃著竹帛，所以汉经师之说立于学官，与经并行。五经出于屋壁，多古字古言，非经师不能辨，经之义存乎训，识字审音，乃知其义。是故古训不可改也，经师不可废也。”惠栋还用“郢书燕说”的故事，来讥讽王弼及宋人不重师承、不懂训诂、信口开河、曲解经义的做法：“郢人有遗燕相国书者，夜书，火不明，因谓持烛者曰举烛，云而误书举烛。举书非书意也。燕相受书而说之，曰：‘举烛者，尚明也者，举贤而任之。’燕相白王，大悦，国以治。治则治矣，非书意也。今世学者多似此类。家君曰：宋人不好古而好臆说，故其解经皆燕相之说书也。”

关于惠栋在复兴汉易上所做的具体工作，林忠军教授在《清代易学史》中概括为六个方面：一是识得汉易源流，乃可用汉学解经；二是依汉易正易学文本，以还圣经之旧；三是发凡起例，以象数方法解释汉易；四是经之义存乎训，识字审音，乃知其义；五是以训诂象数明汉易之理；六是说经无以伪乱真。如惠栋对《明夷》卦六五爻“箕子之明夷”之“箕子”的解释，就说得有理有据，令人信服。《周易述》中说：“蜀才从古文作其子，今从之。其，古音亥，故读为亥，亦作萁。刘向曰：今《易》萁子作荄兹。荀爽据以为说，盖读其子为荄兹。古文作萁子，其与亥、子与兹，字异而音义同。《淮南子》曰：爨萁燧火。高诱注云：萁音‘该备’之该，该、荄同物，故《三统历》曰‘该阂于亥，孳萌于子’是也。五本《坤》也，《坤》终于亥，《乾》出于子，用晦而明，明不可息，故曰其子之明夷。《明夷》反《晋》。晋，昼也。明夷，晦也。以十二辰言之，七日来复则当子；以十日言之，自暗复明则当旦。故昭五年《春秋传》卜楚邱论此卦，以为《明夷》当旦，亦此义也。五失位，三之五得正，故利贞。马融俗儒不识七十子传《易》之大义，以《彖传》有箕子之文，遂以箕子当五。寻五为天位，箕子臣也，而当君位，乖于《易》例，逆孰大焉。”

惠栋复兴汉易的大旗一举，万人景从。后来的学者江藩、李林松、孙星衍、李道平、张惠言、焦循等人，都承续惠栋之学，扬汉抑宋，不断发扬光大由惠栋开启的复兴汉易之风，并逐渐形成一股学术思潮，也成为有清一代治易的最大特色。当时和后代的学者，对惠栋的易学成就都给予了极高的评价。戴震在《题惠定宇先生授经图》中说：“盖先生之学，直上追汉经师授受欲坠未坠埋蕴积久之业，而以授吴之贤俊后学，俾斯事逸而复兴。”钱大昕在《与王德甫书》中说：“汉学之绝者千有五百余年，至是而粲然复章矣。……惠氏世守古学，而先生所得尤深，拟诸汉儒，当在何邵公、服子慎之间，马融、赵岐辈不能及也。”江藩在《汉学师承记》中说：“盖《易》自王辅嗣、韩康伯之书行，二千余年，无人发明汉时师说。及东吴惠氏起而导其源、疏其流，于是三圣之《易》昌明于世，岂非千秋复旦哉！”今人李开先生在《惠栋评传》中，将惠栋的易学价值归结为四个方面：“惠栋易学居清儒之冠，前无俦匹，此其功劳之一；立汉儒易学为考论《易经》本经本论的准绳，显扬《易经》于千古幽渺之中，引脱《易》理于从来玄奥之外，此其功劳之二；立准则金绳后著于铜墨，基本廓清汉儒易学的原委的真相，此其功劳之三；在考索和考论汉儒易学的过程中，梳理、缕述汉以后诸儒有用之说，如孔颖达、二程、朱熹等等，初步形成了一条易学学术史的线索，此其功劳之四。”

6. 焦循和传统易学的终结

焦循（1763—1820），字理堂，一字里堂，江苏甘泉（今扬州）人。焦循是乾嘉学派重要代表人物，和阮元齐名，且长期在阮元家中居住。焦循学识渊博，不仅是杰出的经学家、易学家和文学家，还是一位在当时堪称一流的数学家。焦循的易学著作主要有：《易学三书》（包括《易章句》《易图略》《易通释》）、《易话》、《易广记》和《周易补疏》，数学著作主要有《加减乘除释》《天元一释》《释弧》《释轮》《开方通释》《乘方释例》等。

焦循之所以数十年孜孜不倦地钻研《周易》，源于他幼年时父亲焦葱的一个提问："历来讲《易》者，多不能使《易》辞了然明畅厌人意。惟于辞之同处，思而贯之，当得其解。如'密云不雨，自我西郊'，《小畜》言之矣，何以《小过》又言之？'帝乙归妹'言于《归妹》宜矣，又何以言于《泰》？'先甲三日，后甲三日'言于《蛊》矣，何以《巽》又言'先庚三日，后庚三日'？"是的，焦循父亲提出的是一个令人头痛的大问题。我们研究《易经》的人都知道，为什么会有那么多的同一句话，却出现在不同的卦辞里。前儒虽然对此有各式各样的解释，但都很难令人信服。

焦循认为他自己建立起来的易学体系，能够回答父亲提出的问题，能够圆满解释六十四卦的卦爻辞，能够彰显《周易》所蕴含的一切圣人之道。焦循这样概括自己的易学体系："余学《易》所悟得者有三：一曰旁通，二曰相错，三曰时行。此三者，皆孔子之言也，孔子所以赞伏羲、文王、周公者也。……余初不知其何为'相错'，实测经文、传文，而后知比例之义出于相错。不知相错，则比例之义不明。余初不知其何为‘旁通’，实测经文、传文，而后知升降之妙出于旁通。不知旁通，则升降之妙不著。余初不知其何为‘时行’，实测经文、传文，而后知变化之道出于时行。不知时行，则变化之道不神。未实测于全《易》之先，胸中本无此三者之名。既实测于全《易》，觉经文、传文有如是者，乃孔子所谓相错；有如是者，乃孔子所谓旁通；有如是者，乃孔子所谓时行。测之既久，益觉非相错、非旁通、非时行，则不可以解经文、传文。”

“旁通”是焦循解读《周易》的主要法则之一。“旁通”一词，见于《乾·文言》“六爻发挥，旁通情也”。最早用“旁通”作为体例来解释《周易》的，不是焦循，而是三国时的虞翻。虞翻认为：若两卦六对同位之爻阳性完全相反，此两卦即互为旁通。如《小畜》卦与《豫》卦互为旁通，《谦》卦与《履》卦互为旁通。但是，焦循在前人“旁通”说的基础上，对“旁通”说的解易体例进行了极大的丰富和提升，不仅用“旁通”来解释所有的卦爻辞，还利用“旁通”来发掘出圣人隐藏在卦画中的微言大义，使“旁通”说这一古老的解《易》体例焕发出勃勃生机。焦循根据六十四卦逐爻的阴阳排列，将其区分为三十二组，每组两卦相互对待，同位之爻阴阳相错。如《屯》卦与《鼎》卦，《蒙》卦与《革》卦。更具有技术含量的是，焦循将具有旁通关系的两卦之间六爻的交互变化，进行了详细而独到的解读，赋予它新的含义和指向：“凡爻之已定者不动。其未定者，在本卦初与四易、二与五易、三与上易。本卦无可易，则旁通于他卦，亦初通于四、二通于五、三通于上。……初必之四，二必之五，三必之上，各有偶也。初不之四，二不之五，三不之上，而别有所之，则交非其偶也。……凡旁通之卦，一阴一阳，两两相孚，共十二爻，有六爻静，必有六爻动。《既济》六爻皆定，则《未济》六爻皆不定。‘六爻发挥’‘六位时成’，谓此十二爻中之六爻也。”焦循还把一组旁通卦的十二爻，区分为“定”或“未定”，即阳爻居初、三、五，阴爻居二、四、上属于“定”；反之，阳爻居二、四、上，阴爻居初、三、五属于“未定”。

焦循用他的“旁通”体例，解释了三十多则卦爻辞，都说得头头是道，旨在阐明旁通是《易经》内在的普遍联系。如他说：“《同人》九五‘大师克相遇’，若非《师》与《同人》旁通，则《师》之相克、《师》之相遇，与《同人》何涉?”又说：“《艮》六二‘不拯其随’，《兑》二之《艮》五，《兑》成《随》，《兑》二之‘拯’，正是《随》之‘拯’。若非《艮》《兑》旁通，则‘不拯其随’之义不可得而明。”又说：“《小畜》‘密云不雨，自我西郊’，其辞又见于《小过》六五。《小畜》上之《豫》三，则《豫》成《小过》。……解者不知旁通之义，则一‘密云不雨’之象，何以《小畜》与《小过》同辞?”是说《小畜》与《豫》旁通，《小畜》上九与《豫》六三相易，《豫》卦则成《小过》卦，所以《小畜》卦辞与《小过》爻辞皆有“密云不雨，自我西郊”句。此是解释不同的卦里为何会有相同的词语，即卦辞、爻辞重复出现的问题，也是回答了他父亲焦葱当年的疑问。

焦循用“旁通”不仅能解释所有疑难的卦爻辞，说清楚这一卦何以会有这样的卦辞，那一爻为何会有那样的爻辞。他甚至认为孔孟儒家的“仁爱”思想，也可以自《周易》的旁通中得来。焦循在《易通释》中说：“《传》以仁赞元。……仁配阳，谓由阴交而生阳也。……仁义指二五。”焦循指出《易传》中说：元者，善之长也。又说：君子体仁足以长人，这就证明“仁”和“元”其意义是相同的。在焦循看来，《易传》以仁赞元，实已表明“仁”是“旁通”生发而出。焦循还认为，伏羲画卦以旁通为运行的起点，孔子的儒学也必然以仁为第一要务。同时，焦循还指出每一个卦代表孤立的个人，两个卦相旁通则代表人与人结成一定的关系，这也正是儒家仁者爱人的出发点和落脚点。

“比例”是焦循解读《周易》的另一个主要法则。焦循是卓越的数学家，他把数学中的“乘方”“天元”“齐同”“比例”等概念引入到易学研究中去，创立了“比例”等新的解《易》法则。焦循在《易图略·比例图》中说：“因悟圣人作《易》，所倚之数，正与此同。夫九数之要，不外齐同比例。以此之盈，补彼之朒，数之齐同如是，《易》之齐同亦如是。以此推之得此数，以彼推之亦得此数，数之比例如是，《易》之比例亦如是。”又说：“洞渊九容之数，如积相消，必得两数相等者，交互求之，而后可得其数，此即两卦相孚之义也。非有孚则不相应，非同积则不相得。……其脉络之钩贯，或用一言，或用一字，转相牵系，似极繁赜，而按之井然。不啻方圆弦股，以甲乙丙丁之字指之，虽千变万化，缘其所标以为之识，无不了然可见。”焦循用他的比例法则，解释了很多疑难的卦爻辞，如：“《睽》二之五为《无妄》，《井》二之《噬嗑》五亦为《无妄》。故《睽》之‘噬肤’，即《噬嗑》之‘噬肤’。《坎》三之《离》上成《丰》，《噬嗑》上之三亦成《丰》，故《丰》之‘日昃’即《离》之‘日昃’，

《丰》之‘日中’即《噬嗑》之‘日中’。……见于《蒙》，以《蒙》《革》相错为《困》《贲》，《困》二之《贲》五成《家人》，故《蒙》二之五之比例，故‘子克家’。……《归妹》四之《渐》初，《渐》成《家人》，《归妹》成《临》，《临》通《遁》，相错为《谦》《履》，故‘眇能视’‘跛能履’，《临》二之五即《履》二之《谦》五之比例也。以此类推，可得引申触类之义矣。”朱伯崑先生指出：“焦氏此说，就其理论思维说，是将某卦的卦爻辞同另一卦的卦爻辞，看成是数学比例公式中外项和内项的关系，以此解释《周易》经传中文字和辞句相同或类似的现象，以说明《周易》六十四卦，特别是其象辞关系，存在着逻辑上的联系，如同数学中的演算公式一样，有其逻辑的必然性。演绎逻辑特别是类推的思维形式是其比例说的思想基础。”（《易学哲学史》第四卷）

焦循的《易学三书》等易学著作问世后，曾引起极大的反响，一时好评如潮，如“圣人复出”“发千古未发之蕴”等。当时的经学家王引之评价《易学三书》说：“凿破混沌，扫除云雾，可谓精锐之兵矣。”皮锡瑞也说：“焦氏说《易》，独辟畦町。……意在采汉儒之长而去其短。”但是，对焦循的批评之声也一直不绝于耳，如李镜池先生说：“焦氏‘《易》学三书’，被称为‘石破天惊’之作，而其实割裂文义、支离破碎，不可卒读。”（《周易通义》）廖名春先生也批评说：“焦氏易学存在着根本性的错误：第一是否定《周易》卦爻辞的义理研究，把本来有意义的、阐明一种思想的句子、段落完全打碎搞散，牵强地把它们解释为卦爻之间的联系和运动。”（《周易研究史》）笔者认为，从对焦循易学“褒贬相宜”的历史评价来看，中国古代传统的治易之路，至焦循既达到了历史的顶点，也预示着传统易学的终结。

近一百多年来，随着时代的发展和变化，易学研究又进入了一个新的时期。这一时期的易学研究特点主要有三个方面：一是借用西方的哲学思想，重新诠释和解读《周易》；二是借助考古学的新发现，特别是马王堆帛书《周易》的出土，为研究《周易》提供了新的材料和视角；三是将自然科学引入易学研究，互相比附，这其中有利也有弊。这期间，也涌现出一些易学大家，他们都各有建树，如章太炎、杭辛斋、尚秉和、李镜池、于省吾、高亨、黄寿祺、金景芳、朱伯崑等。山东大学终身教授刘大钧先生，用饶宗颐先生的话评价是“沉潜易学之深辟，诚当代巨儒”，于《易》有继往开来之功！易学研究就当前的形势而论，有一种泛滥之弊，热爱和研究《周易》的人越来越多，有关《周易》的著作更是铺天盖地，但多数人并无自己的见解，而是凑热闹，人云亦云，正应了赵翼的一句话：“矮人看戏何曾见，都是随人说短长。”

四

奥辞责我开生面

读过《易经》的朋友都有这样一个感受：卦爻辞在内容的安排上怎么一点规律也没有，忽天忽地，忽东忽西，一脚深，一脚浅。这正如刘大钧先生在《周易概论》中所说：“我们在读《周易》经文时，常常发现忽说吉，又说凶。一些卦爻之辞，东一榔头，西一棒槌，让人摸不着头脑。”越是这样，解读的方式越多，正像难治的病一样，这方面的大夫和药方也多。于是乎，卦象说者认为，象外无辞，卦辞和各爻的爻辞都是对卦象意蕴的文字表述；爻位说者认为，每一爻的爻辞，是由这一爻所在的爻位的性质决定的，并总结出“三多凶”(第三爻多是凶辞)、“五多功”（第五爻多歌功颂成之辞）的规律。但当我们按照卦象说或爻位说的指教，去验证六十四卦卦、爻辞，又常常是矛盾迭出。用训诂学去解释《易经》的一派，情况也好不了多少，有时通于此又塞于彼，解好了这一爻又顾及不了那一爻，有些学者为了能自圆其说，或者转而向易象求救，或者擅改经文而屈从己意。

1980 年我开始学习《易经》时，也总是为这个“易无通例”而烦恼，可这也成为我继续研究《周易》的最大好奇心和驱动力。我坚信：作为众经之首的《周易》，作为古圣先贤遗留下来的经典，它的编写不可能没有统一的要求和体例，只是我们还没有发现而已。有四五年的时间，我几乎每一星期都要通读一遍六十四卦卦爻辞，反复研读，反复思考，我终于发现：《易经》的编写是有严格规律和统一体例的，它大致就像今天的字典和辞书一样，每一个卦名就是一个独立的“字”或者“词”，每一爻或若干爻就是对这一“字”“词”不同含义（即义项）的分别解释。我将自己的这些想法写成一篇很长的论文，题目叫《从辞书角度看〈易经〉》，发表在《辞书研究》1985 年第六期上，当时编辑部还加了一个这样的按语：“本文认为我国传统的‘六经’之一的《易经》基本上是按照辞书的体例编排的，文章还以这个立论为基础分析解释了《易经》中的某些卦、爻辞。这个观点关系到发现我国最早的一部古辞书的问题，对汉语辞书史和《易》学研究都密切相关。至于文章所论能否成立，期望有关研究者关心并提供研讨文章给本刊。本文的作者是一位青年教师。”根据读者的要求，我后来又写了一篇论文，题目叫《再论〈易经〉是一部古老的辞书》，发表在《东岳论丛》1987 年第四期上。应该说，我发表的论文在当时引起了一定的反响；我提出的“《易经》是一部古老辞书”的新观点，也成为言之成理、持之有故的一家之言。我当时颇有些得意，曾仿照着王船山，不自主地说了一句狂话：“奥辞责我开生面。”

（一）

对于事物性质的认识，往往是先由对事物个别现象的观察，然后逐渐发展到对事物本质的认识。使我将《易经》和辞书联系在一起的，最早是受《明夷》《井》《革》这三个卦的启发，因为这三个卦非常典型：和我们今天所说的辞书更为相近，卦爻辞在内容上的安排，有着明显的规律和统一要求。每一个卦名就是一个独立的“词”，每一爻或若干爻就是对这一词语不同含义（即义项）的分别解释。《明夷》《井》《革》这三卦的卦、爻辞对卦名作为一个“词”来解释，是非常完备和精当的，既解本义又解引申义，既收入成语又收入典故。与今天辞书等工具书不同的是，这些卦爻辞是通过列举例句的形式来标明某个词的各个义项的，并不进行直接的（或抽象的）诠释。

先看《明夷》卦对于“明夷”一词的解释。

明夷：1. 鸟名。“明夷于飞，垂其翼”。（《明夷·初九》爻辞。以下只注爻题）据考证“明夷”即鸣鶇，又称鹈鹕，是一种水鸟，嘴长而阔。2. 鸣弓。即拉弓射箭。“夷”有弓义，故从大从弓。“明”通“鸣”。“明夷，于南狩，得其大首。”（九三爻辞。在南边猎区拉弓射箭，获得一只大头猛兽）3. 一种大弓的名字。“入于左腹，获明夷之心，于出门庭。”（六四爻辞。一出门庭就找到了制“明夷”的心木，回到左室开始制作）4. 国名。“箕子之明夷。”（六五爻辞。之，到也。即箕子到明夷国）“箕子之明夷”一语，还含有把“明夷”作为历史典故来解的用意。因为“箕子之明夷”，实乃商、周史上值得一提的著名大事件。5. 日入于地为明夷。“夷”作灭，“明夷”即“明灭”。“不明，晦。初登于天，后入于地。”（上六爻辞。不光明了，夜幕已经降临。太阳从东方升起，现在下山入地了）

再看《井》卦对“井”一词的解释。

井：1. 井田。即方块田。“改邑不改井，无丧无得。”（《井》卦辞）据李镜池先生说，这是讲一个邑主，大概由于搞得不好，不得人心，被调到另一个邑去。两个邑的井田数目没有变，对这个邑主来说，无失也无得。2. 有秩序。“井”字相叠时有此义。“往来井井”（《井》卦辞）。即我们今语的“秩序井然”“井井有条”。3. 水井。“井泥不食”（初六爻辞）。“井冽，寒泉食”（九五爻辞）。初六爻辞是说，井水污浊得像泥浆一样无法喝。九五爻辞是说，井水清洁得像泉水一样寒冽。4. 陷阱。主要是狩猎用。“旧井无禽”（初六爻辞）、“井收勿幕，有孚元吉”（上六爻辞）。初六爻辞说，破旧的陷阱已经无法获得野兽。上六爻辞说，经过整修的陷阱，可以获得野兽。

最后，看《革》卦对“革”一词的解释。

革：1. 皮革。“巩用黄牛之革”（《革·初九》爻辞。以下只注爻题）。本爻辞是说，束紧、固定东西最好用黄牛的皮革。2. 变革，改革。“君子豹变，小人革面”（上六爻辞）。这段爻辞，还可能是当时普遍流行的成语。3. 捆绑。“革言三就”（九三爻辞）。言，虚词，《诗经》中多此用法。“三就”，三匝三重也。意谓捆绑东西三匝而后牢固。

这样分析了《明夷》《井》《革》三卦的卦、爻辞之后，还不敢贸然做出《易经》卦、爻辞是按照辞书的体例编排的判断。因为这才仅仅是三个卦的情况，还不占六十四卦的二十分之一。而当我们再对《蒙》《屯》《需》《讼》《小畜》《履》《泰》《同人》《大有》《谦》《豫》《临》《贲》《无妄》《离》《晋》《解》《夬》《萃》《鼎》《丰》《节》等卦的卦、爻辞分析研究之后，发现这些卦的卦、爻辞的内容也存在着有机联系，也是按照辞书的体例进行编排的。

《屯》《蒙》等二十几个卦的情况，不便在此全部展开讨论，仅举《蒙》卦为例。

“蒙”：1. 愚昧无知。“匪我求童蒙，童蒙求我”（《蒙·卦辞》）。意为不是我求你这愚昧无知的人，而是你这愚昧无知的人有事要求我。2. 草木。“发蒙”（初六爻辞）。“发蒙”即割伐草木。发，通伐。“蒙”，本义是丛生冢上的草木，故从草从冢。3. 遮盖，“包蒙吉。纳妇吉”（九二爻辞）。意为在娶亲时把新娘的头用布包裹起来，这样才吉利。这当是原始社会抢婚制之遗俗。新中国成立后山东农村仍盛行此种风俗，并把遮盖新娘头部的布，美其名曰“蒙脸红”。4. 遭难。“困蒙吝”（六四爻辞）。5. 借为“猛”。“击蒙，不利为寇，利御寇”（上九爻辞）。意为打仗要勇猛，但只可用来进行抵御，不可进行侵略。

通过大约对三十几个卦的分析，我认为：《易经》卦、爻辞在内容上的安排，基本上是按照辞书的体例编写的。当然，我们这里所说的辞书，是就更广泛的意义上而言的，绝不是说和我们今天的某种辞书完全相一致。

以上分析了《易经》各卦内部是按照辞书的体例编排的，现在再看一看卦与卦之间（我们这里所说的卦与卦之间，严格说应该是卦名与卦名之间，不包括卦象在内）是否有联系，如果有，这种联系又是什么的问题。这也是《易》学中的一个大问题。《易经》作者是把六十四个卦的卦名，作为六十四个“词”来对待的，并将这六十四个词相次编为三十二组，每组中的两个词都是有关联的。具体而论，有以下几种情况：1. 将反义词编为一组：乾、坤，师、比，泰、否，临、观，剥、复，咸、恒，晋、明夷，家人、睽，蹇、解，损、益，震、艮，渐、归妹，丰、旅，涣、节，既济、未济。这些词，有的在今天已不应当作为反义词来对待，但《易经》作者的确是把它们作为反义词编在一起的。《易·杂卦传》说："《乾》刚《坤》柔，《比》乐《师》忧"。"《震》，起也；《艮》，止也"。"《损》《益》，盛衰之始也"。"《咸》，速也；《恒》，久也"。"《睽》，外也；《家人》，内也"。"《否》《泰》，反其类也"。反义词组在《易经》中占的分量最大，也最能反映出《易经》的朴素辩证法思想。2. 将同义或词义相近的词编为一组：同人、大有，坎、离，夬、姤，革、鼎。《易·杂卦传》说："《大有》，众也；《同人》，亲也"。"《革》，去故也；《鼎》，取新也"。3. 将词义在某种意义上属于同一范畴或有因果关系的词编为一组：屯、蒙，需、讼，小畜、履，中孚、小过，谦、豫，噬嗑、贲，巽、兑。《易·序封传》说："需者，饮食之道也。饮食必有讼，故受之以《讼》。"《易》之所以把"需""讼"编在一起，就是因为这两个词反映了某种事物发展的因果关系。《易》之所以把谦、豫编在一起，就是因为这两个词都是反映人的思想修养的，即一个是讲谦虚，一个是讲优柔寡断。从某种意义上说，它们属于研究的同一范畴。此外，无妄、大畜，颐、大过，遁、大壮，萃、升，困、井等十个词，我们现在还搞不清它们之间有什么关系，《易经》为什么把它们两两编在一起。根据以上分析，《易经》卦与卦之间的排列也是有一定规律的，这种规律充分反映了《易经》的辞书性质。大家都知道，重视同义词和反义词，并以此作为一种训诂词义的重要手段，乃是我国早期辞书的一大特点，比如《尔雅》就有这种特点。

（二）

研究《易经》的学者都有体会，要正确解释卦爻辞已属不易，如果要进一步回答某卦为什么会有这样的卦辞，某爻又为什么会有那样的爻辞，就更显其难。因此，往往发生这样的现象：人们主观上很想摆脱卦象说和爻位说，但有时却因为自己对卦爻辞不能做出合理的解释，又不得不求救于卦象说或爻位说。现代著名易学家李镜池先生在谈到这个问题时说："在今人的研究中，由于不明《周易》的组织体例，所以往往未能统观全书，从整体加以解说，而普遍存在寻章摘句、望文生义、孤立零星地进行注释分析的毛病。有时在解不通、感到前后矛盾的地方，则随意改易原文。这些都是不可取的。"（《周易通义》）如果从辞书的角度看《易经》，则笔者认为不仅能解释所有的卦爻辞，使其解释的体例前后一致，而且对一些疑难卦爻辞，也能做出新的令人比较满意的解释。我们下面就举一些例子。

对《履》卦卦、爻辞的解释，历来分歧很大。其实，《履》卦卦、爻辞是根据当时语言发展的具体情况，对"履"一词所做的种种解释。《履》卦解"履"有五个义项，比《现代汉语词典》所收的义项还多两个。1. 鞋子。因此，初九、九五爻辞中的"素履"和"夬履"，就应该像闻一多先生所说的那样，是两种鞋子的名称。闻先生考证，"素履"即"丝履"；"夬履"即"葛履"。2. 行走。故六三爻辞有"眇能视，跛能履"之语。3. 践踏。卦爻辞中三见"履虎尾"，当释为"践踏虎尾"。4. 履道，转喻为人的政治、道德行为。九二爻辞的"履道坦坦"，就是说为人要光明磊落。5. 足迹。上九爻辞的"视履，考祥其旋，元吉"。诸家皆不得确解。我认为，这段爻辞是说：看一看足迹，就知道野兽跑向哪里去了。这当是先民们长期狩猎经验的总结。

《解》卦卦爻辞内容散杂，事类不一，相当费解。根据古今辞书和其他文献，"解"一字共有下列义项：1. 剖开。2. 解释、解放、和解。3. 借为"懈"，即懈怠。4. 解送，即押送。5. 各种技艺。我们常用的"解数"一词，即泛指各种手段、本领。《解》卦卦爻辞，正是反映了"解"字的这五种含义。九二爻辞："田获三狐，得黄矢，贞吉。"表明"解"有剖开之义。黄矢，即铜箭头。粗看起来，此段爻辞似乎和"解"字风马牛不相及。实际上，这里用的是一种近乎谜语的形式，暗隐一个"解"字。人们不能理解，只有通过解剖，才能获得被射进狐狸身体的箭头。《易经》用此种隐晦形式标明词义的例子，举不胜举。六三爻辞："负且乘，致寇至，贞吝。"表明"解"有押送之义。有肩挑的，有拉车的，而且还招来了贪财的强盗，这正是描写押送宝货的情景。九四爻辞："解而拇，朋至斯孚。"表明"解"可借为"懈"，有懈怠之义。有人将此段爻辞译为："商人赚了钱而懈怠不想走，结果被人抓住了。"非常符合原意。六五爻辞："君子维有解，吉。有孚于小人。"表明"解"有"解放""和解"之义。此段爻辞大意是："统治者只有对被统治者实行宽大和解的政策，才能得到老百姓的拥护。"上六爻辞"公用射隼于高墉之上，获之"。诸家皆不知此爻辞之所本。笔者认为，这一爻辞隐指"解"有技艺之义。站在高高的城墙上（高墉之上）射鹰（隼），并且百发百中（获之），这不是描述一种高超的技艺吗？

《离》卦六二爻辞说："黄离，元吉。"联系卦辞和上下爻辞看，不知此处为何突然冒出"黄离"一语。原来，六二爻辞指明，"离"这一字，有时可借为"鹂"，"黄离"即"黄鹂"，并指出这是一种吉祥之鸟，故"黄离"下缀"元吉"。

《晋》卦的卦辞比较特殊，既没有元、亨、利、贞，也没有无咎、悔亡，只有孤零零的一句"康侯用锡马蕃庶，昼日三接"。过去学者也感到《晋》卦卦辞突兀，看不出和各爻爻辞之间的联系。李平心先生曾认为，康侯即唐叔，唐叔是周武王的儿子，是晋国的开国君主。笔者认为，《晋》卦卦辞的"康侯用锡马蕃庶"云云，是对"晋"这一词作为"国名"的解释。即通过追溯晋国的创建，表明"晋"有"晋国"之义。而《晋》卦各爻爻辞，则是对"晋"的另一义项，即"晋"同"进"的解释。如初六爻的"晋如，摧如"，九四爻的"晋如鼫鼠"，上九爻的"晋其角"。同时，"晋"和"接"还都有雌雄交配的意思。这不仅能从训诂学上找到根据，就是从我们现在的方言中，还能看出"晋"有雌雄性交的意蕴。如果是这样的话，"康侯用锡马蕃庶，昼日三接"，它的正解就应该是：康侯用周天子赐给的良马进行繁殖，每天使公马和母马交配三次。

在从辞书角度看《易经》中，为了更好地说明《易经》确实是按照辞书的体例编写的，笔者依据每卦对释词所采取的方式和侧重点的不同，又具体地将六十四卦分为三种类型。

1.《乾》卦型。属于这一类型的卦有：《乾》《坤》《屯》《蒙》

《讼》《小畜》《履》《泰》《否》《大有》《豫》《随》《大畜》《大过》《大壮》《明夷》《解》《姤》《井》《革》《中孚》《小过》《既济》《未济》。该卦型有以下特点：（1）每卦所释词（六十四卦卦名都是专有名词，但今天看来有些已经是字而不是词，本书对字和词没有从现代汉语上做严格区分），即卦名的义项都在两个以上，最多的可达五个。（2）卦爻辞围绕着所释词的本义、引申义、转喻义编排，没有与所释词的词义无关的卦爻辞。（3）因为这类卦大都是利用例解，甚至有的是利用近乎谜语的方式来表明词义，所以这类卦的卦爻辞最深奥费解。（4）仅凭这类卦来分析，《易经》似乎是一部"多义词词典"。关于《乾》卦型的情况，笔者在前面已经详细分析了《明夷》《井》《革》《蒙》《履》《解》《离》七个卦的卦爻辞。为了使大家能更加看清这类卦的真实面目，再举《泰》《大有》等卦做一分析。依据古今文献和辞书可知，"泰"一词共有下列含义：（1）泰同太，有过甚、极端之义。（2）泰可借为汰，有淘汰、选择之义。（3）骄恣。如奢泰。（4）通顺。如"天地交泰"。（5）吉利、平安。（6）泰山的简称。（7）古酒尊名。《泰》卦基本上是围绕着"泰"的这些义项来编排卦爻辞的：（1）吉利、平安。"小往大来。吉，亨。"（《泰》卦卦辞）失少得多，有吉利之义。（2）淘汰、选择。"拔茅茹以其汇"（初九）是说，茅茹叶不易辨认，只有以类相取才能选择出哪是茅茹。"包荒，用冯河，不遐遗，朋亡，得尚于中行"（九二）是说，用挖空的匏瓜渡河时，同伴之间要相互援救；为了援救溺水的同伴，即使丢落身上的宝货（朋亡），也是值得的，只有这样才能得到舆论的赞同。意思是在遇到疑难时如何选择正确的行动。（3）过甚、极端、物极必反。如九三爻辞："无平不陂，无往不复。"（4）奢泰，骄恣。"翩翩，不富以其邻，不戒以孚。"（六四）有人爱说大话、吹牛皮，因此失去乡党四邻的信任。（5）泰山。六五爻辞："帝乙归妹以祉，元吉。"历代学者都知道说的是殷、周联姻之事，但无人知晓为什么放在《泰》卦里。笔者通过多方考证，认为这段爻辞是说帝乙（纣王之父）在将女儿嫁送周文王的路上，曾到泰山之巅为女儿乞求福祥（以祉）。对《泰》上六的"城复于隍，勿用帅。自邑告命"云云，笔者尚不能通解，看不出它和"泰"一词有何关系。

再看《大有》卦。"大有"一词在现代汉语中已不常用，仅偶有称丰收年为"大有年"的；而在古代，"大有"不仅常用，且含义不一。该卦解释：（1）有通友，"大有"即天下相互为友。故初九爻辞有"无交害"，即邦国之间不彼此侵害。（2）农业丰收为"大有"。故九二爻辞说："大车以载。"（3）有借为祐，大有即上帝或诸神对普天下人的保护。故九三、九四爻辞都是讲的各种集体祭祀活动，上九爻辞则说："自天祐之，吉，无不利。"

2.《需》卦型。属于这一类型的卦有《需》《比》《同人》《谦》《临》《观》《噬嗑》《剥》《复》《颐》《咸》《恒》《蹇》《损》《益》《困》《鼎》《震》《艮》《渐》《归妹》《旅》《兑》《涣》。该卦型的特点是：所释词的义项只有一个，且含义明确无需解释，卦爻辞就是对所释词组成的成语、格言、谚语、习惯语等常用语的汇集。仅凭这类卦来分析，《易经》似乎是一部"常用语词典"。试举《比》《归妹》两卦为例。"比"字的含义是亲附或朋比，《比》卦卦爻辞没有对"比"字的含义进行训释，而是汇集了大量用"比"字组成的常用语："有孚比之"（初六），"比之自内"（六二），"比之匪人"（六三），"外比之"（六四），"显比，王用三驱，失前禽"（九五），"比之无首"（上六）。"归妹"一词的含义是女子出嫁，无需解释。该卦只是汇集了由"归妹"组成的常用语："归妹以娣"（初九），"归妹以须，反归以娣"（六三），"归妹愆期，迟归有时"（九四），"帝乙归妹，其君之袂不如其娣之袂良"（六五）。

3.《师》卦型。属于这一类型的卦有：《师》《蛊》《贲》《无妄》《坎》《遁》《晋》《家人》《睽》《夬》《萃》《升》《丰》《巽》《节》。该卦型的特点是：介于《乾》《需》两卦型之间，卦爻辞既对所释词本身的含义进行揭示，又汇集由所释词组成的常用语。试举《师》卦为例。"师"字的本义是师旅、军队，但它又和"试"及"誓"相通假。《师》卦卦爻辞先汇集了由"师"字组成的常用语："师出以律"（初六），"在师中，吉，无咎，王三锡命"（九二），"师或舆尸"（六三），"师左次"（六四）；然后又分别指出"师"可借为"试"及"誓"。六五爻辞说"田有禽，利执言"，意思是说在行师作战之前，部队要先进行狩猎，搞好军事试演，这样才能在战场上多俘获敌人，旨在标明"师"即"试。"上六爻辞说："大君有命，开国承家。"古代在作战之前很注重誓师，故《尚书》中专有一篇《泰誓》。这里的"大君有命"云云，即是指军队的誓师宣言。旨在标明"师"即"誓"。

笔者在论证《易经》是一部古老的辞书时运用了一些历史学、社会学和民俗学的知识，但运用最多的，或者说最重要的一个依据，则是中国上古时代字少，往往一字兼有多义，同声字之间互相假借的原理。关于汉字的“声近义通”的问题，我在《老子与现代生活》中曾有这样的论述：“说到对汉字的训诂，在这里想多说几句话，因为笔者对此也付出了激情和心血。笔者虽不是专业的语言文字研究者，但数十年来，笔者从未停止过对汉字起源和发展问题的思索。特别是对汉字音和义关系的问题，笔者几乎注意到了所有的常用汉字。乾嘉学派‘因声求义’的训诂方法，取得了巨大的成就，‘声近义通’确是汉字的一大规律，但笔者独立思考的一些问题，可能已经不在先贤研究的范围内。笔者不仅坚信汉字‘声近义通’，而且认为汉字同音字之间有着极为深刻和丰富的多种联系。对于同音字之间的联系不能只从语言和文字学的角度去探讨，而且应当放在社会学、人类学和历史学等更加宏大的背景下去考察。有些同音字之间的关系，还应当提高到哲学和宗教学的高度来认识。只有深刻揭示汉字同音字之间的多种联系和蕴藏的巨大秘密，只有进一步搞清楚同音字的起源和发展变化规律，人们才会更加景仰汉语的神奇和伟大，人们才会更加赞叹中国先民的风采和睿智，人们才会真正理解仓颉造字何以会惊天地而泣鬼神!”

问题的关键是，汉字同音字之间的联系多数并不是显而易见的，有些甚至是极其幽深的，非极深研几、火眼金睛而不能发现。笔者积多年之经验，认为要破解同音字之间的关系，必须找出同音字最原始的属义，或者说找出同音字之间的最大“公约点”。我们现在举几个例子：(1) 凡发 shi 音的，如誓、逝、师、市、驶、始、蚀、失、时、食、史、矢、适、释、世、屎等字，尽管这些字字形不同，字义在实际使用中也几乎没有关联，但它们有一个共同的含义，笔者称之为

“公约点”，即“去不返也”。一去再不复返，这就是发 shi 音汉字最本质的意蕴。或者说，这些字我们的先民之所以定它们发 shi 音，就是因为它们都含有失去的意思。（2）凡发 fei 音的，如费、肥、妃、非、匪、诽、废、痱等字，它们皆有“多余”之义。当然，我们也可以说以上几个字的公约点是“多余而近害”，但那样就很难概括骈、扉、飞等字了。（3）凡发 yu 音的，如迂、鱼、谀、渔、逾、与、予、宇、驭、育、预、欲、谕、遇、舆、喻、御、寓、裕、虞、豫等字，它们皆有“提前准备”之义。这群发 yu 音的汉字，其最原始的意属可能是受“虞”字的影响，因为“虞”是先民们在狩猎时，提前派去侦察地形和动物出没规律的人。不过，细推敲起来，可能“雨”字会更古老和原始，因为在洪荒时代，先民们最想提前知道的还是天气的变化情况。如果能提前知道大雨即将到来，那对部落的安危将是有重大意义的。（4）凡发 li 音的，如丽、厘、离、犁、嫠、篱、礼、里、理、力、厉、立、吏、励、利、例、隶、莅、砺、粒等字，它们皆有“区分而整治”之意。或问，“礼”和“区分”有什么关系，殊不知礼的实质就在于区分长幼尊卑。同样，任何道“理”也在于区分善恶真假。

我们知道了“声近义通”的道理，能大大加深对汉语、汉字的理解。比如“声音”一词，声有升意，音有隐意，声音正是由一高一低的音波组成的，这就大大加深了对声音一词实质的理解。再如“贼”字，也有“择”义，贼也是择时、择地、择人而行窃。又如危险多在微妙之中，等等。

（三）

我们说《易经》是一部古老的辞书，但它和我们今天通行的辞书又有很大不同，那么，究竟有哪些特点呢？

第一，既是解释语言的工具书，又是指导人们社会活动的教科书。

世界文化史的进程表明，越是在古代，社会科学各科之间的分工越不明显。大致成书于我国西周时期的《易经》，再一次证明了这一特点。《易经》的作者编写《易经》，不仅不遗余力地训诂词义（当然，它的训诂方式是特殊的），以便于人们进行思想文化交流，而且苦心孤诣地通过这部书来规范和指导人们的社会活动。因此，《易经》在选词上，没有选“耳、鼻、口、马、牛、羊”之类的词，而是收选了与人类社会活动有密切关系的一些词汇。据初步统计，《易经》在训释这六十四个“词”时，主要涉及祭祀、战争、刑狱、生产、商旅、婚姻家庭、思想修养、水旱灾荒等八个方面的内容。《易经》每谈到一个问题，都加上作者自己的看法，明确指示吉凶行止。最难能可贵的是，《易经》能将训释词义和谈论事理熔于一炉，丝毫不显得牵强割裂。最早解释《易经》的《易传》，似乎已觉察到《易经》的这种两重性，故《系辞上》说：“《易》有圣人之道四焉：以言者尚其辞，以动者尚其变，以制器者尚其象，以卜筮者尚其占。”《易传》所谓“《易》有圣人之道四焉”，实际上可以归纳为两个方面，就是我们所说的“既是解释语言的工具书，又是指导人们社会活动的教科书”。孔子似乎只看到了《易经》具有政治教科书的这一面，故说：

“加我数年，五十以学《易》，可以无大过矣。”而后人多认为《易经》只是讲占卜的，属于巫书之流，就未免失之更远了。

第二，不做抽象的解释，用列举例句的方式，标明所释词的各个义项。

一般认为，所谓例句是指在对词义做了解释之后，为了便于具体形象地把握词义，再举出此词在实际运用中的例子。如《辞海》释“拔”，先抽象地解释词义：拉出来，抽出来，然后举例——拔草、拔剑。因此，例句是对释义而言的，它本身并不能独立存在。《易经》释词的一个最大特点，也是导致人们长期不了解《易经》是一部辞书的最大障碍，就是它对词义不做任何抽象的解释，而只用列举例句的方式，标明所释词的各个义项。比如“巽”字，它的本义是顺服，当然也有伏屈的意思。《易经》也知道“巽”字有“伏”义，但它不进行抽象解释，而径直用例句标明。《巽》九二爻辞说：“巽在床下，用史巫纷若。”“巽在床下”，我们不会做出其他解释，只能解释为“伏在床底下”。这样，《易经》训“巽”为“伏”的目的也就达到了。今天看来，《易经》这种训释词义的方法太不精密、太不科学了。然而，这却是早期辞书在训诂词义时所发生的现象。即使比《易经》晚出几百年的《尔雅》一书的释词方式，今天看来也难认为是非常科学的。不能因为《易经》释词方法的原始、落后，而将其从辞书天地中排除出去。

第三，字头和词目的关系不拘一格。

今天的《辞海》和《现代汉语词典》，一个重要的排列方式是先列出“领头字”，再依次列出同字头的词语，体例划一。《易经》有所不同，它每卦都根据“卦名”（即所释的字或词）的实际情况，或以释“字”为主，或以释“词”为主。在同一个“词”下（即在同一个卦名下）所列出的各义项“释词”的情况可分两大类：

所列各义项的第一个词即是词头（卦名）的卦，占的数量大一些，共有二十几个。如《鼎》卦：（卦象和卦辞从略）初六“鼎颠趾，利出否，得妾以其子，无咎”。九二“鼎有实，我仇有疾，不我能即，吉”。九三“鼎耳革，其行塞，雉膏不食，方雨亏悔。终吉”。九四“鼎折足，覆公馀，其形渥，凶”。六五“鼎黄耳，金铉，利贞”。上九“鼎玉铉，大吉，无不利”。《需》《师》《比》《履》《同人》《观》《贲》《剥》《无妄》《咸》《晋》《困》《井》《震》《艮》《丰》《旅》《涣》等卦，都属于这一类。

所列各义项的第一个词不相同，但第二或三个词即为词头（卦名），共有十几个卦。如《蹇》卦：（卦象和卦辞从略）初六“往蹇，来誉”。六二“王臣蹇蹇，匪躬之故”。九三“往蹇，来反”。六四“往蹇，来连”。九五“大蹇，朋来”。上六“往蹇，来硕吉。利见大人”。《蒙》《谦》《豫》《临》《复》《颐》《恒》《遁》《渐》《兑》《节》等卦属于这一类型。

如果把《易经》定义为我国最早的一部辞书，有很多学术疑难问题就会迎刃而解：

1. 何为“易”字的正解

凡是进行易学研究的，大都先要对《易经》的“易”字考证一番。古今学者对“易”字作了种种训释，其中有人引用《尔雅》《说文解字》对“易”字所作的训诂，给我们以很大启发。《尔雅·释鱼》："蝾螈，蜥蜴；蜥蜴，蝘蜓；蝘蜓，守宫也。"郭璞注云："转相解，博异语，别四名也。"《说文解字》："蜥易，堰蜓，守宫也。"如果《尔雅》《说文解字》对"易"字的解释，和《易经》的"易"字能相一致的话。那么，《易经》就很有可能是以"易"字作象征，标明它是一部"转相解，博异语"的辞书。

2. 如果《易经》和"南人"有关

关于《易经》的作者问题，众说纷纭。日人本田成之和我国大学者郭沫若，曾论证《易经》的作者可能是南方人（史称"南人"）。虽然郭老的观点并不为学术界所普遍接受，甚至还有人讥讽他"大胆而辩"，但我认为还是很有道理的。假如《易经》的编纂和南方少数民族有某种关系，我们倒很想把它和《华阳国志》里的一段话结合起来做个判断。《华阳国志・南中志》说："夷中有桀黠能言议屈服种人者，谓之耆老，便为主论议，好譬喻物，谓之《夷经》。今南人言论，虽学者亦半引《夷经》。"徐中舒教授指出："此种《夷经》，乃古代夷族的图象文字。"（《词典研究丛刊》1981年第3期）十分巧合的是，《夷经》这种书也是先画天、地，犹如《易经》的先列乾、坤。据此我们推测，《易经》和《夷经》可能是这样一种关系：《夷经》原是南方少数民族的图象文字汇编，后来流传到中原，中原的知识界受到启发，编写了《易经》这部兼有词典和政治教科书性质的辞书，而《夷经》中的图象则作为卦象保留在《易经》里。

3. 如何看待孔子与《易》的复杂关系

孔子与《易》有无关系，学者或肯定或否定，长期以来聚讼不决。笔者是肯定论者，相信《论语》和《史记》记载不虚。《论语》记载："子曰：加我数年，五十以学《易》，可以无大过矣。"《史记·孔子世家》载："孔子晚而喜《易》……读《易》，韦编三绝。"孔子读《易》，对《易》很有研究是无问题的。问题是：(1) 孔子十五岁即志于学，遍览群书，当时的文献又屈指可数，为什么到五十岁还没有读《易经》呢？其实，我们只要认识到《易经》是部辞书，就不难明白孔子的这句话。孔子在五十岁之前，是读过《易经》的，但只是作为工具书翻检，并未对其进行系统的研究；他设想如果在晚年对《易经》彻底探索一番，定会受益匪浅。(2) 孔子读了那么多书，对《诗》《书》尤其爱不释手，为什么只有《易经》才韦编三绝呢？这也与《易》是部辞书，孔子常年翻检磨损严重有关。(3)《易经》既然是儒家的"六经"之首，那为什么历史文献上只说孔子以《诗》《书》《礼》《乐》《春秋》教弟子，而不提《易经》呢？大概也与《易》是部辞书分不开。老师教课离不开字典、词典，但字典、词典不能作教科书用。

4.《易传》中透露出来的消息

《易传》，旧称"十翼"，现代多数学者认为，它是最早的一部解释《易经》的文集，《易传》解经有符合原意的，但更多的是发挥自己的思想。判定《易经》究竟是一部什么性质的书，《易传》中的很多话是富有启发性的。(1)《易传》对《易经》的赞叹，实际上就是对辞书的赞叹。《易传》对《易经》最叹为观止的地方是："《易》之为书也，广大悉备，有天道焉，有人道焉，有地道焉。""范围天地之化而不过，曲成万物而不遗。""夫《易》广矣大矣，以言乎远则不御，以言乎迩则静而正，以言乎天地之间则备矣。”（均见《系辞上》）说《易经》内容宏富、包罗万象，这正是对《易经》辞书特征的不自觉描绘。《易传》对《易经》大加赞扬的第二点是它的实用性：“精义入神，以致用也。利用安身，以崇德也。过此以往，未之或知也。”“开而当名辨物，正言断辞，则备矣。”“无有师保，如临父母，初率其辞而揆其方，既有典常。”（均见《系辞下》）《易传》认为《易经》有很高的实用价值，并进而指出它的实用价值主要表现在“当名辨物，正言断辞”上，即依据《易经》可知各种事物的名分和语言的正确使用。《易传》甚至提出了《易经》就是不会说话的老师，人们如果有《易经》一卷在手，即使“无有师保”，也会“如临父母”，随时可以请教。试想，《易经》如果不是一部兼有词典和政治教科书两种性质的辞书，它是不具备《易传》所赞叹的这两大优点的。(2)《易传》深受《易经》的影响，重在训诂词义上作文章。《易传》分为彖、象、文言、系辞、说卦、序卦、杂卦等七个部分，实际上除《系辞》之外，都没有完全离开对词义的解释来作文章（当然有很多是解释错了），我们就以最典型的《说卦》为例：“乾，健也。坤，顺也。震，动也。巽，入也。坎，陷也。离，丽也。艮，止也。兑，说也……”《易传》的这一特点反映了《易经》的辞书性质。

5.《易经》成书的过程很像是辞书

关于《易经》的成书过程，《汉书·艺文志》说：“人更三圣，世历三古。”这个“三圣”和“三古”的具体所指，我们不必去考辨，但我们可以认定，《易经》的成书是经过漫长的时间和有着较多的作者的。《系辞上》“河出图，洛出书，圣人则之”。我们透过那神话的迷雾，完全可以这样理解：《易经》在编纂时参考了大量的历史文献。鉴于此，笔者想辞书界的同志一定会同意这样的判断：《易经》的成书过程很像一般的辞书编纂过程。

6. 从中国辞书史上对《易经》的考查

中国辞书史的专家们已经发觉，我国辞书的出现与整个文化的发展不相适应，即我国的辞书应该出现得更早。人类编纂辞书的历史已有三千多年。古埃及在公元前十八世纪就有专门的名词汇编；希腊在公元前五世纪就有难解语词典。陈炳迢教授在谈到我国辞书史的情况时说："关于书的记载，在我国，最早见于殷代。……距今已经三四千年了。但是辞书的出现比这要晚后得多。我国第一部辞书《尔雅》约成书于西汉，距今二千年左右。"（《辞书概要》）我国文字和书籍的发展都是走在世界前列的，为什么辞书的出现竟整整落后一千年呢？这确实是一个值得考虑的问题。如果《易经》是辞书的新说能够符合客观实际，则历史地回答了这一疑问。我们还想指出，西周时期不仅具备编写辞书的条件，而且编写辞书还是当时社会的迫切需要。周族原是商朝的一个邦国，灭商入主中原后，要统治当时幅员辽阔的中国。据文献记载，商、周在文化上有很大的不同，全国范围内在文字语言上更有差异，周王朝为了加强对各地的有效管理，便于法令、政教之推行，很有必要编写一部兼有词典和政治教科书性质的辞书。

笔者还有一个大胆的想法：几千年来流传甚广的《连山易》和《归藏易》，因为文本已经遗失，谁也说不清它们究竟什么样子。它们会不会也像《周易》一样，也是两部古老的辞书，只是所收录的字和词和《周易》并不重复。当然，这也仅仅是个猜想而已，并没有多少证据，用孔子的话来说就是："文献不足故也。足，则吾能征之矣！"

笔者提出《易经》是一部古老辞书的观点时，正值而立之年，意气风发，认为自己的创见有石破天惊之喻，是打开易学神秘殿堂的金钥匙，是对《易经》的唯一正解。时至今日，笔者早已过耳顺之年，暮气日增，虽然仍认为自己的观点是言之成理、持之有故的一家之言，用此可以解释一些疑难的卦爻辞，却不再认为自己的见解是唯一正确的，不仅其他学者的文字训诂有其存在的价值，就是以卦象、爻象来解《易》，也有合理性和可行性。笔者当年的奇思妙想，也仅仅是易学百花园中的一抹青绿而已。笔者不知道这种随着时光流逝而带来的变化，是成熟和包容，还的确是今是而昨非。

五

易医相映成光辉

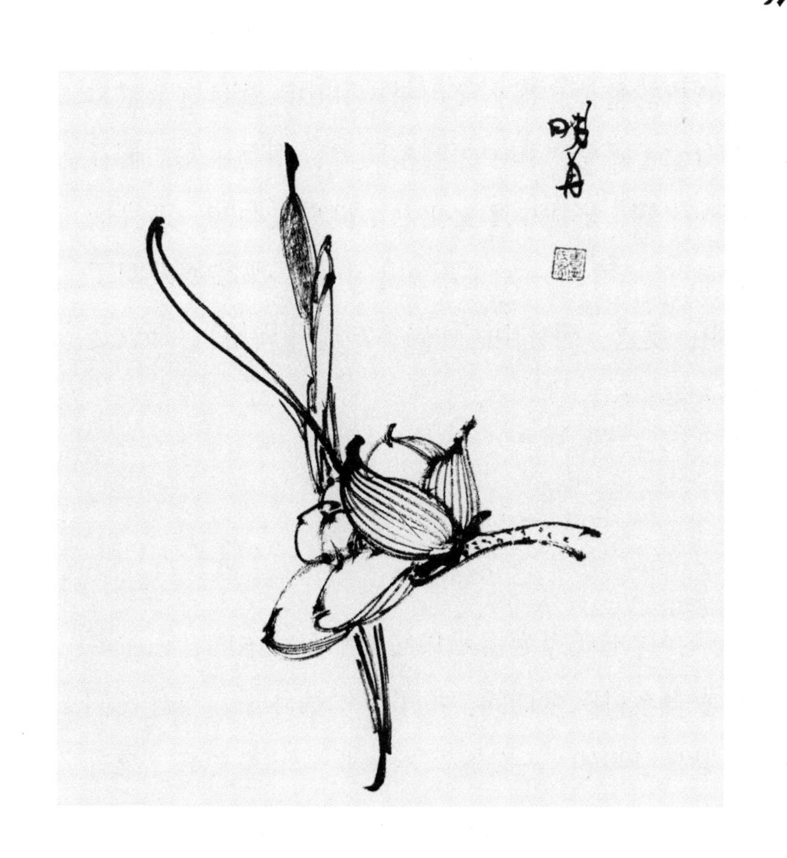

如果说古老的华夏大地是一片文明沃土，那么《周易》和中医就是这片沃土所孕育出的两株艳丽之花；如果说中华文化是一座无穷的宝藏，那么《周易》和中医就是打开这座神秘宝藏的金钥匙；如果说中华传统文化是一个有机的整体，那么《周易》和中医就是这个整体中的两个重要组成部分。《周易》和中医同根同源，相互生发，相互促进，相互融合，相映生辉，形成中华文化乃至世界文明的一道亮丽风景线。易医相通，研究《周易》如果不知道中医，那就难以明了《周易》的神奇和妙用；反之，研究中医如果不知道《周易》，那就是虽列门墙而很难登堂入室。

（一）

我与中医接触甚早，这不仅因为祖辈和父辈都有行医的，更主要的是我在 17 岁到 19 岁当乡村医生期间，拉了三年药斗子。当时我们村的卫生室，技术力量是很强的，一位是医专毕业生因“文革”没有分配工作的王大夫，一位是学有师承的老中医蔡先生，我是既当司药，又当护士，还兼着会计。三年下来，我已经能知晓二百多种中草药的药性，已能背诵《药性赋》和《汤头歌》，还阅读了一点《黄帝内经》和《伤寒论》。中医不仅有丰富的知识，还有很多有趣的故事。蔡先生就给我讲过这样一个故事：过去有一对中医师徒在坐堂，看到门前路上行走的一位女子长得有点丑，他们师徒二人想调侃一下，于是在唱药时高声喊道："麻黄、二丑、天花粉。"不料，这个女子也是一个有学问的人，她掉头来到药店，说是要取几味药："龟甲、鳖甲、大夫（腹）皮。"这对师徒甚感沮丧和没趣。有时候一些老中医还会以中药名来猜谜语，如果说"出家已经一年多"，那当然好猜，谜底是"当归"；再比如说，"寒冬腊月纸糊窗"，那也好猜，谜底是"防风"；那如果说谜面是"昭君出塞"，就没那么好猜了，它的谜底应该是"王不留行"。久而久之，我不仅为中草药的芳香所吸引，也对中医作为一种文化形态而寄予深情。

我是很有兴趣来谈论易医相通这个话题的，因为几十年来，一直在读有关《周易》和中医的书籍。我在《步入神秘的殿堂》一书中，就有专章来论述易医的关系问题。在1987年，我还给一家中医大学讲过十讲有关易医相通的专题讲座。下面，我根据学术界的有关研究成果，结合自己的一些体会，从十个方面论述一下易学和中医的关系。

1. 花木连根，易医同源

我们常说易医同源，它们同哪一个源呢？易医的共同源头是巫术，或者确切地说是巫文化。巫术和巫文化产生于各个民族，它是人类早期文明所共有的现象。现在一提起巫术，大家就视它为原始、落后、迷信和荒唐，多有不屑一顾之意。其实，巫术是当时先民们知识和智慧的结晶，掌握巫术的人都是当时的社会精英。我们说《周易》

和中医都起源于巫术，这并不丢人，也丝毫不会贬损《周易》和中医。

说《周易》起源于巫术，这无需多辩，因为《周易》本来就是卜筮之书，而卜筮则是众多巫术中的一种。至于说到中医也起源于巫术，有必要多说几句。首先，从汉字的造字上来看，巫和医是紧密联系在一起的。“医”字，繁体字写作“毉”和“醫”。还有人考证，“医”字中的“匚”，即“工”字，而“工”和“巫”可以互解。再者，从古书中的一些记载，我们也能够看出“医”和“巫”的密切关系。如《论语·子路》中说：“人而无恒，不可以作巫医。”再如《山海经》中说：“十巫从此升降，百药爰在。”最后，在中国古代很长的历史时期，巫医都是不做区分，共同担负维护众生健康之责的。1973年长沙马王堆考古发现的《五十二病方》中，就有很多这方面的内容：如治疗“瘙”这种病，既有医疗，也有巫疗（当时称巫疗为祝由）。对“瘙”病的医疗是：濡，以盐傅之，令牛舐之。对“瘙”病的巫疗是：父居蜀，母为凤鸟蓐，毋敢上下寻，凤贯而心。再如治“尤”（即疣）这种病。医疗是：取敝蒲席若藉之弱（蒻），绳之，即燔其末，以久（灸）尤（疣）末，热，即拔尤（疣）去之。巫疗是：令尤（疣）者抱禾，令人呼曰“若胡为是”？应曰“吾尤”，置去禾，勿顾。据说祝由作为一个独特的治病方法，在中国古代太医院一直占有一席之地，至少在元代还设有祝由科。就是我们这一代生活在农村的孩子，小时候发烧头痛，母亲们也常常是用“说咒”的方法，为自己的孩子驱赶病魔。

我们说易医同源，还因为《周易》和《黄帝内经》的成书时间相去不远。据学术界考证，《易经》虽然成书可能要早一些，但《易传》和《黄帝内经》的主要内容，大都形成于战国和西汉时期。相同的时代背景，相同的社会和经济基础，特别是当时流行的阴阳五行学说和天文历法的发展，都对易学和中医的形成产生了同样重要的影响，打上了深深的时代烙印。

2. 天人合一，整体观念

如何看待人和自然的关系，如何看待部分和整体的关系，这是一个大的哲学问题，也是一个充满辩证法和智慧的问题。中华传统文化中的“天人合一”思想，是中华传统文化思想的要义和精髓，体现了中华民族的极高生存智慧。国学大师钱穆先生到晚年曾有这样的感慨：“中国文化中，‘天人合一’观，虽是我早年已屡次讲到，惟到最近始彻悟此一观念实是整个中国传统文化思想之归宿处……我深信中国文化对世界人类未来求生存之贡献，主要亦即在此。”我们常说的“天人合一”思想，实际上包含着敬天、畏天、顺天、契天、则天和参天等诸多内容，总之就是人和大自然是一个不可分割的整体，一荣俱荣，一损俱损。《周易》是“天人合一”思想的一个重要源头。《易传》中说：“夫大人者，与天地合其德，与日月合其明，与四时合其序，与鬼神合其吉凶，先天而天弗违，后天而奉天时。天且弗违，而况于人乎，况于鬼神乎？”又说：“昔者圣人之作《易》也，将以顺性命之理。是以立天之道曰阴与阳，立地之道曰柔与刚，立人之道曰仁与义。兼三才而两之，故《易》六画而成卦。”《周易》认为，天、地、人统称“三才”，是一个密不可分的有机整体。

受《周易》等经典著作的影响，中医把“天人合一”作为整个学说的理论基础。《黄帝内经》中说："天覆地载，万物悉备，莫贵于人。人以天地之气生，四时之法成。……人生于地，悬命于天，天地合气，命之曰人，人能应四时者，天地为之父母。"又说："阴阳四时者，万物之终始也，死生之本也，逆之则灾害生，从之则苛疾不起，是谓得道。"还说："因于露风，乃生寒热。是以春伤于风，邪气留连，乃为洞泄；夏伤于暑，秋为痎疟；秋伤于湿，上逆而咳，发为痿厥；冬伤于寒，春必温病。四时之气，更伤五藏。"因此，几千年的中医临床，都把顺应自然作为养生的第一法宝，把因时用药视为不变的箴言。

和"天人合一"思想相一致的是整体观念。从《黄帝内经》开始，中医就不仅把人和自然视为一个整体，同样把人的身体也视为一个有机联系的整体，《黄帝内经》中说："心者，君主之官也，神明出焉。肺者，相傅之官，治节出焉。肝者，将军之官，谋虑出焉。胆者，中正之官，决断出焉。膻中者，臣使之官，喜乐出焉。脾胃者，仓廪之官，五味出焉。大肠者，传道之官，变化出焉。小肠者，受盛之官，化物出焉。肾者，作强之官，伎巧出焉。三焦者，决渎之官，水道出焉。膀胱者，州都之官，津液藏焉，气化则能出矣。"又说："凡此十二官者，不得相失也。"因此，中医看病不是头痛医头、脚痛医脚，而是从系统和整体上找出发病的原因，"病在上者下取之，病在下者高取之"。如头晕目眩，这可能并不是头和眼睛的问题，而是肝风上扰所致，应该平肝熄风，从根本上给予治疗。再如失眠多梦，这可能并不是神经系统的问题，而是心肾不交所致，应该缓解心火，滋补肾阴，身心交泰了自然睡觉安稳。中医认为，人体的某个部位或器官出现了疾病，可能并不只是这个部位或器官出现了问题，而是有关的整个系统出现了问题，甚至是人的整个身体出现了问题。那么，在治疗上也不能就事论事，只是对症治疗，而是要扶正祛邪，从调理人的整个机体上着手。

运用整体的观念进行诊病和治病，这是中医的一大特色，也是其优势所在。但是，对于中医的这种整体观，一直是有争议的。特别是拿它和西医来比，拿它用现代的科学技术来衡量，很多人认为它太模糊、不精准、太落后、不科学，进而对中医表示怀疑。笔者认为，中医在诊病治病中所秉持的这种整体观念，是一种早熟的系统论思想，它不仅不落后，而且是超前的，中医几千年的有效实践，就证明了它的正确性。著名科学家钱学森说得好：西医的思维方式是分析的、还原论的，中医的思维方式是系统论的；科学已从分析时代进入系统时代，中医的思维方式更符合现代科学思维的发展方向，西医的思维方式也要走到系统论的道路上来；人体是开放的复杂巨系统，人体科学和医学研究都需要系统观点和系统方法，而这正是中医的思维方式。(《论人体科学》)

3. 辨理阴阳，易医纲常

确立阴阳的概念，把宇宙万事万物划分为阴和阳两大类，并进而探索阴阳两者的相互关系和发展变化规律，这是先民的一项伟大发明和创造，是中华传统文化的理论基础，今天仍然有着重大的现实意义。阴阳两分法，就是质之于当今人类高度发达的自然科学，也仍然有其合理性和前瞻性。《周易》就是一部专讲阴阳和阴阳变化的典籍，这正如《庄子》中所说：“易以道阴阳。”《易·系辞》云：“一阴一阳之谓道”，是的，阴爻（--）和阳爻（—），这两个卦画和符号，就是《易经》这座大厦的两块基石。大家知道，《易经》中《乾》《坤》两卦最关键、最重要，因为《乾》就是代表阳，《坤》就是代表阴。《易传》中说：“《乾》《坤》，其《易》之门邪？乾，阳物也；坤，阴物也。阴阳合德，而刚柔有体，以体天地之撰，以通神明之德。”这里的所谓“阴阳合德”，就是指阴阳的相互作用和平衡。《易传》中还说：“易有太极，是生两仪，两仪生四象，四象生八卦。”这里的“两仪”，就是指阴、阳。

借鉴应用《周易》的哲学思想，中医把阴阳学说作为其整个理论的基础，阴阳的思想贯穿于中医的防病、诊病和治病过程。中医界有一句名言：不辨阴阳，终生瞎忙。就是说的阴阳学说在中医中的重大作用。《黄帝内经》中说：“阴阳者，天地之道也，万物之纲纪，变化之父母，生杀之本始，神明之府也。”中医认为，不仅人和大自然之间有阴阳变化的关系，而且人体本身到处都充满着阴阳变化的现象。《黄帝内经》中说：“是故内有阴阳，外亦有阴阳。在内者，五脏为阴，六腑为阳；在外者，筋骨为阴，皮肤为阳。”在大量的临床实践中，中医又总结出阴阳相互制约、互根互用、相互转化、消长平衡、阴病治阳、阳病治阴等规律。总之，中医认为人的健康就是阴阳平衡，阴阳失衡就会生病乃至死亡，治病的要害就是调和阴阳，

中医对《周易》不仅有借鉴和应用，而且有发扬和创新。中医在《周易》四象（太阳、少阴、少阳、太阴）的基础上，所提出的三阴（太阴、少阴、厥阴）和三阳（太阳、少阳、阳明）等理论，就是一个典型的例子。“三阴”“三阳”思想极大地丰富了中医的理论，而且

在临床上有重大的指导意义。那么，“三阴”“三阳”的实质是什么呢？《黄帝内经》中说得好：“阴阳之气各有多少，故曰三阴三阳也。”又说：“气有多少，异用也。”《黄帝内经》还对“阳明”和“厥阴”专门做了具体解释：“阳明何谓也？岐伯曰：两阳合明也。帝曰：厥阴何也？岐伯曰：两阴交尽也。”后来，张仲景根据“三阴”“三阳”的思想，创造性地提出了“六经辨证”，成为一千多年中医临床上的指南。

4. 观象比类，易医之魂

观象和比类是中国古代哲学思维的一大特点，更是《周易》和中医的精髓。《周易》中说：“古者包牺氏之王天下也，仰则观象于天，俯则观法于地，观鸟兽之文与地之宜，近取诸身，远取诸物，于是始作八卦，以通神明之德，以类万物之情。”又说：“ 圣人立象以尽意，设卦以尽情伪。”还说：“易者，象也；象也者，像也。”古圣先贤观物取象，是为了比类和推演。《周易》中说：“君子以类族辨物。”又说：“方以类聚，物以群分。”那么，究竟应该如何取象比类呢？《周易》中也有明确的论述：“同声相应，同气相求。水流湿，火就燥。云从龙，风从虎。圣人作而万物睹。本乎天者亲上，本乎地者亲下，则各从其类也。”正是基于这样的思维方式和判断，古圣先贤把天下万事万物共分为八个大的类别，即天、地、雷、风、水、火、山、泽，也即是八卦：乾、坤、震、巽、坎、离、艮、兑。这样，最终就达到了“触类而长之，天下之能事毕矣”的目的。

和《周易》的思维方式一样，《黄帝内经》中也有丰富的取象比类思想。《黄帝内经》中说：“五脏之象，可以类推者。”王冰在注释这句话时说："象，谓气象也。言五脏虽隐而不见，然其气象性用，犹可以物类推之。何者？肝象木而曲直，心象火而炎上，脾象土而安静，肺象金而刚决，肾象水而润下。夫如是，皆大举宗兆，其中随事变化，象法傍通者，可以同类而推之尔。"《黄帝内经》中又说："东方青色，入通于肝，开窍于目，藏精于肝，其病发惊骇；其味酸，其类草木，其畜鸡，其谷麦。其应四时，上为岁星，是以春气在头上，其音角，其数八，是以知病之在筋也，其臭臊。南方赤色，入通于心，开窍于耳，藏精于心，故病在五藏；其味苦，其类火，其畜羊，其谷黍，其应四时，上为荧惑星，是以知病之在脉也，其音徵，其数七，其臭焦。"

在《周易》《黄帝内经》取象比类思想的指引下，经过大量的临床实践，最终建立起系统的中医脏象理论。中医的脏象学说不仅具有重大的理论价值，而且一直卓有成效地指导着临床实践，在诊断和治疗中发挥着不可替代的作用。关于"藏象"一词的解释，先儒有不少说法，如说："象，形象也。藏居于内，形见于外，故曰藏象。"还有的说："夫脏在内而形之于外者可阅，斯之谓脏象也。"笔者认为，对于"藏象"概念解释，还是《黄帝内经》最为深刻和精准。总之，所谓"藏象"理论，它的最大特点就是由表及里，以外知内，据此断彼，这在科学技术还不太发达的农耕文明时代，实际上是一种最先进、最合理的诊病治病方法，在今天也仍然焕发着辩证法的光辉。

5. 易尚变易，医贵当机

《周易》是讲变化之道的。虽然易有三义：简易、变易和不易，但其中最重要的是变易。就是说，学习《周易》，最终是要学会如何在变易中分析事物、把握事物和应对事物。《周易》中说："《易》之为书也不可远，为道也屡迁，变动不居，周流六虚，上下无常，刚柔相易，不可为典要，唯变所适。"又说："《易》穷则变，变则通，通则久。"还说："知变化之道者，其知神之所为乎？"

《黄帝内经》也特别强调变化之道，如《素问》中说："成败倚伏生乎动，动而不已，则变作矣。"又说："阳盛则热，阴盛则寒"，认为身体和疾病时时处在变化之中。《怡堂散记》中说："医者，意也。临症要会意，制方要有法，法从理生，意随时变，用古而不为古泥，是真能用古者。"大家知道，中医奉行的是辨证施治，但辨证施治的精髓就是因人、因病、因时制宜，用发展变化的眼光看待疾病和证候，临机处置，一人一策，一病一方。如辨证施治中所常用的标本之治、正治反治、扶正祛邪、三因制宜等，都是变易和当机指导思想的具体表现。我们吃西药有时一吃就是几年，如降压药、降糖药等，也没有调整和变化。但谁见过一个中药方，能吃上三个月而没有调整变化的。因为中医认为人身和疾病随时都在变化，用药当然不能一成不变。

6. 引离入坎，水火《既济》

八卦和六十四卦卦象都蕴含着丰富的哲理，中医把几乎所有的卦象都引用到自己的理论中，用以说明身体的变化和疾病的治疗原则。中医对其中的坎☵、离☲两卦尤其重视，在理论上研究的成果最多，在临床上也应用得最广泛。这可能是因为坎代表水、代表肾，离代表火、代表心，而心、肾是人体的两个重要器官，心肾的交泰又是人体健康的重要标志。我们先看《周易》是如何看待和处理坎、离这两卦之间关系的。我们知道，六十四卦是由八经卦乾、坤、坎、震、巽、离、艮、兑相重叠而组成的。那么，坎（☵）卦和离（☲）卦两两整体相叠加，就会得出两个六卦画的别卦，它们是《既济》（䷾）和《未济》（䷿）。《既济》（䷾）卦是坎在上、离在下，也就是水在上、火在下，《周易》认为《既济》是一个好的卦象，它标志着物的和谐和成功。《未济》（䷿）卦是离在上、坎在下，也就是火在上、水在下，《周易》认为《未济》是一个不好的卦象，它标志着事物的失衡和不顺。那么，为什么火在上、水在下就不好呢？是因为火性炎上，只向上升，这样，火和下面的水就失去了交流和融合的机会，因此事物就失去了相互作用和平衡。相反，水在上、火在下则象征着平衡和吉利，因为火向上升，就能和上面的水相互交流，相互作用，使事物达到融合和平衡。我们的日常生活也提示，只有水在上、火在下，才能够烧水做饭，保证我们的一日三餐。

中医认为，心和肾的关系，最重要的是保持心肾交泰。大量的临床经验表明，凡是心肾不交的患者，大都心烦易怒，胆怯惊恐，头痛目眩，腰酸膝软，失眠多梦，十分痛苦。那么，如何医治心肾不交呢？中医根据坎卦、离卦所反映出的阴阳、水火关系，以引火归元为总的治疗原则，最终实现由《未济》达到《既济》，即由心肾不交变为心肾交泰。当然，在临床上还要依据患者的具体情况而施治。如属水亏火旺型，则宜兴水利火，可用黄连阿胶汤，以黄连、黄芩直折心火，阿胶补其肾阴，一泻一补，调节坎水离火之升降，实现心肾相交。如果患者为肾阳虚，心火上亢，则宜温补肾阳，清泻心火，方用交泰丸。交泰丸中黄连苦寒，直折上炎之心火，引火下行归元；方中肉桂辛甘大热，温补命门，鼓舞肾气上升，最终达到水火既济和心肾交泰的状态。

另外，中医根据坤（☷）卦卦象意蕴，对脾病治疗的探索；根据震（☳）卦卦象意蕴，对少阳病治疗的探索，都是很有临床意义的。另外，中医还根据《周易》十二辟卦（十二消息卦）卦象和相互爻变关系，探索不同季节和月份人体变化情况，分析在不同情况下人体气血升降规律，都是很有价值的。

7. 方位与时，易医所重

《周易》和中医都重视方位和时间，都把方位和时间作为自己学说的要素，都在一定的时空框架下来阐发自己的理论。我们先说方位。大家知道，《周易》分先天八卦和后天八卦，先天八卦和后天八卦在理论和实践上都有不同的价值和作用，但先天八卦和后天八卦的区别，则主要在于八卦所分布的方位不同。先天八卦的方位是：乾南、坤北、离东、坎西、兑东南、震东北、巽西南、艮西北；后天八卦的方位是：离南、坎北、震东、兑西、巽东南、艮东北、坤西南、乾西北。《易传·说卦》中还有这样的论述："万物出乎震，震东方也……离也者，明也，万物皆相见，南方之卦也；圣人南面而听天下，向明而治，盖取诸此也。坤也者，地也，万物皆致养焉，故曰'致役乎坤'。兑，正秋也，万物之所说也，故曰'说言乎兑'。战乎乾，乾西北之卦也，言阴阳相薄也。坎者，水也，正北方之卦也，劳卦也，万物之所归也，故曰：'劳乎坎'。艮，东北之卦也。万物之所成终而成始也，故曰'成言乎艮'。"《周易》认为，万物的性质都和它所在的方位有关，任何事件的发生也都与一定的方位有联系。

《黄帝内经》对方位和人体的关系进行了详细的论述，如《素问》中说："故东方之域，天地之所始生也，鱼盐之地，海滨傍水。其民食鱼而嗜咸，皆安其处，美其食。鱼者使人热中，盐者胜血，故其民皆黑色疏理，其病皆为痈疡，其治宜砭石。故砭石者，亦从东方来。西方者，金玉之域，沙石之处，天地之所收引也。其民陵居而多风，水土刚强，其民不衣而褐荐，其民华食而脂肥，故邪不能伤其形体，其病生于内，其治宜毒药。故毒药者，亦从西方来。北方者，天地所闭藏之域也，其地高陵居，风寒冰洌……故灸焫者，亦从北方来。南方者，天地所长养，阳之所盛处也，其地下，水土弱，雾露之所聚也。其民嗜酸而食腐，故其民皆致理而赤色，其病挛痹，其治宜微针。故九针者，亦从南方来。中央者，其地平以湿，天地所以生万物也众。其民食杂而不劳，故其病多痿厥寒热，其治宜导引按跷。故导引按跷者，亦从中央出也。故圣人杂合以治，各得其所宜。故治所以异而病皆愈者，得病之情，知治之大体也。"中医还把人的脏腑和方位相联系：大肠对应东北方，肝脏对应东方，胃对应东南方，心脏对应南方，脾对应西南方，肺对应西方，小肠对应西北，肾脏对应北方。

我们现在说时间。《易传》中说："凡益之道，与时偕行。"又说："大亨贞，无咎，而天下随时，随时之义大矣哉。"还说："日中则昃，月盈则食，天地盈虚，与时消息。"《周易》在进行占筮时，时间是一个重要的因素，吉时即吉，凶时则凶。如《蛊》卦中说："元亨，利涉大川，先甲三日，后甲三日。"《巽》卦中说："贞吉，悔亡，无不利。无初有终，先庚三日，后庚三日，吉。”我们常说的象数易，完全建立在年、月、日、时等基础之上，离开年、月、日、时，就没有现在的象数易体系。

《黄帝内经》中说：“夫百病者，多以旦慧、昼安、夕加、夜甚。……春生夏长，秋收冬藏，是气之常也，人亦应之。以一日分为四时，朝则为春，日中为夏，日入为秋，夜半为冬。朝则人气始生，病气衰，故旦慧；日中人气长，长则胜邪，故安；夕则人气始衰，邪气始生，故加；夜半人气入藏，邪气独居于身，故甚也。”又说：“春气在经脉，夏气在孙络，长夏气在肌肉，秋气皮肤，冬气在骨髓中。”还说：“正月、二月，天气始方，地气始发，人气在肝；三月、四月，天气正方，地气定发，人气在脾；五月、六月，天气盛，地气高，人气在头；七月、八月，阴气始杀，人气在肺；九月、十月，阴气始冰，地气始闭，人气在心；十一月、十二月，冰复，地气合，人气在肾。”中医还根据《周易》中的“七日来复”的思想，在病变、诊断和用药等方面，也大都以“七日”为限。

8. 五运六气，易医之妙

根据《周易》天人合一和阴阳互补思想，中医从《黄帝内经》开始，逐渐创立了“五运六气”学说。五运六气学说既是整个中医的重要理论基础，也是广大中医工作者的必备知识。不懂五运六气，就很难说是一个合格的中医大夫，那么，什么是五运六气呢？所谓五运，就是金、木、水、火、土，俗称“五行”，用五行配以天干，然后用它来测定每年的岁运。所谓“六气”，就是风、暑、湿、火、燥、寒六种气候，各配以地支，用它来预测每年四季中的气候变化。“五运”，也称为“地气”；“六气”，也称为“天气”。这样，综合运用“地气”和“天气”，就可以预测每年和各个季节的气候变化，进而推知岁时对人体和疾病发生的影响，以便有针对性地进行防范和救治。

《黄帝内经》中说：“甲己之岁，土运统之；乙庚之岁，金运统之；丙辛之岁，水运统之；丁壬之岁，木运统之；戊癸之岁，火运统之。”这就是五运六气学说推算大运的基本方法。大运就是岁运，有时也称“中运”。《黄帝内经》中又说：“子午之岁，上见少阴；丑未之岁，上见太阴；寅申之岁，上见少阳；卯酉之岁，上见阳明；辰戌之岁，上见太阳；巳亥之岁，上见厥阴……厥阴之上，风气主之；少阴之上，热气主之；太阴之上，湿气主之；少阳之上，相火主之；阳明之上，燥气主之；太阳之上，寒气主之。”这里就分得更细了，而且把气候的变化和人体疾病的变化联系在一起。比如明年是癸卯年，大运就是火运，六气就是阳明燥金。根据年干奇偶和岁运太过和不及的关系，指导癸卯年的大运为“不及”，即其火势不算太旺，故对年支阳明燥金的克制不会太狠。因此，癸卯年的气候对人体总的来看还是可以的。当然，五运六气对气候和疾病的预判，不是笼统地只说一年的，而是对每个季度、每个月份、每个节气都有分析。也不是笼统地只说对人的身体有什么影响，而是具体到究竟对人体的哪个脏腑有什么影响。

9. 子午流注，灵龟八法

针灸是中医治病的一个重要手段，它在临床上有简便、经济和见效快的特点，历来为医者和患者所推崇。针灸术中的子午流注和灵龟八法等，都是依据《周易》的阴阳、八卦和河图、洛书等思想而创立的。所谓子午流注，就是以时间的不同作为取穴行针的依据，因为子、午在十二时辰中有代表性，故以此名之。古时夜半为子时，子为至阴，阴极一阳生，子时则气升；清晨为卯时，阴气渐消阳气渐长；日中为午时，午时为至阳，阳极一阴长，午时则气降；黄昏为酉时，阳渐消，阴渐长。子午流注还有纳甲法和纳支法，将十二经络、五脏六腑、三百多个穴位和阴阳消长情况，通盘考虑，以达到针灸治疗的最佳效果。子午流注针灸法还有很多歌诀，便于人们熟记和应用。如：肺寅大卯胃辰宫，脾巳心午小未中，申膀酉肾心包戌，亥焦子胆丑肝通。再如：甲日戌时胆窍阴，丙子时中前谷荥。戊寅陷谷阳明俞，返本丘墟木在寅。庚辰经注阳溪穴，壬午膀胱委中寻。甲申时纳三焦水，荥合天干取液门。

所谓“灵龟八法”，就是以人体的奇经八脉的八穴从八卦中阴阳的演变而构成按时取穴和定时取穴的针灸方法，也称奇经纳甲法。八卦中的方位，配合着八脉中的每一脉，又相通着八脉中的每一穴，每脉每穴都有一个代表它的数字，这就是九宫数，也就是洛书数。九宫数的特点是：“戴九履一，左三右七，二四为肩，六八为足，而五居其中 。”九宫的数字和方位，代表了一年四季气候的变化和每天光热强度的高低。《针灸大成》中有一首歌诀：“坎一联申脉，照海坤二五，震三属外关，巽四临泣数，乾六是公孙，兑七后溪府，艮八系内关，离九列缺主。”以左为东震方是三数，右为西兑方是七数，上为南离方是九数，下为北坎方是一数。这些数字是从东面自左向上、向右、再向下顺序旋转由三相乘而得来的。东方是三，三三得九，南方即为九数；三九二十七，西方即为七数；三七二十一，北方即为一数；一三得三，东方仍为三数。这些都是奇数，属于阳性。天为阳左转，所以阳数从三到九，从九到七，从七到一。这象征着日出东方，落于西方，随着这些数字的增减变化，也标志一年和一天的气候变化。如以一天的气候变化来说，东方的三数代表黎明，转到九数是中午，七是下午，一则是夜间。地为阴右转，其数理也有类似的性质。这种以阳左转、阴右转的循环，不仅表示寒去暑来、昼返夜往的自然规律，还标志着阴阳消长、动静、盛衰、升降、生死等有关情况。中医就是将这些原理纳入临床实践，确定何时取穴，决定针法是补还是泻，决定捻针的次数和方向。

10. 元亨利贞，汤丸膏方

《周易》的思想不仅对中医的理论有很大影响，对中医的治疗和药方也有一些启发。现举几个例子：（1）交泰丸，《泰》卦乾下坤上，乾为天、为阳，坤为地、为阴。天阳上升，地阴下降，天地相交，万物通泰。《四科简效方》载："生川连五钱，肉桂心五分。研细，白蜜丸。空心淡盐汤下。治心肾不交，怔忡无寐，名交泰丸。"（2）坎离既济丸。《万病回春》中记载："坎离既济丸治阴虚火动、劳瘵之疾。当归酒洗，六两，南川芎一两，白芍酒炒，三两，熟地黄酒蒸，生地黄酒洗，天门冬去心，麦门冬去心，各四两，五味子三两，天药二两，山茱萸酒蒸，去核，四两，牛膝去芦，酒洗，四两，黄柏去粗皮，九两，酒炒三两，蜜水炒三两，盐水炒三两，知母去毛，酒浸二两，盐水二两，浸龟板去边，酥炙脆，微黄色，三两，用卜者钻过多。"（3）三才封髓丹。此丹最早见于《卫生宝鉴》："降心火，益肾水。滋阴养血，润补下燥。天门冬去心，熟地黄、人参各半两，黄柏三两……"《医方集解》中对三才封髓丹有这样的解释："此手足太阴少阴药也。天冬以补肺生水，人参以补脾益气，熟地以补肾滋阴。以药有天地人之名，而补亦在上中下之分，使天地位育，参赞居中，故曰三才也。"

（二）

在中国古代知识分子中，有些人既精通易理，又擅长医道，这些人深知易医同源之旨，自觉地把《周易》和中医结合起来。正是这些人的存在，把易医的融合不断加深，把易医的相互促进不断加强，把易学和中医的共同发展不断提高到新水平。下面就选几位代表性人物，介绍给读者诸君。

1. 巢元方

巢元方（550—630），隋朝医学家，曾任太医博士、太医令。他主持编撰的《诸病源候论》一书，是中国第一部论述疾病成因和证候的专著，在中医发展史上占有重要位置。巢元方对易医结合的贡献，主要体现在以下几点：（1）用《周易》的天人合一思想解释生命现象。《诸病源候论》中说："人处三才之间，禀五行之气，阳施阴化，故令有子。"又说："人禀阴阳而生，含血气而长。"（2）用《周易》中的阴阳和谐思想论证病机和病理。《诸病源候论》中说："阴阳不利，邪气乘之。"又说："虚劳而热者，是阴气不足，阳气有余，故内外生于热，非邪气从外来乘也。""劳伤则血气虚，使阴阳不和，互有胜弱故也。阳胜则热，阴胜则寒，阴阳相乘，故发寒热。"（3）用卦气和升降说预判一年疾病发生规律。《诸病源候论》中说："从春分以后至秋分节前，天有暴寒者，皆为时行寒疫也，一名时行伤寒。此是节候有寒伤于人，非触冒之过也。若三月、四月有暴寒，其时阳气尚弱，为寒所折，病热犹小轻也；五月、六月，阳气已盛，为寒所折，病热则重也；七月、八月，阳气已衰，为寒所折，病热亦小微也。"（4）用后天八卦解释四时八方对人体的影响。《诸病源候论》中说："西北方乾为老公，名曰金风……此风奄奄忽忽，不觉得时，以经七年，眉睫堕落。东风震为长男，名曰青风……东北方艮为少男，名曰石风……北风坎为中男，名曰水风……西南方坤为老母，名曰穴风……东南方巽为长女，名曰角风……南方离为中女，名日赤风……西方兑为少女，名曰淫风……其状似疾，此风已经百日，体内蒸热，眉发堕落。"

2. 孙思邈

孙思邈（581—682），京兆华原（今陕西铜川）人，隋末唐初著名医学家，号称药王。孙思邈精通内、外、妇、儿、五官等各科，治病不分富贵贫贱，一视同仁，活人无数。孙思邈著作甚丰，尤以《千金要方》和《千金翼方》影响巨大。孙思邈把易和医的关系提到了一个新高度，他的传世名言是："不知《易》，不足以言太医。"这句话，不知鼓励了多少中医郎中到《周易》里去寻找启示和智慧。孙思邈在《大医习业》中告诫大家："凡欲为大医，必须谙《素问》《甲乙》《黄帝针经》……又须妙解……《周易》六壬，并须精熟，如此乃得为大医。若不尔者，如无目夜游，动致颠殒。"孙思邈既注重治病，更提倡防病和养生，很多史料上记载，说孙思邈活到了一百五十多岁。孙思邈所推崇的养生之道，最重要的就是《周易》中所说的“天人合一”和阴阳平衡。孙思邈是一位严谨的医学家，但他在治病时并不排斥和易学有密切关系的祝由术，把祝祷和心理暗示也作为临床治疗的手段之一。

3. 王冰

王冰（710—805），号启玄子，里居籍贯不详。王冰曾做过太仆令，故世称王太仆。王冰对祖国医学的最大贡献，是他呕心沥血十二年，增补删正和注释了《黄帝内经》。我们今天能够看到一部基本无讹的《黄帝内经》，应该感谢这位王太仆。王冰在整理和注疏《黄帝内经》时，把他对《周易》思想的理解也贯穿其中。如在注释《阴阳应象大论》“阴阳者，天地之道也”时说：“《周易·系辞》：一阴一阳之谓道，此之谓也。”在注释“神明之府也”时说：“府，宫府也。言所以生杀变化之多端者何哉？以神明居其中也。……故《易·系辞》曰：阴阳不测之谓神，亦谓居其中也。”再如注释《三部九候论》“九候之脉，皆沉细悬绝者为阴，主冬，故以夜半死。盛躁喘数者为阳，主夏，故以日中死”时说：“位无常居，物极则反也。乾坤之义，阴极则龙战于野，阳极则亢龙有悔，是以阴阳极脉，死于夜半日中也。”王冰在易医结合上最大的亮点，还是他在整理和注释《黄帝内经》时，丰富和完善了“五运六气”学术体系，使其在之后的一千多年临床上发挥着不可取代的作用。

4. 朱震亨

朱震亨（1281—1358），字彦修，世称丹溪先生，浙江义乌人。金元时期是中国医学高度发达的时期，先后涌现出著名的金元四大家，即刘完素、张从正、李杲、朱震亨，以朱震亨成就最大。朱震亨学医是半路出家，他先随朱熹的四传弟子许谦学习理学，年近四十才专心学医。朱震亨不仅医术精湛，他的著作也很多，如《格致余论》《局方发挥》《金匮钩玄》《本草衍义补遗》等，还有后人整理的《丹溪心法》和《丹溪心法附余》。朱震亨对中医的最大贡献，是提出了“相火论”和“阳常有余，阴常不足”的理论，并把它成功地应用于临床。而朱震亨的这些医学思想的形成，无一不来源于《周易》和《黄帝内经》。

所谓“相火”，就是指肝肾之火。因为心为君，心火为君火，肝肾相对于心即为臣相。这种五脏六腑之间的君臣关系，在《周易》中早有明论。朱震亨正是根据《周易》中君主静、臣主动的思想，认为肝肾容易妄动，即相火随时生发，提出在临床上要高度重视相火的病机和调理。朱震亨“阳常有余、阴常不足”的思想，是受了《周易》的“太极动而生阳、静而生阴”“吉凶悔吝者，生乎动者也”的启示。人是动物，当然是动多静少，动而易作，静而难守。因为动而生阳，故阳气常盛，而阴气不足。根据这种理论，在临床上就要注重滋阴补阴，以达到阴阳平衡，保证身体的康健。

5. 张介宾

张介宾（1563—1640），字会卿，号景岳，因治病善用熟地黄，民间称为“张熟地”，浙江绍兴人。张介宾是明代杰出的医学家，被誉为“仲景以后，千古一人”。张介宾用三十多年的功夫，著成《类经》，对《黄帝内经》分门分类地进行解说，后又专著《类经图翼》和《类经附翼》，着重在易和医的关系上进行阐发。张介宾把易医结合推向了一个新阶段，可以说是中国古代这方面的集大成者，对后世影响巨大。

张介宾认为“易医相通，理无二致”，学医者必须要精通易理。他在《类经附翼》中说：“乃知天地之道，以阴阳二气而造化万物。人生之理，以阴阳二气而长养百骸。易者易也，具阴阳动静之妙；医者意也，合阴阳消长之机。虽阴阳已备于《内经》，而变化莫大乎《周易》。故曰天人一理者，一此阴阳也，医易同原者，同此变化也。”又说：“神莫神于易，易莫易于医，欲该医易，理只阴阳。故天下之万声，出于一阖一辟；天下之万数，出于一偶一奇；天下之万理，出于一动一静；天下之万象，出于一方一圆。方圆也，动静也，奇偶也，阖辟也，总不出于一与二也。”张介宾强调：“《易》之为书，一言一字，皆藏医学之指南；一象一爻，咸寓尊生之心鉴。……天之变化，观易可见；人之情状，于象可验；病之阴阳，有法可按。”张介宾还认为，天地之理是“外易”，人的身心变化是“内易”，“内易”比“外易”更为重要，医者的当务之急就是揭示人体内部的变易之理。他说：“内外孰亲？天人孰近？故必求诸已而后可以求诸人，先乎内而后可以及乎外。是物理之易犹可缓，而身心之易不容忽。医之为道，身心之易也；医而不易，其何以行之哉！”又说：“易天地之易诚难，未敢曰斡旋造化；易身心之易还易，岂不可变理阴阳，故以易之变化参乎医，则有象莫非医，医尽回天之造化；以医之运用赞乎易，则一身都是易，易真系我之安危。予故曰易具医之易，医得易之用。”

张介宾还运用《周易》中阴阳五行、八卦和河图洛书等思想，对人体的病理、病机和诊治进行一些具体的探索。如他在《类经附翼》

中说："是常者易之体，变者易之用。古今不易易之体，随时变易易之用，人心未动常之体，物欲一生变之用。由是以推，则属阴属阳者，禀受之常也；或寒或热者，病生之变也。素大素小者，脉赋之常也；忽浮忽沉者，脉应之变也。恒劳恒逸者，居处之常也；乍荣乍辱者，盛衰之变也；瘦肥无改者，体貌之常也；声色顿异者，形容之变也。常者易以知，变者应难识。……是以圣人仰视俯察，远求近取，体其常也；进德修业，因事制宜，通其变也。故曰不通变，不足以知常；不知常，不足以通变。知常变之道者，庶免乎依样画瓠卢，而可与语医中之权矣。"又说："余及中年，方悟补阴之理，因推广其义，用六味之意，而不用六味之方，活人应手之效，真有不能尽述者。夫病变非一，何独重阴？有弗达者，必哂为谬，姑再陈之，以见其略。如寒邪中人，本为表证，而汗液之化，必由乎阴也；中风为病，身多偏枯，而筋脉之败，必由乎阴也。虚劳生火，非壮水何以救其燎原？泻泄正阴，非补肾何以固其门户？臌胀由乎水邪，主水者须求水脏；关格本乎阴虚，欲强阴舍阴不可。此数者，乃疾病中最大之纲领，明者觉之，可因斯而三反矣。故治水治火，皆从肾气，此正重在命门，而阳以阴为基也。"还说："六十四卦列于外，昭阴阳交变之理也；太极独运乎中，象心为一身之主也。乾南坤北者，象首腹之上下也；离东坎西者，象耳目之左右也。"

6. 章太炎

章太炎（1869—1936），原名学乘，字枚叔，后易名为炳麟，浙江余杭人。太炎先生是近代中国著名的革命家、思想家和学者，他的学问博大精深，超迈古今，涉及音韵文字学、经学、诸子学、史学、文学、哲学、佛学，这是大家所共知的，但太炎先生在医学上的高深造诣和卓越建树，却少有人知。其实，太炎先生在医学上的成就，不在他的任何一门学术研究之下。这一点，在当时的医学界是有共识的，因此很多医学院和学校都公推他任院长和校长，很多医学界的翘楚都投奔在他的门下。当时，著名的医学家恽铁樵先生说："太炎先生为当代国学大师，稍知治学者，无不仰之如泰山北斗。医学乃其余绪，而深造如此，洵奇人也。"他把太炎先生的医学论著誉为"日月之出"。陆渊雷先生称赞太炎先生的医学是"发前古之奥义，开后学之坦途"。章次公医生说："先生于医，是以不求偏物，立其大者，立其小者，语必征实，说必尽理，所疏通证明者，而皆补前人所未举"，可以"悬之国门"。章太炎先生不仅有理论，也有临床经验，他既给很多普通百姓看过病，也给邹容、孙中山、黄兴等名人开过药方。

太炎先生出生于一个三代为医的世家，他的祖父、父亲和长兄，都是当地有名的中医。太炎先生的恩师俞樾，不仅是朴学大师，也深嗜医学，著有《内经辨言》一书，这一切都对章太炎学习医学提供了条件和帮助。据说，章太炎收藏的宋元时期的善本医学书籍就有几十种之多。太炎先生自己也承认，他一生用功最勤、成就最大的是医学，然后才是文字音韵学和经学等。太炎先生发表的医学论文，目前能见到的，也在一百篇以上。他对中医的四大经典均有考证和解说，分别作《论〈素问〉〈灵枢〉》《论〈伤寒论〉原本及注家优劣》《金匮玉函经校录》《论本草不始子仪》。在中国的医学典籍中，章太炎对《伤寒论》情有独钟，评价最高，他认为《伤寒论》乃"吾土辨析最详"之著作，"中医之胜于西医者，大抵《伤寒》为独甚"。

章太炎发表的有关《伤寒论》的论文达二十多篇，对王叔和、赵清常、林亿、宋文宪、柯韵伯、张隐庵、黄元御、陈修园诸家之注，一一进行评说，指出其优劣长短。章太炎对《伤寒论》中的脏腑经络、六经传变、三阴三阳病症的诊治，都提出了自己独到的见解。章太炎所处的时代，西医已经传入中国，他并不排斥西医，而且还进行了一些中西医结合的尝试，如他用中西医的知识解释细菌的形成和发病机理，用西医的淋巴腺系统解释中医的三焦学说。章太炎先生还很善于把他的医学理论运用到临床实践，并在实践中不断完善自己的理论。如1926年前后上海等地霍乱大流行，疫情十分严重，章太炎连续发表《劝中医审霍乱之治》《论霍乱证治》《再论霍乱之治》等多篇论著，指导人们有效地防治霍乱。太炎先生指出，首先要辨别真霍乱和假霍乱，他说："霍乱无有不吐利，而吐利不必皆霍乱。"他对霍乱开出的药方是："以四逆汤、通脉四逆汤救之……四逆汤二方，并以生附子为君，强其心脏，以干姜为臣，止其吐利。二者相合，脉自得通。"名医张赞臣盛赞章太炎先生对霍乱病的救治方案："服中药四逆汤、理中汤者二十六人，均得愈，而未亡故一人。"章太炎先生善定名号，我们今天挂在嘴上的"国学"一词，就是太炎先生最后议定的。据说"中华民国"也是孙中山根据太炎先生的建议而定为国号的。但是，大家不知道的是，很多疾病的名字也都是太炎先生酌定的，如"中风"、"痢疾"和"疝气"等。太炎先生还专门写过一篇文章，题目就是《对于统一病名建议书》。

中国有一个传统的说法，叫"不为良相，则为良医"，"上医医国，中医医人，下医医病"。这一点，在章太炎先生身上体现得特别充分，他是既医国，也医人。民间还有一类俗语，叫“秀才学大夫，钢刀切豆腐”“秀才学医，笼子里抓鸡”。这一点，在章太炎身上也得到了生动的体现。太炎先生之所以医术这么高明，之所以把医学这一“余绪”做得如此卓越，就是因为他有高深的学养，触类而旁通。因此，太炎先生也一直告诫后学，要想学好中医，必须要学好中华传统文化，到《周易》等经典里面去寻找智慧和启示。他在和沈瓞民先生的一次谈话中，就集中表达了自己对这一问题的思考：（1）《周易》八卦和《尚书·洪范》的九宫（是）有联系的，将前人的经验推算出来，就能得出中国农历气节二十四节气的演变，这是科学的，望能用系统排列，由阴阳代表一切事物矛盾的两个方面，可以说明很多问题。（2）（以）《周易》八卦与九宫五行为基础，演变出若干平衡关系，掌握其输传关系，可促进人体健康，这就是九宫平衡学理应用于医学。同时广泛应用，得出生克关系的平衡学理，可应用于其他科学中去。（3）阴阳平衡学理也就是一切事物都包含着阴阳，互相依附，互相依赖，互相吸引，互相斗争有矛盾，而且是不断生长而长大起来的。（4）日本人很会研究《周易》理论，在二三百年前曾将阴阳平衡学理得出一个初步设想。可惜走了弯路引到迷信方面去了。九宫平衡学理贯通阴阳平衡学理，实际二者是一回事，我们希望下一辈能花点功夫，必能得出结果。（5）要学习好中医基础理论概要，才能把九宫平衡学理，应用于医疗科学。〔《余杭文史资料（第二辑）·章太炎先生专辑》〕

7. 恽铁樵

恽铁樵（1878—1935），名树珏，别号冷风，江苏武进人，著名医学家。恽铁樵十六岁考中秀才，他曾任《小说月报》主编，编辑发表过鲁迅第一篇小说《怀旧》。使恽铁樵弃文从医的直接原因，是他因病连丧三子。当他的第四子又患重病时，延揽很多名医，但都不敢擅用经方，虽吃了很多药，孩子的病情仍日重一日。恽铁樵这时已有一些中医知识，他谓夫人曰：与其坐着等死，宁愿服药而亡。遂开一剂麻黄汤，结果孩子吃了两服药，病情就逐渐好转。从此，恽铁樵正式以医为业。恽铁樵是章太炎先生的好朋友，晚年竟住在太炎先生家，一生请益颇多。恽铁樵著作很多，计有《温病明理》《金匮方论》《临证笔记》等二十几种。但恽氏著作影响最大的，也是论述易医关系最充分的，是他所著的《群经见智录》。

恽铁樵认为，要想深刻理解《内经》的精髓，必须要研究《周易》，《群经见智录》中说："转为恒，回为奇，故奇恒回转，可为《内径》之总提纲。奇恒之道在于一，则'一'又为总纲之总纲。不明了此'一'字，千言万语，均无当也。欲明白此'一字'，非求之《易经》不可。"又说："《内经》常言'少壮老病已，生长化收藏'，此十字即《易》之精义。……古人虽不知有南北极，然早已洞明此理。故《内经》全书言四时，其著者如'彼春之暖，为夏之暑；秋之愤，为冬之怒'。如敷和、升明、备化、审平、静顺各纪之类。《易经》则曰：'法象莫大乎天地，变通莫大乎四时。'知万事万物无不变易，故书名曰《易》。知万事万物之变化由于四时寒暑，四时寒暑之变化由于日月运行。欲万物不变，非四时不行不可；欲四时不行，非日月不运不可。故曰：《易》不可见，则乾坤或几乎息矣，乾坤毁则《易》不可见矣。"四时为基础，《内经》与《易经》同建筑于此基础之上者也。恽铁樵还特别强调，《易经》和《内经》可以合起来读，这不仅可以相互启发，还可以相互补充，《群经见智录》中说：“吾言《易经》，欲以明《内经》也。《易》理不明，《内经》总不了了；《易》理既明，则《内经》所有、《易经》所无者，可以知其所以然之故。……此《内经》与《易经》吻合之处，非附会之谈，明眼人自能辨之。然两书有一节相同或一部分相同，亦事所恒有。若《内经》与《易经》则其源同也。欲知两书之同源，不当于两书同处求之，当于两书不同处求之。”又说：“是故《内经》之理论，即《易经》之理论。《内经》是否根据《易经》而作，无可考证。自古医卜并称，或者两书同时发生，亦未可知。”此外，恽铁樵还根据《周易》的思想，对人体的生老病死、新陈代谢、养生保健等，进行了论说和阐发。

（三）

近代以来，随着西学东渐，全盘西化的思潮一直暗流涌动，从根本上否定中华传统文化的言行也屡见不鲜。《周易》和中医，这对中华传统文化王冠上的两颗明珠，更是蒙尘受诟，命运多舛。《周易》成了封建迷信的代名词，在很长时间内谈易色变，大家避之如瘟神。中医则成了不科学和落后的象征，成了可有可无的鸡肋。1929 年，余云岫等人竟提出《废止旧医以扫除医事卫生之障碍》提案，后虽经社会各界强烈抗议，国民政府并没有批准这个提案，但它反映了中医所面临的严重困境。这里顺便说一下，余云岫曾是章太炎的学生。章太炎的另一个著名学生鲁迅，也对中医多有微词。就是太炎先生的老师俞曲园，虽是前清的进士，也曾对中医提出质疑，并著有《废医论》。这些情况表明，对中医的误解和不信任，并不是哪个人的问题，而是国势使然，世风使然。鸦片战争后，中国进入半封建半殖民地社会，积贫积弱，饱受列强欺凌，大家肯定要找原因。很多人把这个账记在了传统文化头上，认为它阻碍了中国社会的发展和强大。殊不知，正是这博大精深的中华传统文化，孕育了中华民族五千年辉煌，造就了汉唐盛世，曾使中国处于世界的前台和中央。中国近代的落伍，其原因是多方面的，绝不能简单地归咎于传统文化。

新中国成立后，国家非常重视中医事业发展，把它和西医放到同等重要的位置，还提倡中西医结合，号召中西医相互学习。经过半个多世纪的努力，中医药事业确实有了一定的发展。但是，因为中医自身的条件限制，面对着西医的严重挑战，面对市场经济的强烈冲击，中医仍处在相形见绌、举步维艰的困境。不要说社会上对中医有不同的声音，对中医抱有疑虑，就是很多从事中医药工作的人员，也对中医从根本上缺乏自信，对中医的独特价值和优势认识不够。我们经常看到这种现象，明明是中医大夫，诊病时不是靠望、闻、问、切，而是靠仪器和化验单。治病在开中草药的同时，还要开上很多西药，这些都是不自信的表现。实际上，中医药在几千年的发展历程中，兼容并蓄、创新开放、薪火相传、不断完善，形成了独特的生命观、健康观、疾病观、防治观，实现了自然科学和人文科学的融合和统一，蕴含了中华民族深邃的哲学和高超的智慧，为呵护炎黄子孙的生命和健康，发挥了至关重要的巨大作用，中医是被历史和实践证明了的有效医疗体系。我在《大中华赋》中这样评价和赞美中医："岐黄传寿道，《黄帝内经》《伤寒杂论》《本草纲目》，药散针砭除魔障；阴阳与虚实，望闻问切，扶正祛邪，温补清泻，中华医术可回春。"

在近几年的防治新冠病毒斗争中，中医药有着出色的表现，发挥了不可替代的作用，使人们大大增强了对中医药的信任感。据权威部门发布，中医药的总有效率在百分之八十以上。在治疗新冠肺炎中，中医具体发挥了以下三个方面的作用：一是对于轻型和普通型患者治疗，以中医药为主，特别是在改善患者的发热咳嗽和乏力等临床症状中发挥了很好的作用。二是对于重症患者，中西医结合在一起，通过使用一些中医药，在退高烧、促进肺部渗出的吸收方面，能够起到非常好的作用。三是对患者的康复治疗，中医药通过调理人的机体，能够使患者尽快恢复健康。

笔者认为，中医药今后要想有大的发展，要想能够发挥更大的作用，要想让有更多的人信服中医，还主要不是外部环境的营造，而是中医自身需要大的改革和创新，需要大的提升和完善，需要建立起一个适应时代发展的新的、更高的中医药体系。关于中医药今后的发展，笔者曾做过一些思考，现不揣浅陋以就正于方家：

第一，充分吸收《周易》等传统文化中的智慧，把中医基础理论建设再提高到新水平。中医之所以历经几千年而不衰，就是因为它有着自己的完整的理论体系。我不仅不同意"中医理论是落后"的这种说法，而且认为中医是一种超前和早熟的学术体系。但是，随着时代的发展，中医原有的理论和认知，需要进一步提升和创新，这也是不争的事实。我一直认为，中医今后的出路和前途，中医将来的价值和地位，很重要的因素取决于它在基础理论上的突破和发展。当然，中医要想实现基本理论的创新，谈何容易。能做这项工作的人，既要有较高的传统文化造诣，又要精通中医，还要熟悉西医和现代自然科学。笔者考虑，创新和提升中医基础理论，应该从以下三个方面入手：一是总结和反思几千年的中医临床实践，进一步找出有规律性的东西，调整中医的基本理论。二是继续从《周易》等传统文化中寻找智慧，随着对传统文化的再认识，为中医基础理论的再造提供新的营养。三是借鉴西医和现代自然科学知识，用新的参照系，提升中医基本理论的水平。

大家知道，中医和中华传统文化关系密切。中医的形成和发展，一直受到传统文化的孕育和灌溉。但是，中华传统文化是一个无尽的宝藏，这个宝藏随着时代的发展和认识的深化，可以展现出无限的可能性。比如中华传统文化中“和”的思想，它是中华传统文化的核心理念，它是中华民族的最高生存智慧，它也应该成为中医的一个基本原则。我在《大中华赋》中曾这样写道：“华夏探得至道，一个‘中’字协万理；神州获有大宝，一个‘和’字生万机。人与天合，阳光雨露春常在；人与人合，四海之内皆兄弟；人与己合，淡定从容心安泰。”据说在20世纪80年代，有一位外国学者问张岱年先生：“中国传统文化博大精深，您能否用少量的文字来概括它。”张先生回答说：“可以。三个字，致中和。两个字：中和。一个字：和。”我想，“和”的观念应该作为中医的一个基本理论，贯穿于中医诊病、治病的全过程。一个人的机体是健康的，那它就是“和”，出了毛病就是“失和”，或者说是“违和”，大夫看病就是“致中和”，或者说

“调和”。我们从事中医的人士，多少都知道一些阴阳平衡的道理。但是否真正把“和”的理念放在首要的位置，是否始终能用这个理念去观察和解决病情，则需要提高认识和下一些功夫。《春秋繁露》中说得好：“此中和常在乎其身，谓之得天地泰。得天地泰者，其寿引而长。”

第二，在学习研读经典上下功夫，培养一大批中医高端人才。振兴中医靠人才，人才靠教育。那么，教育靠什么呢？我的意见是：学深学透经典，在研读经典上下苦功夫。中医的经典，大家公认的主要有以下五种：《黄帝内经》《难经》《伤寒杂病论》《金匮要略》《神农本草经》。中医的经典著作虽然内容宏丰，包括对生命的认识、养生、诊病、治病、方剂、药性等，但它的文字并不多，总共也不超过25万字。我们完全有理由、有能力，把这些经典读透、熟记。在古代，很多习医的，这些中医经典都是要背过的。可是，现在的情形远远不是这样，学习中医的一些本科生，甚至是硕士生和博士生，对中医的经典并没有系统研读过，更不说能够原原本本地背过。我有一次给一所中医大学的学生讲课，听课的有本科生，也有研究生，我问同学们如何学习《黄帝内经》，他们说有《黄帝内经》节选课，所用的教材也是挑选的一些章节。我听后甚感诧异。《黄帝内经》是一个整体，作为中医专业的本科生和研究生，应该原原本本地学习《黄帝内经》，怎么能只靠节选课呢？我一直认为，要想学好中医，《黄帝内经》一定要原原本本地学，断章取义是不能够把握其精髓和要义的。再者，我也不赞成用《中医学基础》课来代替对经典的学习，《中医学基础》课虽然和中医经典有关，但它和经典相去甚远，不再是原汁原味，难有旨高趣远。读经典能读出自己的感受和体会，学习限定内容的教材，只会人云亦云，了解一些零星的知识。不独中医经典是这样，任何经典都是这样，它具有永恒性，具有被不断诠释和熔旧铸新的可能性，具有随时而变、应运而生的内在品质。要想学好中医，或者说要想在中医方面有所成就，除了在中医经典上下功夫外，实在是没有更好、更稳妥的办法了。

说到中医的人才培养，除正规学校的教育之外，还有一个不可忽视的渠道和途径，那就是师傅带徒弟。中国古代并没有我们今天这么多的中医大学，却名医辈出，人才济济。靠的是什么，靠的是师承，靠的是薪火相传，靠的是师傅带徒弟，靠的是名师出高徒。中医不同于西医，它是一个个性化很强的技艺，有很多东西只可意会，难以言传。只有长期的耳濡目染，长年累月地亲炙，才能从老一辈中医那里学到真经。我这里所说的师傅带徒弟，还不是指博导带博士、硕导带硕士，而是几十年跟定一个名医，功不成不出师，不青出于蓝不罢休。

第三，格物致知，创造更多的特效药剂撑起中医的一片蓝天。中医也有科学研究，而且中医也需要科学研究，但中医的科学研究又不同于西医，也不能拿西医的科学研究来套中医。现在有一种倾向，一说中医的科学研究，就是实验室和化验室，就是规范化和标准化。笔者认为，中医搞科研固然也需要实验室和化验室，但这不是中医科研的主要方式。中医的提升也确实需要规范和标准化，但中医的特点却是辨证施治和因人、因时、因地而异，如果标准化和规范化搞过头，拿西医来套中医，那就不仅不能使中医得到提升和发展，而且还会误入歧途，影响和阻碍中医的发展。

我更愿意把中医的科研称为“格物致知”。朱熹说得好：“众物必有表里粗细，一草一木，皆涵至理。”古代没有实验室和化验室，但不能说古代没有科研。张仲景的不朽著作《伤寒杂病论》，不就是在科研的基础上撰写的吗？东汉末年，瘟疫大流行，百姓横死无救，就是张仲景二百多人的大家族，在不到十年的时间里，有三分之二的人被伤寒夺去生命。因此，张仲景“勤求古训，博采众方”，日思夜想，终于找到治病的良方，活人无数，泽被后世。我想，中医科研的主战场，或者说主要奋斗目标，就是要紧紧围绕临床，围绕常见病和疑难病，在几千年遗留下来的单方、验方、秘方的基础上，进行研究和探索，进行继承和创新，研究制造出更多的特效药剂，总结出更多更好的治病方案，在为人民的防病治病中，使中医显示出独特的优势和魅力。

第四，趋利避害，在中西医结合中保持中医的独立性和完整性。中西医结合是对的，中医向西医学习和借鉴也是对的，如果把握好了，对中医的发展和提升是会有积极作用的。但是，在中西医结合中，在中医向西医学习的过程中，却普遍存在着一些不正确的观念和行为：认为西医先进，中医落后，应该用西医来规范和改造中医。很多中医人士诊病时，过于依赖仪器和化验单，对望闻问切不自信。还有些中医大夫在诊断上靠西医，在治疗上用中药。凡此种种，都给中医事业带来了损害，这样的中西医结合和向西医学习，是要打个问号的！

西医和中医相比，不能说谁先进、谁落后，它们在护卫人们生命健康这一点上是共同的，但在如何认识生命和健康，如何发现疾病和诊断疾病，如何治疗疾病和保障健康长寿等方面，又是完全不同的两个体系和存在。现代仪器再精密，也有发现不了的身体变化；现代医学再发达，也有束手无策的病。而这很多困扰，也正是中医的用武之地。中医治未病的思想，中医对生命和健康的整体观，中医对疾病的辨证施治和一病一方、因人而异，中药的简便、经济和副作用小，中医对生命从根本上的调理和护卫，这一切优势和特点，都是世界上其他医疗体系所不具备的。笔者认为，如果在学习西医中，不是为我所用，趋利避害，而是亦步亦趋，跟在西医屁股后面转，丧失了中医的独立性和完整性，丧失了中医的特色和存在价值，那就真成了邯郸学步和弃甘旨而就粗粝了。

第五，道地优质的中药材，是中医发展的基础和保障。同仁堂门口有一副对联，上联是：炮制虽繁必不敢省人工；下联是：品味虽贵必不敢减物力。几千年来，中医一直十分重视中药材的生产和炮制，形成了一大批品质优良、享誉全国的所谓道地药材。如川药中的川贝母、川芎、黄连，广药中的阳春砂、广藿香、广金钱草，云药中的三七、木香、茯苓，贵药中的天冬、天麻、黄精，怀药中的地黄、牛膝、怀山药，浙药中的浙贝母、白术、延胡索，关药中的人参、鹿茸、辽五味子，北药中的党参、酸枣仁、柴胡，华南药中的茅苍术、南沙参、太子参，西北药中的大黄、当归、枸杞子，藏药中的冬虫夏草、雪莲花、藏红花等。就是这些优质的道地药材，古人在炮制加工时也不敢有丝毫马虎，也不敢减省半点人力物力，而是该炒的炒，该炙的炙，该煅的煅，该煨的煨，该煮的煮，该蒸的蒸，该制霜的制霜，该发酵的发酵，该水飞的水飞。

但是，近几十年来，中药材的质量堪忧。中药材从物种保护、种植、加工到销售，每个环节都存在着问题。首先，因为保护不力和人为破坏，很多野生名贵中药材濒临绝种。其次，为了追求经济效益，盲目扩张中草药的种植面积，无限制地施用农药化肥，把本来是治病的良药，变成了损人健康的次品。再次，对中药材不按规矩加工炮制，偷工减料，严重影响了药的效力。在中药材的销售市场上，更是一片混乱，以假乱真，以次充好，有时竟到了大夫不敢用药、患者不敢吃药的程度。大家知道，中药材是中医大夫手中的武器，如果没有优质的中药材作保证，再好的中医大夫也不能药到病除、妙手回春。因此，保护好濒临灭绝的名贵中药材，种植栽培好无公害的大批中药材，管好中药材的市场，提高中药材的炮制质量，是振兴中医的当务之急。

第六，世界需要中医，中医必将为全人类的健康做出重大贡献。我在《人类的智慧和生活》一书中，曾这样写道："在此，我还想特别提及一下中医和中药。中医和中药既是中华传统文化培育出的一枝奇葩，又属于中华传统文化的一个重要组成部分。几千年来，中医和中药不断传承和发展，自成体系，自铸规模，名医辈出，疗效神奇，不仅为历代炎黄子孙提供卫生保障，也惠及周边很多国家。……笔者认为，中医要走向世界，世界需要中医。如果能在全世界范围内推广中医，推广中西医结合，中西医两条腿走路，那就不仅会大大提高人类的防病治病水平，从根本上保证人类强身健体和延年益寿，还会大大减少因大量生产西药所造成的化工污染。"据有关资料显示：中医药已传播到 196 个国家和地区，有 113 个会员国认可使用针灸，其中 29 个为中医药的规范使用制定了有关法律法规，18 个将针灸纳入医疗保险体系。中医药逐步进入国际医疗体系，已在俄罗斯、古巴、越南、新加坡和阿联酋等国家以药品形式注册。有 30 多个国家和地区开办了数百所中医药院校，培养本土化中医药人才。总部设在中国的世界针灸学会联合会有 60 个国家和地区的 206 个团体会员，世界中医药学会联合会有 72 个国家和地区的 277 个团体会员。中医药已成为中国与东盟、欧盟、非洲等地区和组织卫生经贸合作的重要内容，成为中国与世界各国开展人文交流、促进东西方文明交流互鉴的重要内容。

我们有理由相信，《周易》和中医这两颗中华传统文化皇冠上的明珠，随着中华民族的伟大复兴，一定会相映生辉，越来越放射出璀璨的光芒。

六 大道乘桴泛四海

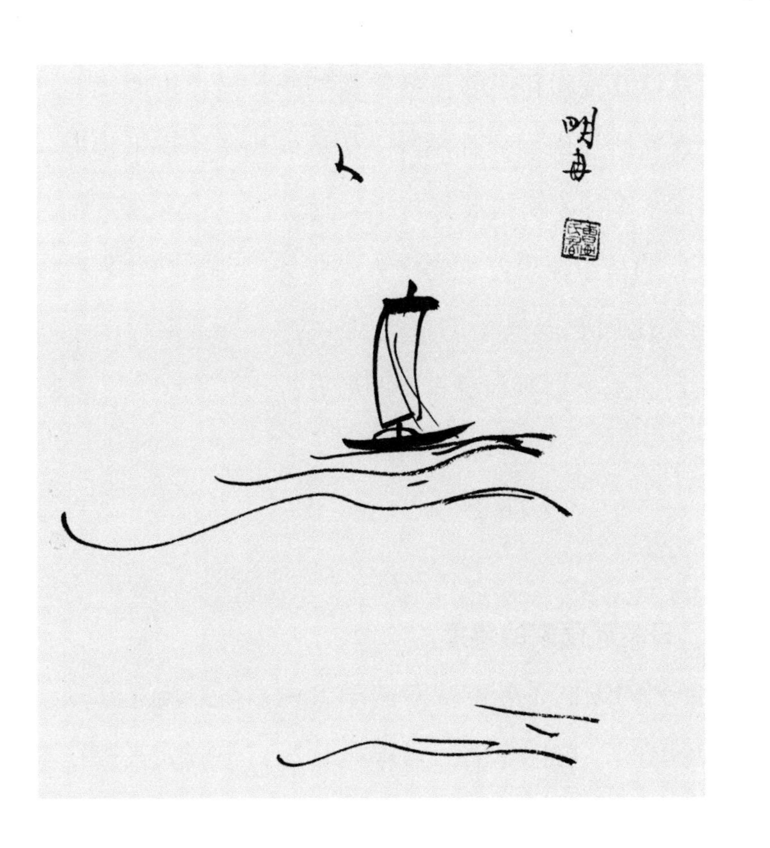

《周易》属于中国，也属于世界。《易经》自诞生之后，就有一个逐渐向外传播的过程。大约在西汉时期，《易经》就被传到朝鲜半岛，传到日本的时间，最迟也不晚于隋唐。《易经》向欧美等西方国家传播，最早可以追溯到马可波罗和利玛窦在华传教期间，最迟也应该有五百多年的历史。认真总结《周易》在国际上传播的历史，进一步提高《周易》的外文翻译水平，不断拓展其传播渠道，进一步丰富其传播的形式，使《周易》的智慧能更好地为全人类服务，当是一件具有重大历史意义的事情。化用孔老夫子的一句话“道不行，乘桴浮于海”，《周易》大道之行，必然要乘桴泛布于四海五洲。

（一）

《周易》在朝鲜、日本等国家的传播。

《周易》最先传播到的国家是朝鲜。有的学者说，在商周之际箕子已经把中国文化带到朝鲜。韩国学者尹丝淳则认为，中国人大幅移居朝鲜半岛始于秦朝初年，随之《易经》等典籍得以传入。笔者认为，《周易》真正传入朝鲜并开始产生影响，应当是在中国的汉代即朝鲜半岛的三国时期。372 年，高句丽率先设立太学，招收贵族子弟进行儒学教育，《周易》就是其重要教材之一。三国至高句丽末，是朝鲜半岛易学发展的奠期时期，这个时期易学研究主要以学习《周易》的经传为主，重点参考王弼的《周易注》《周易略例》。到高丽朝时，朝鲜半岛的易学已形成百家争鸣的局面，据史书记载，一日仁宗至国子监，“命富轼讲《易》，令彦颐问难，彦颐颇精于《易》，辨问纵横，富轼难于应答，汗流被面”。《周易》在朝鲜更深入的影响始于朝鲜王朝的建立，朝鲜易学开始突破理解、阐释、实践为主的初步发展阶段，逐步走向了学术化发展道路。程颐的《程氏易传》、朱熹的《周易本义》、周敦颐的《太极图说》等成为易学研究的重要内容，易学领域不仅出现以性命义理来阐释《周易》的程朱理学派易学家，也出现了尝试建构朝鲜易学理论体系的著述和易图。

在朝鲜的历史上，也出现了不少自己的易学家，其中最著名的当推李退溪和丁茶山。李滉（1501—1570），号退溪，今韩国庆尚北道安东市人。李退溪一生崇尚朱熹，他研究《周易》以朱熹的义理之辨为导向。李退溪仿照朱熹的《易学启蒙》，撰著《启蒙传疑》一书，他提出“理数之学，广博精妙，盘错肯綮，未易研究”，研易最重要的是“得其归趣”和“见其义”，表现出易学研究的独立精神。李退溪学宗朱子，但博采众家之长，既重义理，也不排除象数。李退溪晚年著《圣学十图》一书，讲解无极、太极、阴阳、五行、男女、万物组成的宇宙先天理论，提出“无极而太极”的宇宙生成论，论证了人在天地之间的地位，明确了《易经》的天地人“三才”之道。李退溪的思想在朝鲜半岛影响很大，在韩国更是家喻户晓，他的头像被印在了1000元币值的韩币上。丁若镛（1762—1836），号茶山，韩国全罗道罗州人。丁茶山的易学研究自《周易》的经传入手，对汉宋易学都十分熟谙，可以说是："旁求汉魏，以采九家之说。将及唐宋，博考诸贤之论。"丁茶山的易学著作主要有《周易四笺》和《易学绪言》。丁茶山认为《周易》既是卜筮之书，又是包含天地之理和人生义理的典籍。丁茶山试图通过《左传》和《国语》中的占卜事例，以掌握古代占卜的实际情况及《周易》的本来面目。他治易的最大特点是提出"爻变说"，并认为通过爻变说可以解释《易经》中的所有卦爻辞。丁茶山强调《周易》的筮法只有"一爻变"，即只有一个爻发生变化，而《左传》《国语》中则有多爻变化的情况。

《周易》在朝鲜的传播过程中，朝鲜半岛逐渐形成了阴阳说，并对朝鲜的思想、文化和政治产生了深远影响。在古代朝鲜半岛，很早就有朴素的阴阳观念，不过还没有形成体系。《周易》中的阴阳五行思想，具有天人合一、阴阳平衡、阴阳互根等丰富的内容，是一个有关阴阳学说的十分成熟的理论体系。《周易》的阴阳思想和朝鲜原有的天人亲和自然观相结合，形成了新的阴阳说，并成为朝鲜半岛理解和认识客观世界的思维方式，成为指导人们行为的一种基本原则。据史料记载，朝鲜半岛接受中国阴阳观念的具体表现，是上至国王、下至百姓，从政治经济到风俗民情，一切都按《月令》行事。《月令》是《礼记》中的一篇，它的主旨是要求人们的一切行为要符合天时和地利。朝鲜的史书上说："多山为阳，稀山为阴，高楼为阳，平屋为阴。我国多山，若作高屋必招衰损，故太祖以来，非唯阙内，不高其屋，至于民家，悉皆禁之。"古代朝鲜还以这种阴阳学说，来评说历史上的是非曲直。如《三国史记》对新罗善德女王曾这样评论：“古有女娲氏，非正是天子，佐伏羲理九州耳。至若吕雉、武曌，值幼弱之主，临朝称制，史书不得公然称王，但书高皇后吕氏、则天皇后武氏者。以天言之，则阳刚而阴柔，以人言之，则男尊而女卑，岂可许老妪出闺房，断国家之事乎？新罗扶起女子，处之王位，诚乱世之事，国之不亡，幸也。”《三国史记》还引用《周易》中“羸豕孚蹢躅”等语来论明阳尊阴卑的道理，来论断善德女王履王位的不合法性。

进入20世纪以后，《周易》的翻译、注释和传播，在韩国有了更大的发展和提升。成均馆大学儒教文化研究所编纂的《韩国周易大全》，2017年刊出，是最具代表性的翻译成果。《韩国周易大全》汇编、翻译了《周易传义大全》与58篇韩国《周易》注解文献，在韩国易学界很有影响。此外还有：2017年《周易谚解》重新译注、出版发行；邵雍的《皇极经世书》，于2002年被卢永均等人翻译出版；《周易王弼注》，于1999年翻译出版；《周易正义》，于2013年翻译出版；2000年以后，又出版了《东坡易传》等书。难能可贵的是，韩国易学界还翻译出版了一些有关帛书周易的文献，如《帛书周易》以及邓球柏的《帛书周易校释》。

我同意一些学者的看法，《周易》对韩国的影响，更多的是体现在韩国人生活的方方面面。《周易》思想在韩国最明显的影响，就是韩国的国旗：国旗中央是太极图，象征着整个宇宙；旗的四个角落分布四卦，左上为乾，右下为坤，左上为坎，右下为离，分别代表天、地、水、火。据说坐落在韩国安东市内的陶山书院，随处可见《周易》的踪迹：书堂前门取名为“幽贞门”，书堂对面的一眼大泉，取名为“蒙泉”。再如离陶山书院不远的绍修书院，其院内的一个主要建筑叫“直方斋”，这个名字来自《周易·坤卦》的六二爻“直方大，不习，无不利”。笔者也接触过一些韩国的学者，发现他们对中国的传统文化十分崇敬，且在自己的言谈举止中都有所体现。

《周易》是何时开始传入日本的，已不可考，但一般都认为大约是在6世纪通过朝鲜半岛开始传入日本的。《日本书纪》中记载，513年百济派“五经”博士到日本，日本从此开始学习《周易》。奈良时代和平安时代，《易经》的学习和研究已经被制度化，日本教育部门将《易经》列为必修教材。日本古代的宫廷讲学制度，成为《易经》学习和传播的一个重要途径。据有关资料显示：从861年至1700年，六人部福贞、刈田安雄、净野宫雄、中原师季、西笑承兑、纲吉等名家都曾讲授过《易经》。仅1693年至1700年，就举办了240次规模宏大的易学系列讲座，听众每次都在600人以上，使用的教材为朱熹的《周易本义》，有时天皇也亲自担任讲师。日本古代的这种宫廷讲易制度，就是到了近代仍然有所延续。如1899年，三岛中洲讲《易经·泰卦》；1911年，三岛中洲讲《易经·大有卦》；1912年，星野恒讲《易经·观卦》；1919年，土屋弘讲《易经·观卦》；1940年，小柳司气太讲《易经·师卦》。

《周易》在日本的传播过程中，宇多天皇的《周易抄》是绝对应该提及的大事情。现存东山御文库藏《周易抄》一卷，是宇多天皇的亲笔写本。宇多天皇是日本第59代天皇，887年至897年在位。宇多天皇《周易抄》的成书具体时间虽然不好确定，但根据该抄用了宽平九年（897）三月七日到同年四月八日文件纸背书写，因此可以推断是在宽平九年四月八日以后抄写的。《周易抄》抄出了《周易》的经文以及注文，注文是王弼和韩康伯注。《周易抄》对于经和注都附加了注释和训点，很像是读《易》札记一类的东西。《周易抄》从《讼》卦开始抄起，到了《履》卦，就跳跃到《系辞上传》，抄《系辞上传》中的十三条内容后，又回到《丰》卦，从《丰》卦直接到《未济》卦，然后再回到《泰》卦，从《泰》卦按易卦的顺序抄到《既济》卦。每条抄出的字数最多的也不到五十个字，多为短摘。《周易抄》是日本现存最早的汉籍训点资料，训点是为了按日语的文法阅读汉文所加的符号。通过对《周易抄》的分析，可以看出宇多天皇当时学习《周易》同时用了两种方法：一个是按照中国传统的训诂学方法来阅读，另一个是按照日语的语法附加训点来阅读《周易》。天皇亲自抄写、批读《周易》，这对《周易》在日本的传播无疑会起到巨大的推动作用。

在日本一千多年学习《周易》的过程中，涌现出很多思想家和易学家，其中伊藤仁斋就是杰出的代表。伊藤仁斋（1627—1705），京都人。江户时代是日本易学发展的鼎盛时期，而伊藤仁斋就是这个时代最有影响的学者。伊藤仁斋的易学著作很多，计有《太极论》《易经古义》《周易乾坤古义》《大象解》《童子问》等。伊藤仁斋曾将程颐的《伊川易传》和朱熹的《周易本义》合刊，编成《周易经传》一书，供大家学习研究。伊藤仁斋终生致力于探索中华文化，形成了日本易学史上可称为“仁斋易学”的义理学派。伊藤仁斋的儿子伊藤东涯也是著名的易学家，他的易学著作主要有：《太极图说十论》《太极管见》《读易私说》《五经集注校正》。伊藤仁斋的孙子伊藤东所也是一位易学家，他著的《周易经翼通解》等书，实际上是对伊藤家三世研易的心得总结。伊藤仁斋的一个重要易学思想，是坚决反对朱熹的“《易》本卜筮之书”。伊藤仁斋说：“倘以《易》为卜筮之书，则易林元龟之属耳。岂是与诗书春秋同列于六经哉？从义则不欲用卜筮，用卜筮则不得不舍义……若以《易》为卜筮之书，则是为小人谋，而非为君子谋也……浩浩《易经》，才为一事之用，而不足以为人伦日用应事接物之法。家国天下经世垂范之典，岂足尚乎！”

《周易》对日本的思想、文化和政治产生了深远的影响，《五条誓文》是明治天皇的施政纲领，其中第二条为：“上下一心，盛行经纶”，这里的“经纶”，就是指《易经》。明治天皇还明确提出“不知《易》者，不得入阁”，使得举国上下掀起学《易》、用《易》的热潮。日本天皇的年号，是日本政治、思想和文化的集中体现。日本自645年孝德天皇使用“大化”年号以来，天皇年号总共有248个，其中有27个出自《周易》。如日本第122代天皇明治（1868—1912），名睦仁，年号明治。明治典出《周易·说卦》：“离也者，明也……圣人南面而听天下，向明而治。”《周易》将政治的最高境界定位为“明”，明确提出治理国家要以开明、清明为本。日本统治阶级在《周易》中发掘“明”和“治”这两个重要政治思想概念，使之成为日本近代年号和革新的口号，并将其思想贯穿于整个日本近代化过程，其影响是十分深远和重大的。

鸦片战争之后，中国饱受列强的欺凌，国势日衰，逐渐陷入半封建半殖民地的困境。在这种情况下，日本对中国的传统文化开始怀疑，学习研究《周易》的兴趣大大降低。明治维新时期儒学虽然有所恢复，但也无法和江户时代相比。第二次世界大战后，日本作为战败国痛定思痛，又重新开始推崇儒学，学习研究《周易》的风气也日渐高涨。近七十多年来，日本学术界又翻译了一些《周易》的有关书籍，但更多的是出版了一大批自己的易学研究成果。1958 年，今井宇三郎的《宋代易学之研究》出版；1969 年，高田真治等人翻译的《易经》出版；1995 年，田中惠祥的《易经入门》出版；1997 年，公田连的《易经讲坛》出版；2003 年，金谷治的《易经和中国人的思考》出版；2007 年前后，朱伯崑先生的《易学哲学史》，由近藤浩之等人翻译出版；2015 年，梶川敦子的《圣书和易经》出版；2015 年，远山尚的《伟大的易经》出版。在此值得一提的是，日本的学术界和社会各界人士，上至王公大臣、财团老板，下至普通百姓、三教九流，都很注重《周易》中术数的研究和应用。他们都很相信卜筮和命理，而且打上了浓浓的东洋风味。

《周易》在越南的传播历史也很悠久。有的学者认为，大约在汉朝末年，《周易》就已经传播到越南。与朝鲜半岛和日本一样，朱熹和程颐的易学思想也是在越南影响最大的。越南也有自己的易学家，前有黎贵惇，后有黎文敔。黎贵惇著有《易肤丛说》，主要采用问答的方式，来表达自己对程、朱易学的理解和评论。黎文敔著有《周易究原》，强调人伦之道和阴阳之道的关系，认为《周易》的思想是儒家文化的根源。另外，因新加坡华人较多，《周易》和阴阳五行等思想文化也对新加坡产生了一定的影响。

（二）

《周易》在欧洲的传播。

《周易》在西方世界的传播，主要靠来华的一批又一批传教士。利玛窦曾经向西方提及过《周易》，但那只是只言片语。真正系统地向欧洲介绍《周易》的，是清朝初年的传教士白晋。白晋（Joachim Bouvet，1656—1730），又作白进，字明远，法国勒芒市人。白晋作为传教士于康熙二十六年（1687）来到中国，深得康熙皇帝赏识，常年留在宫中。白晋既是“适合政策”的继承者，又是“索隐派”的创始人。所谓“适应政策”，也称“利玛窦规矩”，是由利玛窦提出的，意思是西方传教士到中国传教，要主动适应中国的传统文化和风俗人情。所谓“索隐派”，就是要在中国的典籍中，特别是在《周易》中，找出与《圣经》相互一致、相互契合、相互发明的地方。白晋不仅自己研究《周易》，向西方介绍《周易》，更为重要的是，他组织和号召其他传教士和学者，也都研读《周易》，宣传《周易》。白晋曾于康熙三十六年（1697）回到法国，在巴黎做了一场有关《易经》的演讲，他讲道：“虽然（我）这个主张不能被认为是我们耶稣会传教士的观点，这是因为大部分耶稣会士至今认为《易经》这本书充斥着迷信的东西，其学说没有丝毫牢靠的基础……中国哲学是合理的，至少同柏拉图或亚里士多德的哲学同样完美……再说，除了中国了解我们的宗教同他们那古代的合理的哲学独创多么一致外（因为我承认其现代哲学不是完美的），我不相信在这个世界上还有什么方法更能促使中国人的思想及心灵去理解我们神圣的宗教。所以，我要着手誊写几篇关于这个问题的论文。”

白晋有很多易学著作，比较重要的有：《易钥》《易稿》《太极略说》《大易原义内篇》《易学外篇》。白晋这么多易学著作和论文，无非是想说明：《周易》中确实存在上帝的启示；中国历史上与《圣经》所载历史相同，中国古代的先王即为《圣经》中的先祖；中国上古的洪荒时代，即是《圣经》中的洪水和挪亚方舟；《易经》以隐晦语言所描述的“王中王”，即是圣子耶稣；《周易》中的太极就是天主教的至上神，中国人也曾有过“三位一体”的思想。白晋对《周易》的钻研之深，不能不令我们敬佩！

谈到白晋，就不能不提一下他与大科学家莱布尼茨的交往。学术界一般这样来描述白晋和莱布尼茨的交往佳话：白晋与莱布尼茨多次就《易经》的问题进行通信，莱布尼茨通过白晋获识了《伏羲六十四卦次序图》和《伏羲六十四卦方位图》，莱布尼茨受这些易学著作的影响和启示，创造发明了影响人类历史的“二进位制”。对于上面这样的表述，大家一般没有太大的分歧，唯一有些异议的是：莱布尼茨是先有了二进制思想，然后从易图中得到了印证，坚定了自己的发明；还是莱布尼茨通过对易图的分析，受到阴爻阳爻的启发后，才想到数学上的二进制。我想对这些细节大可不必较真，这正应了《周易》中的一句话：“天下同归而殊途，一致而百虑。”天下古今中外的人，都人同此心、心同此理，跨越时代对事物得出一致的理解和认识，是十分正常的。在此，笔者有一点要说明的是，据很多文献记载，莱布尼茨对中国文化的熟悉，超出我们一般人的想象。

第一部翻译《易经》的著作，由法国传教士雷孝思（Jean Baptiste Regis，1663—1738）完成，他用的是拉丁文，书名为《易经——中国最古之书》。雷孝思翻译采用的底本是李光地的《周易折中》，但他也参考了孔颖达的《周易正义》和朱熹的《周易本义》等。此译本早在1736年即已译完，但直到几十年以后才在巴黎出版。雷孝思的译本简洁精练，加之当时的欧洲知识界都能看懂拉丁文，因此这个译本在《周易》的传播过程中，曾发挥过很大的作用。更为重要的是，该译本为将《周易》翻译成欧洲其他语种，都提供了宝贵的启示和参照。

在欧洲，最早将《易经》翻译成英文的，是理雅各和麦丽芝。理雅各（James Legge，1815—1897），英国苏格兰人。理雅各用英文翻译《易经》，1855年已经完成，应该说比麦丽芝还早。但是，他对自己的翻译工作很不满意。他后来回忆说："译稿完成之时，我得承认自己对这本书的意图和结构原理十分茫然。我把凝聚着我辛劳成果的书稿放在一边，希望——事实上相信——将来会有豁然开朗的一天，那时我会理出一条引导我弄清这部神秘经典的线索。"理雅各第二次着手翻译《易经》，是1867年从中国回到英格兰家乡开始的。这次，他邀上了中国好友、著名学者王韬，协助他一起翻译《易经》。直到1882年，理雅各翻译的《易经》，才由牛津克拉伦登公司正式出版。理雅各为了求得对原文的高度真实，同时又符合英语的表达习惯，他严格采用直译，只以括号的形式进行补充和解释。如《乾》卦："初九，潜龙勿用。"译为："In the first (or lowest) nine, undivided, (we see its subject as) the dragon lying hid (in the deep). Its is not time for active doing."对像"元亨利贞"这样不好理解和翻译的卦爻辞，理雅各也都处理得很好。他将“元亨利贞”译为：“What is great and originating, penetrating, advatageous, correct and firm.”王韬曾这样赞美理雅各：“先生独不惮其难，注全力于十三经，贯串考核，讨流溯源，别具见解，不随凡俗。”理雅各的译著出版后，受到了广泛的好评和关注，在很长的一个时期内都是汉学家必备的易学书目之一，被誉为西方易学史上的“《旧约全书》”，在二十世纪中期以前都是英语世界的标准译本。

麦丽芝（Thomas McClatchie，1813—1885），爱尔兰人，一生的时间主要是在中国传教。麦丽芝翻译的《易经》于1876年出版，实际上成为英文的最早版本。麦丽芝对《周易》的认识有一个大胆的想法，即他认为《易经》产生于原始生殖崇拜，《易经》中的阴、阳就是男女生殖器官。他还把《彖传》中的“天地不交而万物不通”，译作“Heaven and Earth not having sexual interourse now, the myriad of things no longer expand into existence”。麦丽芝也担心自己的观点不见容于众人，故在他的译著正式出版前，先发了一篇试探性的小文——《生殖器崇拜》，以期投石问路。结果还好，并未引起舆论大哗。可是，当麦丽芝翻译的《易经》正式出版发行后，还是引起了众多的指责和诟病，就是同行理雅各也气愤地说：“真丢人。”实际上，在中国也有很多学者持有类似的观点，如郭沫若、钱玄同、嵇文甫等。麦丽芝所译《易经》，是按照通行本的顺序和编排翻译，《彖传》、《象传》和《文言传》分别插入了每一卦的卦辞和爻辞之下。麦丽芝将“彖曰”译为“文王说”，将“文言”译为“孔子说”，将“系辞”译为“孔子评论”，而把“象传”译为“周公曰”。麦丽芝将《易经》意译为“Classic of Changes”，在正文中将《易经》译为“Book of Changes”。这两个译名，今天仍在广泛使用。麦丽芝的译著虽然总体上不算上乘，但因为它是最早的英文译本，因此在《周易》的西传史上，仍占有重要的地位。

在《易经》的传播史上，卫礼贤是一个里程碑式的人物，他的事迹是值得大书特书的。卫礼贤把毕生的精力都贡献给《易经》的翻译和传播事业，甚至父子相继、祖孙相承，共同完成这一神圣的使命。卫礼贤用德语翻译的《易经》，被称为西方易学史上的《新约全书》，它完整、简明、流畅、准确，而且将西方文化与中国文化巧妙地融为一体，得到学术界广泛认可。后来各种语言的翻译，包括英语、法语、意大利语、荷兰语、俄语和西班牙语等，都是以卫礼贤的德语本为底本。据统计，卫礼贤德语《易经》的各种语言版本，其出版发行量突破一百万册。

卫礼贤（Richard Wilhelm，1873—1930），德国斯图加特人。1897年开始到中国传教，长期居住在青岛。卫礼贤学习和翻译《易经》的动机，是他认为西方文化有自身的缺陷和不足，而《易经》所代表的中国古代文化，可以纠正和医治西方文化中的病症。卫礼贤在学习和翻译《易经》的过程中，曾经的山东巡抚周馥向他推荐了大儒劳乃宣，卫礼贤遂拜劳乃宣为师。卫礼贤用德语翻译的《易经》，之所以成为精品，一是得益于他本人的学养和认真，二是得益于劳乃宣的指导和把关。卫礼贤在《中国心灵》一书中，曾详细描述了他翻译《易经》的情况：劳乃宣“建议我翻译《易经》……于是我们开始攻克这本书。我们工作得非常认真。他用中文翻译内容，我作下笔记，然后我把它们翻译成德语。因此，我没有借助中文原本就译出了德语文本。他则进行对比，检查我的翻译是否在所有细节上都准确无误。而后，再审查德语文本，对文字进行修改和完善，同时作详细的讨论。我再写出三到四份译本，并补充上最重要的注释”。

《易经》（贝恩斯据卫礼贤德文版译）

卫礼贤的德译《易经》之所以能大行于天下，还要感谢他的好朋友荣格。荣格是现代著名的心理学家，完全可以和弗洛伊德并驾齐驱。荣格痴迷于《周易》，他不仅熟悉《周易》的经、传，还能很熟练地进行占卜。有一次，他有一件事不知是否可行，就用硬币占了一卦，得《鼎》之《晋》，卦象提示他此事吉无不利。荣格对《周易》的评价，有一段名言为世人所共知：“谈到世界人类唯一的智慧宝典，首推中国的《易经》。在科学方面，我们所得出的定律常常是短命的，或被后来的事实所推翻，唯独中国的《易经》亘古常新，相距六千年之久，依然具有价值，且与最新的原子物理学颇多相同的地方。”荣格以他的学术地位和重大影响力，不仅不遗余力地撰文赞美卫礼贤的译著《易经》，他还让他的得意弟子贝恩斯夫人，用英文翻译卫礼贤的德文版《易经》。当卫礼贤的德译版《易经》转译成英文，于1950年在纽约正式出版时，荣格为此书写了一个很长的序言。他既谈到自己创立的“共时性原则”，是受了德文版的《易经》的影响；又对卫礼贤的翻译工作给了很高的评价，他说：“理雅各的翻译，是到目前为止唯一可见的英文译本，但这译本并不能使《易经》更为西方人的心灵所理解。相比之下，卫礼贤竭尽心力的结果，却开启了理解这本著作的象征形式的途径。他曾受教于圣人之徒劳乃宣，学过《易经》哲学及其用途，所以从事这项工作，其资格自然绰绰有余。而且，他还有多年实际占卜的经验，这需要很特殊的技巧。因为卫氏能掌握住《易经》生机活泼的意义，所以这本译本洞见深邃，远超出了学院式的中国哲学知识之藩篱。”

德国著名作家、诺贝尔文学奖获得者赫尔曼·黑塞，也对卫礼贤的易学研究推崇备至。黑塞研究《易经》数十年，他被《易经》的预卜功能及其图画所吸引。1925 年他写了一篇有关卫礼贤德译《易经》的文章，发表在《新评论》上，这篇文章既全面推介了卫礼贤的译著，也谈了很多自己对《周易》的认识和见解。黑塞认为《易经》是一本最古老的智慧和巫术之书，他并将这些古老的东方智慧运用到其文学创作之中。他晚年的小说《玻璃珠游戏》（1943 年出版），就通篇显示着《易经》的影子。黑塞对《易经》的独特理解，黑塞运用《易经》智慧所创作的文学作品，在 20 世纪 60 年代，深深地影响了从美国旧金山到荷兰阿姆斯特丹的一代青年。

卫礼贤的儿子卫德明，子承父志，一生也以研究和传播《周易》为己任。他不仅协助贝思斯夫人将其父的德译《易经》转译为英语，还撰写了《易经八讲》等著作。卫礼贤的孙女贝蒂娜，拍摄了一部以卫礼贤为主角的纪录片，于 2011 年完成，片名就是《易经的智慧：卫礼贤与中国》。

在卫礼贤之后，欧洲还有两位《易经》的翻译者和传播者，也很值得一提，一位是蒲乐道，另一位是闵福德。蒲乐道（John Blofeld，1913—1987），英国人。他大半生时间都在中国度过，取汉名、穿汉服、说汉语、娶华妻。蒲乐道的著作《易经》（The Book of Change），于 1965 年在伦敦出版。蒲乐道学习和翻译《易经》，主要是为了指导人们的生活实践，是为了应用。他在《导论》中说，翻译《易经》的目的是译出一部语言简明、清晰易懂，便于指导人们占筮的作品。蒲乐道自信地认为，只要读了他的书而又心灵坦诚，都能够学会趋利避害的方法。蒲乐道还特别强调，《易经》不是一本普通的命理书，只用来预测未来不采取任行动而等待命运的安排；其实，《易经》这部书不认为未来的事件不可变更，而倾向于让人们遵循一般的趋势。从这个意义上说，《易经》并不是进行严格的预言，而是根据对各种宇宙力量的相互作用的分析而提出建议，建议的不是什么事会到来，而是根据或避免既定的事件应采取什么样的态度和措施。它有助于我们构建自己的命运，避免灾祸或使其最小化，从而使我们从任何可能的状况中受益。总之，《易经》这本书是献给那些珍视德行与和谐而不是珍视利益的人。应该说，蒲乐道的这些思想是很难能可贵的，符合中国古圣先贤所说的："《易》为君子谋，不为小人谋。"

闵福德（John Minford，1946—），英国著名汉学家。闵福德历时 12 年翻译的《易经》，终于在 2014 年由纽约企鹅出版社出版，并获得 2015 年国际笔会福克纳文学奖提名。闵福德《易经》译本最大的特点是：全书分为两个大的部分，提供了两种截然不同的诠释，一部分解释为智慧之书，一部分解释为青铜时代的卜筮书。学术界对闵福德的译本评价很高，认为他翻译的《易经》，堪称生态翻译学的典范，很好地实现了语言、文化、交际的“三维”适应性选择转换，从而成功地保留了《易经》原文的语言风格，准确地传递了原文的文化意义。闵福德的易学思想特点，主要体现在以下几个方面：1. 认为《易经》本为卜筮之书，后来才成为智慧之书。应该说这个见解是很高明的，这也是中国很多易学家所持的观点。2. 翻译《周易》，一定要还原古经本来的面目。如闵福德在参考了很多古文献后，断定《易经》第一卦卦名为“倝”，读音为“gan”，表示“日出”之义。3. 认为《易经》很有文采，是中国文学的源头。闵福德在翻译时，很谨慎地保留了《易经》原有的韵脚。如“羽”、“雨”和“野”押韵，“渊”和“身”押韵等。4. 在翻译时博采众家之长，不拘一格。5. 注重《易经》的实用性，对占卜讲解得十分细致。有些学者还很乐观地预言：随着闵福德英译《易经》本的出版，必将引起世界范围内的《易经》热，乃至中国文化热。

俄罗斯最早拥有的俄文版《易经》，可能是1782年列昂季耶夫翻译的。但是，在俄罗斯影响最大的是休茨基用俄语翻译的《易经》。休茨基（1897—1938），俄国著名的文学家、汉学家、哲学家、语言学家。休茨基是语言天才，他精通包括汉语、日语、拉丁语、越南语等在内的18种语言。休茨基的易学造诣很深，一直被奉为俄罗斯研究《易经》第一人。自1928年开始，历时8年多时间，休茨基才于1937年完成了《易经》的翻译，书名为

《中国典籍〈易经〉语文学研究及翻译的经验》。休茨基的这部书很受读者欢迎，几乎每隔两年就要再版一次。休茨基不仅翻译《易经》，而且对欧洲的易学研究进行了总结和梳理，他强调指出，欧洲学术界对《易经》的认识五花八门，计有近20种：1. 卜筮书；2. 哲学书；3. 卜筮和哲学兼而有之书；4. 中国宇宙观的基础；5. 谚语集；6. 政治家的笔记；7. 政治百科全书；8. 诠释学；9. 汉语大辞典；10. 宇宙生成论；11. 中国最古史书；12. 逻辑教程；13. 二进制系统；14. 神秘之学；15. 爻的偶然性解释与组合；16. 街头算命师的诡计；17. 孩子气；18. 谵语；19. 汉代伪作。尽管大家对《周易》的性质认识不一，见仁见智，但休茨基却坚信以下是最基本的事实：《易经》是基于非常古老的卜筮实践而成的文本，随之又成为进行哲学思考的基础；作为一种很少被理解的神秘古老文本，它为创造性的哲学思考提供了广阔的空间，这尤其可贵。休茨基的这些真知灼见，对于中国的学者来说，也是很有启发价值的。休茨基对于《易经》的翻译，也很有自己独到的地方。例如他将“既济”和“未济”，分别译为 Already at the end · Acoomplishment 和 Not yet at the end · Acoomplishmernt。这两个翻译直译过来，其意思就分别是“已经到最后 · 完成”“还未到最后 · 完成。”而一般的都将其译为“complete”和“incomplete”，或“After Completion”和“Before completion”。分析起来，可能休茨基翻译得更有道理，因为确实有些事情还没有结束就已经完成，而有些事情则要到结束时才能见分晓，当然也有些事情到结束时也没有完成。

（三）

《周易》在美国等北美地区的传播。

学术界一般认为,《易经》在美国的传播，开始于19世纪中叶来华传教士卫三畏等人。但是,《易经》在美国传播的发展和鼎盛时期，则是20世纪中叶以后。下面通过介绍几位有贡献的易学家，来反映《易经》在美国的传播情况和影响。

孔士特（Richard Alan Kunst)。孔士特提出要研究原始《易经》，向人们原原本本地介绍《易经》固有的思想和内容。为了能够研究原始的《易经》，孔士特一是注重吸取中国疑古派的研究成果，二是从帛书《易经》里找新的启示和线索，三是搞清楚经文本来的字义和音韵。20世纪80年代初，孔士特利用多次来华机会，邀请一些著名学者用标准现代汉语大声朗诵《易经》，这些学者包括王力、高亨、周祖谟、陆宗达、杨伯峻、张岱年等先生。他在多方考辨后，对其翻译的《易经》的每一个词，均标上现代汉语读音及古音。孔士特还标注了哪些字在古音中是押韵的，如“龙”的古音是“Liung”，和“用”的古音“diung”属于同一音节韵部，便在中文旁边用下标的“A”表示。孔士特是一位美国人，他能做到用古音、古义去读解《易经》，这无论如何说都是非常了不起的。

夏含夷（Edward L. Shaughnessy，1952—)，美国汉学家，宾夕法尼亚人。夏含夷是久负盛誉的国际易学大师，对《周易》的研究和传播贡献卓著。夏含夷有很多易学论文和著作，如《新出土竹简易经与相关文本》《周易的编纂》《易经英译》《试论上博周易的卦序》《阜阳周易和占筮指南的形成》等。夏含夷曾师从很多博学硕儒，先跟随爱新觉罗·毓鋆学习《易经》数年，后又向张政烺先生问学有关帛书《易经》和数字卦方面的知识。夏含夷的易学研究主要集中在以下几个方面：一是根据历史资料，研究《易经》和《易传》的编纂。二是充分利用帛书《周易》的新发现，来佐证自己的学术观点。三是探讨易学中的一些重大问题，如乾、坤的意蕴，易象和诗中“兴”的关系等。夏含夷有一个重要的观点，即认为我们今天见到的《易经》，是没有经过严格和完整编辑的。他经常以《同人》卦为例，认为《同人》卦的卦辞和爻辞有一个共同的特点，即句型都是“同人于……”他有一个大胆的推测，按照他的推测，《同人》卦的卦爻辞应该是这样的：

> 同人于野，亨，利涉大川，利君子贞。
>
> 初九　同人于门，无咎。
>
> 六二　同人于宗，吝。
>
> 九三　同人于某，伏戎于莽，升其高陵，三岁不兴。
>
> 九四　同人于某，乘其墉，弗克攻，吉。
>
> 九五　同人于某，先号咷而后笑，大师克相遇。
>
> 上九　同人于郊，无悔。

夏含夷认为，可将《同人》卦翻译为：

Lying Enemy in the grass

Gathering people: at first fearful and then later laughing.

Gathering people in the wilds,

Gathering people at the gate,

Gathring people at the temple,

Gathring people at the suburban altar.

司马富（Richard J. Smith，1944—），美国著名汉学家。司马富精通汉语和中国历史，他曾到中国来过六十多次，熟悉中国每个地方的情况。他师从著名学者刘广京教授，刘教授的外祖父是大名鼎鼎的陈宝箴先生。他也师从过罗荣邦教授，而罗教授的外祖父是康有为先生。他还师从过两位著名的学者，一位是费正清，另一位是李约瑟。他在介绍自己的名字时，经常自豪地说："我的名字是中国先生起的，司马迁的司马，学富五车的富。"司马富的易学著作很多，计有《算命先生和哲学家：传统中国社会的占卜》《探寻宇宙和规范世界：〈易经〉和它在中国的进程》《易经：一部传记》等。司马富研究了中国古代各种各样的占筮技术，从《易经》的大衍之法，到风水、命理、看相、测字、扶乩、梦占等。他不仅探讨了各种术数之间的联系，还探讨了卜筮与中国社会、文化及其他方面的关系。同时，司马富还研究了卜筮的象征意义、美学意义，研究了卜筮中的仪式感和心理学问题。更难能可贵的是，司马富还发现了卜筮构建社会秩序的重要价值，他认为：历史使过去有序，礼仪使现在有序，而卜筮则使未来有序。应该说，司马富的这些见解是十分深邃和有重大意义的。

司马富认为，《易经》是文化自豪感和灵感的源泉。他认为《易经》对中国古代的语言、文学、哲学和艺术都有巨大的影响，培养和滋润了一代又一代精英。司马富坚信，《易经》是中国的经典，也是全世界的经典。《易经》和宗教类经典相比也毫不逊色，占有同等重要的地位。与其他经典所不同的是，《圣经》等经典都是以宗教传统为基础，而《易经》则完全基于人类的自然观察。

成中英（1935—），著名美籍华人学者。成中英教授和刘述先、杜维明等一起，被公认为是“第三代新儒学”的代表人物。我们在世界各地，都会经常看到成中英先生忙碌的身影，看到他为弘扬中华传统文化而奔走呼号，深深为他的执着精神所感动。我第一次见到成中英先生，是在1987年12月召开的“济南国际《周易》学术讨论会”上。当时，成中英先生在大会发言和接受记者采访时，对《周易》的研究和传播，都发表了很好的意见。他语重心长地说道：“现在美、苏、英、法、日、联邦德国等国家，不但非常重视中国《周易》的研究，而且利用《周易》启迪出许多新的科学、新的技术、新的理论。不少国家还把《周易》变成一种新的方法学，当成决策科学和管理科学来崇拜和学习……联合国早就成立了《易经》研究会，并召开过世界性《易经》讨论会……中国是《易经》的故乡，应该成为研究《周易》的中心……建议成立一个基金会组织专门组织《易》学研究，并创办一份国际性《周易》研究杂志，以交流国际《周易》研究的动态和成果，促进国际《周易》的研究。”

成中英的易学著作，主要有《易学本体论》《周易策略与经营管理》。但是，作为国际《易经》学会会长，成中英先生对易学的最大贡献，是他的组织、推动和宣传之功；他的易学思想，更多的是体现在他各式各样的演讲报告里，体现在他的其他学术著作中。成中英先生在《易学本体论》中说道：“我提出的易学本体论，是以易学中的不易之体来界定人在经验与思维的统合中的所呈现的动态真实，也可以说给与了人的存在一个动力根源与价值的内涵。此一内涵即有本有体，因其本而形其体，为创生不已的创生力，亦名太极。太极即本体，其生化万物表现为一阴一阳之道，是为万物之本，源源不绝，生生不息，而万物也因以各自有体，其体亦各自显现为阴阳两功能的动态结合。”又说：“在传统卜筮之外，我看到易学的现代应用，亦即基于易学，我首先构建了系统化的中国管理哲学。”成中英先生还特别指出：“易学的再发展对易学本身有重大意义，能使易学成为一种同时涉及价值与知识问题的生命化学问……易学的再发展对中国哲学发展有重大意义……因为它提供了中国哲学发展的历史起点与哲学基础。”

菲利普·K. 迪克（1928—1982），美国著名科幻小说作家。迪克痴迷于《易经》，一生都与《易经》关系紧密。他运用《易经》文化创作的小说《高堡奇人》，后被改编成电影和电视剧，影响整个西方世界。《高堡奇人》以第二次世界大战为背景，《易经》是贯穿于整部小说中的一个重要元素。例如主人公朱莉安娜杀了乔之后，因进退两难而向《易经》求卜，她得到的结果：“是益卦第四十二，第二爻、第三爻、第四爻和上爻都是动爻，因此，变为夬卦第四十三。她急不可耐地浏览着相应的卦辞，抓住每一层意思，综合起来琢磨。天哪，卦上描述的和事实发生的一模一样——奇迹再一次出现了。发生过的一切以图解的方式呈现在她眼前：承担某事对人是有利的，渡过大河对人是有利的（利有攸往，利涉大川）。”再如主人公弗林克在别人劝他是否要经营创意工艺品时，他拿不定主意，所以向《易经》问卜，卜问的结果并不令他满意，而是令他慌张不安，迟疑沮丧。但是，当他进一步分析卦画和卦爻辞时，他发现变爻会带来新的结果、新的希望，因此他踌躇满志地说：“我的一生都在等待这样的机遇。当神谕说‘必有所成’的时候，一定是这个意思。关键是时辰。现在是什么时辰？是什么时刻？泰卦第十一中，上爻变动可以把整个卦象变成大畜卦第二十六。阴爻变成阳爻。爻在变动，新的时刻会出现。我当时慌慌张张的，竟然没有注意到这一点。”

（四）

《周易》在亚洲已经传播一千多年，在欧美等地区已经传播五百多年，而且方兴未艾，渐成燎原之势。据统计，《周易》仅英译版本，就在一百多种之上。其他诸如韩语、日语、法语、德语、俄语、意大利语、西班牙语、拉丁语等译本，数量也很可观。在世界很多国家和地区，藏有《周易》之书的家庭，不在少数。大易之道，正在悄悄地影响着人类的思想和文化，正在默默地守护着人类的幸福和安康！但是，总结回顾数百年《易经》在世界的传播史，有经验，也有教训；有成绩，也有不足；走过的路很辉煌，要走的路更漫长。

《周易》在传播中存在的问题很多，但最核心、最要紧的，还是《周易》的翻译问题。我们上面说过，《周易》现在翻译的版本很多，几乎每个语种的版本都有十几个以上，其中也确实有好的翻译精品。但是，即使是好的翻译版本，也都存在着很多问题，严重影响着人们对《周易》的理解和认识。就拿卫礼贤译的德语版《易经》来说，它是世人公认的最好、最权威的译本，很多语种都是以它为底本转译的。但是，卫礼贤的译本也存在着严重的问题。山东大学外国语学院的包汉毅教授，就专门在《周易研究》上撰文，指出卫译本的错误和误译的根源。包汉毅先生说："卫礼贤的《周易》译文，在卦名、词义、句义、文化专有项、卦爻旨意等各个层面都存在着翻译失当之处。其根源在于：《周易》辞句具有厚重的文化底蕴；《周易》蕴藏着儒家的密义；易理具有'洁净精微'的缜密体系性，体现于各个层级语言单位的有机关联；《周易》具有'摩尼宝珠'式的特质——义理与语言符号的语意、外形、音声、文化底蕴等等紧密结合在一起，具有普应万象的功用。《周易》所具有的这些特质，无论对于哪个个体来说，都是难于全面深刻把握并在翻译中具体贯彻的。由此难免导致翻译的失误。基于此，可以说，传统的翻译策略是不足的，或者说是部分失效的，因而必须实施新的思维，建立'跨空间的团队译介'模式和'跨时间的渐进译介'模式，注重解决译者对于文本义理掌握的难题，进行翻译范式的创新。"包汉毅先生还具体指出了卫礼贤译本中存在的问题，如卦名翻译方面、词义翻译方面、句义翻译方面、文化专有项翻译方面、一卦旨意的传递方面、一爻旨意的传递方面。

《周易》在国际上的传播，有一个好的译本是最根本的问题。但是，这不是唯一的问题。要想使《易经》这部经典，能够更有效、更广泛地传播，能够为世界上更多的人所理解、所接受，能够使这部中国的经典，最终变为人类的经典，还有更多的工作要做。笔者不揣浅陋，仅提几点不成熟的想法：

第一，要充分认识《周易》国际传播的重大历史意义。随着中华民族的伟大复兴，中华民族的文化必将一步一步地走向世界，为世界各国人民所分享。但是，一个国家和民族的文化，要让另一个国家和民族所接受，并非易事，它是有障碍和困难的。这障碍和困难主要来自两个方面，一个是和接受方原有的文化是否冲突，二是接受后是否有用。以《周易》独有的品质，以上这两个问题都容易解决。《周易》是推天道以明人事，它的道理大都来源于对自然的观察和感悟，它有很强的超越性，而这一点是各个国家和民族都能够认同的。再者，《周易》是价值体系和应用体系并存的经典，它既讲人生的大道理，也有如何预知未来和趋吉避凶的指南。西方很多人之所以对《周易》着迷，很大程度是看上了它的占筮功能，像大学者荣格也是如此。《周易》是六经之首、大道之源，我们以《易经》为先导，只要世界接受了《易经》，就等于接受了中国文化的核心和灵魂。因此，我们一定要站到这个高度，来对待《周易》在国际上的传播。

第二，要把被动传播变为主动传播。从雷孝思、金尼阁向西方介绍《易经》开始，《易经》的译介和传播主体一直由西方主导，其中包括传教士、汉学家和其他知识分子。国外人翻译和介绍《周易》，他们难免会各取所需，抱有这样那样的目的。如最早的几批传教士，他们之所以翻译和介绍《易经》，就是为了从《易经》中找出和《圣经》相契合的东西，就是为了论证“三位一体”不仅存在于基督文明之中，也存在于古老的中国文化之中。还有很多西方学者之所以学习和翻译《易经》，主要是为了从中学习占卜。这样一来，《周易》所蕴藏的大道，《周易》的核心和灵魂，《周易》所应该给予世人的智慧和启示，就无法很好地体现出来。《周易》是中国人的经典，《周易》诞生在古老的华夏大地上，只有华夏儿女，才最了解《周易》，才最知道《周易》的价值是什么，才最有资格向世人介绍《周易》，才最有能力向世界解说《周易》。因此，我们中国的学者应该当仁不让，主动承担翻译介绍《周易》的历史重任，充当传播《周易》的主力军，变被动传播为主动传播，这既是《周易》传播学发展的需要，更是时代发展的需要，我希望中国的易学工作者，要非常清醒地认识到这一点，把自己的研究工作始终放眼于世界和未来。

第三，要形成《周易》传播的合力。在过去的《周易》传播史上，虽然也有少数几个人的合作，但基本上以单打独斗为主，各自为战。随着中华民族的伟大复兴，随着中国文化要在更深层次、更广泛领域走向世界，随着世界各个民族对中国文化的需求越来越高，作为中华传统文化代表的《易经》，只靠少数几个专家学者来传播显然是不够的。鉴于《周易》翻译、传播的难度，鉴于《周易》在世界传播的重大意义，我们认为，为进一步提升《周易》传播的水平和影响，应该建立起政府主导、学术机构牵头、专家学者参与的工作机制，形成《周易》传播的合力，随时解决传播中存在的困难和问题。笔者还希望，应该成立一些类似基金会的实体，来保证《周易》在国际传播中的资金需求。

第四，要抓好《周易》翻译这个关键。《周易》的传播，让世界了解《周易》，最终要靠《周易》的翻译工作来完成。因为，只有通过翻译，才能打破语言的障碍，才能使各个国家和民族的人都看懂《周易》。我们前面说过，目前世界上流行的各种《周易》的译本，不下几百种。但是，在这众多的译本中，真正能够反映出《周易》本意的，并不多见。还以卫礼贤的德译本为例，卫礼贤翻译《易经》中的一个具体环节，一直为大家津津乐道，即卫礼贤翻译成德文后，再由德文译成汉语念给劳乃宣听，让劳乃宣定夺。可事实上劳乃宣并不懂德文，他无论怎么评判都毫无意义，因此也就无法保证卫译本不出差错。笔者认为，像《易经》这样的经典，中国人都很难读懂，中国的学者都见仁见智，翻译这样的书籍，只能由中国的易学家和外语专家来主导，翻译出初稿后，再征求国外汉学家的意见。2014 年，山东大学外国语学院王俊菊院长组织翻译《大中华赋》，就是采用的这种方法，效果还是很好的。中国学者翻译《易经》，还有一个优势——可以多参考几个底本，择其优者而从之。外国学者翻译《周易》，因限于条件，往往只选择一两种版本作底本，或用王弼的注释本、或用李鼎祚的注释本、或用朱熹的注释本、或用李光地的注释本。应该说，这些不同的注释本，都各有其优点，也都各有其不足。再说一下直译和意译的问题。笔者认为，对于《周易》这样博大精深的经典，它内部的体例不一，特别是经和传差异还很大，有些可以直译，有些则适合意译，最好是直译和意译相辅相成。

第五，要翻译介绍一些与《易经》有关的知识。中华传统文化是一个整体，《周易》作为中华传统文化的一个重要组成部分，它和其他方面有着千丝万缕的联系。学习《易经》，特别是外国人学习《易经》，如果不了解中华传统文化整体，就《易经》说《易经》，是学不好《易经》的。我们向外国人介绍《易经》时，应同时向他们介绍一些与《易经》有关的知识，这才便于他们真正理解和把握《易经》中所说的道理。如太极是什么，阴阳是什么，五行是什么，天干地支是什么，三纲五常是什么，仁义礼智信是什么，这些概念如果不清楚，就无法真正读懂《周易》。因此，笔者有一个想法，应该编写翻译出一套丛书，内容包括历代解易的精华和与《易经》有关的知识，和《易经》一起推荐给外国的朋友，这样对于《易经》在世界上的传播，会起到极大的推动作用，也能使《易经》的思想真正为世人所领会。

第六，要用多种形式传播《周易》。在全世界传播《周易》，通过翻译出版书籍，这当然是一个主渠道，也是最重要的传播方式。但不是唯一的传播方式。纵观人类的文明史，哪一种文化的传播都不是单一的方式。单一的传播方式，是不能完成文化传播任务的。比如佛教在世界上的传播，除翻译经书外，还有各式各样的法会，各式各样的辩经活动，各式各样的文学作品，甚至连说书唱戏的方式都用上。我们《易经》的传播，除翻译书籍外，还应该制作有关影像作品，应该举办不同层次的《易经》报告会。还有一个重要的传播方式，那就是编写与《易经》有关的故事，通过文学的形式来传播《易经》的思想。

七 日月为明照前方

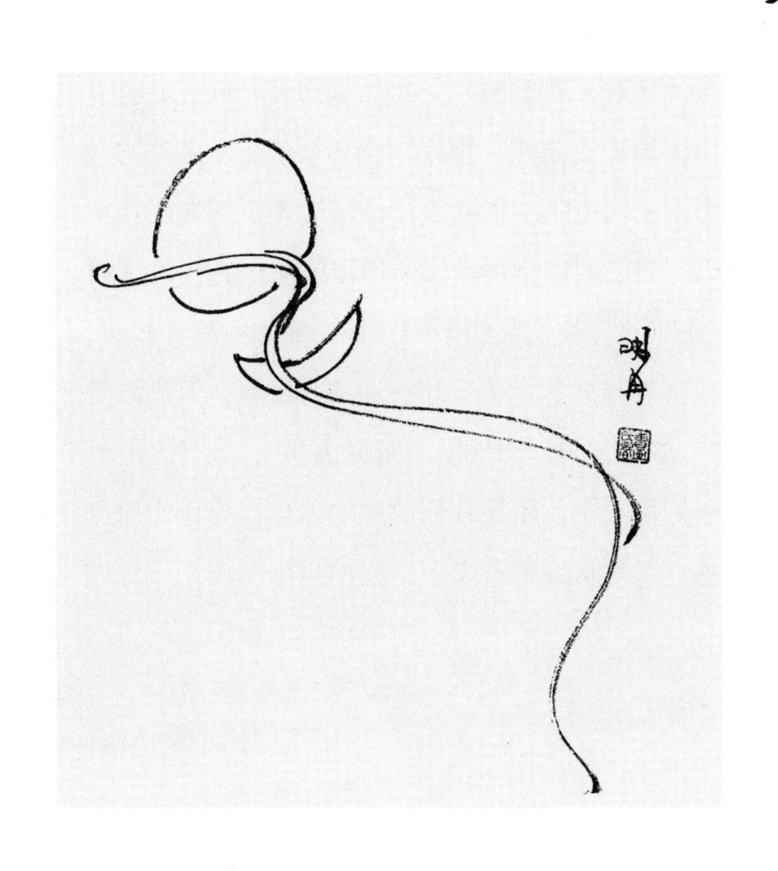

人类进入 21 世纪之后，当展望自己的未来和命运时，既充满兴奋和希望，更心存担忧和悲观。几乎所有的有识之士都认为，人类正站在十字路口，人类正面临着前所未有的困境和挑战，人类今后如果不能做出正确选择和有效的应对，就不仅会受到严重伤害，甚至会有灭顶之灾。可是，要走出困境和成功应对挑战，就必须依靠全人类的智慧和力量。具有五千多年文明史的中华民族，在这次人类的文明转型中，应该也完全能够做出自己的独特贡献！中华传统文化的代表《周易》，实际上就是一门如何生存和发展的学问，是一部如何趋吉避凶、兴利除害的宝典。关于《周易》的“易”字，有多种解释，但我最赞同的就是“日月为易”这样的训读。是的，“日月为易”，大易之道永远像日月一样，高悬于万里天空，照亮我们前进的路程，为我们指点迷津，为我们解忧释惑。正是从这种意义上，我们也可以说：日月为易；易者，明也。

（一）

我在《人类的智慧和生活》一书中写道：“历史的车轮行驰到今

天，人类的文明已经发展到极高的程度，人类的物质生活也可谓丰富和便利。但当人们谈到自己的处境时，常常是这不满意，那不称心，哀怨有加；特别是当人们展望人类的前景时，更是忧心忡忡，甚至不寒而栗。……实际上从19世纪开始，历经20世纪，关于人类困境的话题，一直声不绝耳。从马克思的异化理论到唯意志论和存在主义，从弗洛伊德学说到法兰克福学派的文明理论，从罗马俱乐部到英国未来学说的极限理论，都在用不同的视角来揭示人类面临的困境和危机。只是随着历史的发展，'人类困境'论的声调越来越高，人类面临的危机和挑战愈逼愈近，甚至连一些著名的科学家，对人类的前途也悲观失望。如霍金就多次宣称，地球最多能再撑200年，并告诫大家应提前做好向其他星球移民之准备。"

我还进一步分析道："当下，更为要害的问题是：人类历史的列车仍然以加速度的状态奔驰向前，既看不到减速的趋势，也看不到调整方向的征兆。这正如有的学者所描述的那样：'把人类比喻为一艘大船，都知道前面有暗礁，但没有调整方向；都呼吁船已超载，却没有人肯抛出行李和多余之物。'"

《人类的智慧和生活》还写道："现在需要探讨这样一个问题：即'人类困境'究竟是指什么？所谓的人类危机究竟来自哪些方面？影响人类生活和生存的因素主要是什么？人类最担心和害怕的事情是什么？对这些问题的回答当然会见仁见智，但依据已有的文献资料和学术报告，大家基本认同以下几个方面的问题应该是属于'人类困境'和'人类危机'的主要内容：①生态恶化和气候变暖。②资源枯竭。③人口暴涨。④贫富分化。⑤各种国际冲突加剧。⑥核战争威胁。⑦

科学技术的滥用和科技颠覆。⑧西方民主制度和自由经济的衰落。⑨信仰缺失和精神生活匮乏。”

笔者一直有一种明确的观点：人类的全部发展历史中，都要面对三大矛盾，或者说要处理好三大关系，即处理好人与天（大自然）的关系、处理好人与人（包括团体与团体、国家与国家）的关系、处理好人自己身与心的关系。什么时候这三大关系处理得好，人类就会感到安宁和快乐；什么时候这三大关系没有处理好，人类就会出现麻烦和不幸。这正如我在《大中华赋》中所说：“人与天合，阳光雨露春常在；人与人合，四海之内皆兄弟；人与己合，淡定从容心安泰。”当今，人类遇到了困境和严重生存危机，那一定是这三大关系没有处理好。《周易》作为一个最能代表东方古老文明的生存智慧，它当然能为我们人类如何处理好三大关系并进而成功应对挑战和危机，提供诸多的借鉴和启示。但是，我这里要强调的是：我们学习和借鉴《周易》的智慧，除了继承和实践之外，还必须对《周易》原有的思想进行大的创新和提升，而不能只墨守已有的教条和成规。这样，才能境界大开，真正使《周易》飞龙在天，放射出时代的光芒，使古老的智慧在今天的大地上开花结果！

《周易》的最大优势是其要建立起的数学模型，是永远开放的体系和格局，它要对天下万事万物进行模拟，进行归纳和推演，然后判断出趋吉避凶的路径和方法，预测事物未来的走向和结果。这正如《周易・系辞上》中所说：“圣人设卦观象系辞焉而明吉凶，刚柔相推而生变化。是故吉凶者，失得之象也；悔吝者，忧虞之象也；变化者，进退之象也；刚柔者，昼夜之象也。”又说：“圣人有以见天下之赜，而拟诸其形容，象其物宜，是故谓之象。圣人有以见天之动，而观其会通，以行其典礼。系辞焉以断其吉凶，是故谓之爻。”笔者在这里要说的是：古圣先贤观象系辞，观的是三千多年之前的象，那时还没有飞机和卫星，也看不到分子和量子。经过几千年的发展，特别是近二百多年来的发展，我们人类产生出很多新的“象”。我们今天来利用《周易》时，应该把这些新的“象”考虑在内，应该对这些新的象进行“系辞”。也只有这样与时偕行，才能在最大的限度上来发挥《周易》的作用和价值。

（二）

现在首先谈如何运用《周易》的智慧，处理好人与天（大自然）的关系。人是大自然数十亿年演化的结果，人类是大自然之子，人和大自然是亲密的母子关系，大自然为人类无偿地提供了一切生存和生活的条件，包括人类须臾不可离开的阳光、空气、水和食物。按理说，人类对大自然应该永远心存感恩和敬畏，应该永远保护和爱护好大自然。但事实不是这样，自从有了人类，对大自然的破坏和伤害就已经开始了。只不过原始社会人类生产力水平很低，有几块石头就够人类打磨一阵子了，对大自然的影响微乎其微。进入农业文明时代，人类就会砍伐森林，就会放火烧荒，就会拦河修坝，就会射禽杀兽，对生态造成了一些影响，但问题还不大。因为大自然是博大而又仁慈的，又是具有巨大的自我修复功能的。可是进入了工业文明时代，人类发明了蒸汽机，拥有了电力，制造了各种各样的机器，学会了这样那样的先进技术，就开始了对大自然的全面征服和利用，结果在取得财富和生活便利的同时，对大自然造成了严重的破坏和伤害。鉴于工业革命以来人类对生态环境的破坏，人类的行为对大自然正常演化的干预，有些因素甚至加剧了地球岩石的永久性变化，所以，很多专家认为地球在地质上已经进入了“人类世”。用“人类世”来命名地质时代，这对人类是一个绝妙的讽刺和揶揄，这也充分说明了生态问题的严重性。

现在有一种理论叫“生态足迹”理论，这种理论认为，人类的生产活动和消费，像一只巨足踏在地球上，踏下的脚印越深，“生态足迹”就越大。区域生态足迹如果超过了该区域所能提供的生态承载力，就出现生态赤字。据世界自然基金会发布的《地球生命力报告2010》数据显示，人类生态足迹的增长，已经超出地球自然生态承载的极限。2007 年，全球生态足迹为 180 亿全球公顷，人均生态足迹是 2. 7 全球公顷；而生态承载力则为 119 亿公顷，人均生态承载力为 1. 8 全球公顷。全球生态赤字总量已高达 61 亿全球公顷，人均生态赤字为 0. 9 全球公顷。还有的学术机构用生态破坏折合成现金来描述，得出的结论是：我们人类每年欠地球 33 万亿美元。当然，生态破坏的代价，是无法用金钱衡量的！

也有的学者根据人类和大自然的关系，把人类的历史划分为这样几个不同的文明时代：即“天人混沌”的原始文明，“天人渐离”的农业文明，“天人相悖”甚至“天人相残”的工业文明。那么，工业文明究竟给大自然造成了哪些破坏和创伤呢？粗略分析主要有以下几个方面：第一，掠夺性开发导致资源枯竭。第二，环境污染已成为严重影响人类生活的公害。第三，大片森林消失和土地沙漠化扩大。第四，臭氧层破坏和酸雨危害加重。第五，水土流失加剧和水资源短缺。第六，温室气体增加导致气候变暖。第七，大量动植物灭绝和生物多样性锐减。《拯救地球生物圈》一书中这样写道："人类在'征服自然、掠夺自然'的道路上已经走得够远了，对自然生态的伤害够惨了，可谓'伤筋动骨'。综观地球生物圈——生物活动范围、环境及其生态系统，已是遍体鳞伤，满目疮痍。一向强大自信的地球生物圈在呻吟、在哀诉、在呼救！平心而论，地球生物圈孕育、抚养了人类，为人类的生存和发展慷慨无私地奉献了千百万年，竟然在人类的无情掠夺、摧残下落了个伤痕累累的下场，这实在是太不公道、太不正义，也太不应该了！"当然，天道往还，人类对大自然的掠夺和破坏，最后都要以自食其果而告终。

人类之所以做出这些蠢事，把大自然作为可以掠夺的对象，甚至狂妄地提出可以彻底征服大自然，使大自然遭到了严重破坏，结果使人类陷入了前所未有的困境。其根本的原因，就是我们还没有认清人和大自然的本质关系，没有认清楚人和大自然是不可分割的整体。东方古老智慧的代表《周易》，不仅高明地提出了"天人合一"的思想，还为人类如何处理好天人关系，提出了敬天、爱天、畏天、顺天、契天、则天和参天等具体指原则，对我们今天的人类，实在有着最好的借鉴意义。

《周易》对大自然进行了热情讴歌和赞美。《易传》中说："大哉'乾元'，万物资始，乃统天。云行雨施，品物流形。大明终始，六位时成，时乘六龙以御天。乾道变化，各正性命，保合太和，乃'利贞’。首出庶物，万国咸宁。至哉‘坤元’，万物资生，乃顺承天。坤厚载物，德合无疆。含弘光大，品物咸亨。”《周易》认为，只有按大自然的规律办事，才能治理好国家让天下人信服，《易传》中说：“观天之神道，而四时不忒，圣人以神道设教，而天下服矣。”《周易》还告诫大家，一定要以大自然为榜样，按照天地的行为来引导自己，这样就会立于不败之地，《易传》中说：“天行健，君子以自强不息；地势坤，君子以厚德载物。”

《周易》认为，人和天的关系，要相处到水乳交融、融为一体的程度，那才是最高境界、最佳状态，《易传》中说：“夫大人者，与天地合其德，与日月合其明，与四时合其序，与鬼神合其吉凶。先天而天弗违，后天而奉天时。”在《周易》中，出现比较多的一句话是“自天祐之，吉无不利”。那就是说，只有顺应大自然的规律，才能够无往而不利。当然，如果违背天道，也是会受到惩罚的：“无妄行，有眚，无攸利。”“无号之凶，终不可长也。”

《周易》虽然强调要敬天、畏天、顺天和法天，但它并不贬低人的作用，并不否认人的主动性，它把人和天地看得同等重要，把天、地、人并称为“三才”，人可以赞化天地。《易传》中说：“《易》之为书也，广大悉备，有天道焉，有人道焉，有地道焉。兼三才而两之，故六。六者，非它也，三材之道也。”又说：“天地设位，圣人成能。人谋鬼谋，百姓与能。”

前面已经提到，科学技术的滥用和科技颠覆已经成为人类陷入困境的重要因素。自然科学虽然是人为的，但它是对大自然规律的探寻、发现和模仿，人类如果对自然科学没有一个清醒的认识，也就是对大自然缺少深刻的认识，也就是没有处理好人和天的关系。我在《人类的智慧和生活》一书中这样写道："我们在此要强调的是，人类进入 21 世纪后，所谓'双刃剑'和'工具'云云，已不能很好地定义科学技术的本质，已不足以揭示科学技术所具有的负面效应。……我对科学技术的双刃剑特性是这样看待的，随着历史和科学技术的发展，双刃剑中刺向人类自身的一侧越来越锋利，也就是说科学技术的负面作用与日俱增，特别是近一百多年来更是如此。我们再来辨析一下'工具论'，即科学技术只是人类手中的工具，如果使用得好、善加利用，就会造福于人类。这个判断，在过去或许是对的，但在今天，已经完全不是这样。所谓工具，应该掌握在人类的手中，而今天科学技术已经不在人的掌握之中：科学技术已经自成体系，已经可以自生自长、自大自强、自疯自狂，已经成为可以无法无天、横扫一切的魔杖。科学技术早已不在人的视野之内和掌控之中，科学技术不仅不是人类的工具，它已经成为人类崇拜、畏惧和屈服的偶像。人类在强大和神秘的科学技术面前，已经表现得非常软弱、盲目和无奈。……我们谈论科学技术负面作用对人类的威胁和危害，往往首先想起的是核武器和生态环境的恶化，殊不知，这只是人类的疥癣之疾。科学技术给人类带来的心腹之患，乃是人工智能的盲目发展和生物技术的滥用。"

中国对于技术的担心和警惕，从几千年前就已经开始了。据说孔子的学生子贡，在游楚返晋过汉阴时，见一位老者一次又一次地抱着瓮去浇菜，"搰搰然用力甚多而见功寡"，就建议他用桔槔去汲水。老人不愿意，并且说：这样做，为人就会有机心，得不偿失，"吾非不知，羞而不为也”。子贡把这件事报告给了孔子，孔子赞叹说这位老者是一个高人。《周易》虽然主张人们可以根据自然的形象来仿制一些器械，以便利生活，如《易传》中说：“刳木为舟，剡木为楫，舟楫之利，以济不通，致远以利天下，盖取诸《涣》…… 弦木为弧，剡木为矢，弧矢之利，以威天下，盖取诸《睽》……”但是，《周易》的思想一直强调，做任何事情都不能过度，都要把握好分寸，都要反复掂量利弊，并专门画有《大过》《小过》两卦，来申明过分就会带来伤害的道理。如《大过》卦中说：“过涉灭顶，凶。”《小过》卦中说：“弗过，防之，从或戕之，凶。”《易传》中还说：“震者，动也。物不可以终动，止之，故受之以艮。艮者，止也。”

时下肆虐三年、攻陷全球的新冠病毒，对人类造成了极大的伤害，其成因虽然是复杂的，但天人失和、戾气冲塞，不能不说是疫情发生的重要因素。《周易》中说“天垂象，见吉凶”，天人之间存在着密切的相互感应，只有天人关系和谐，才会人寿年丰。因此，我们只有处理好天和人的关系，不再去做破坏生态平衡的事，对养育我们的大自然始终保持着敬爱和畏惧，一切灾害才会远离我们而去！

（三）

现在谈如何运用《周易》的智慧，处理好人与人（集团与集团、国家与国家）的关系。如果说我们人类没有处理好天和人关系的话，那么人和人之间的关系也更加紧张了：市场经济的激烈竞争，对物质利益的过分追求，人和人之间在很多时候主要成为利害关系，人际关系变得冷漠，温情脉脉、古道热肠，已成为人类的回忆和向往；全球经济一体化的发展，可利用资源的缺乏，国家和国家之间的关系更加剑拔弩张，和睦相处逐渐被激烈对抗所代替，甚至新一轮的军备竞赛业已开始。我写这些文字时，俄乌冲突已经持续了三个多月，俄乌冲突不仅给俄乌两国人民造成了沉重创伤，也给全世界的和平和稳定带来了极大影响，就是核战争的爆发也不是无稽之谈。读者诸君试想，如果我们不能处理好人和人之间的关系，不能处理好国家和国家之间的关系，真的有一天爆发了核战争，那我们人类发展经济的目的又何在呢？发展科学技术的意义和价值又何在呢？

我在《人类的智慧和生活》一书中这样写道：“世界上任何信仰和宗教，都面对和回答这样一个问题：如何处理好人与人之间的关系，如何处理好自己与他人的关系。对这个问题回答出来的高度和厚度，也可能反映出这种信仰或宗教的高度和厚度。孔子和儒家对这个问题的回答就是一个字：‘仁’。汉语中的仁字从人从二，其造字的本义就是指两个人之间的事。……虽然孔子回答什么是‘仁’时，会因人因事而异，但儒家‘仁’这一概念的基本含义却是确凿和清楚的，就是仁者爱人。有一次樊迟问老师什么是仁，孔子果断地回答：爱人。《论语》中说：‘泛爱众，而亲人。’孔子和儒家不仅主张爱人，而且要爱众人，提倡大爱无疆。儒家强调在认识和实践仁爱道德时，要用‘推己及人’的方法来实现这一目标。推己及人就是‘己欲立而立人，己欲达则达人’。儒家认为慈爱的情感是人先天就有的，热爱自己和热爱自己的亲人是最根本的，但这还不够，由爱自己的亲人，再扩展到爱别人，这才叫作‘仁’。也就是‘老吾老，以及人之老，幼吾幼，以及人之幼’。后儒张载在解释仁道时说：‘仁道有本，近譬诸身，推以及人，乃其方也。必欲博施济众，扩之天下，施之无穷，必有圣人之才，能弘其道。’特别是孔子提出的‘己所不欲，勿施于人’的忠恕之道，不仅是中国人几千年的信条，现在也逐渐被国际社会所接受。据说在1993年美国芝加哥召开的世界宗教会议上，人们普遍认为，中国的古老格言‘己所不欲，勿施于人’可成为人类共同遵守的行为准则。”

《人类的智慧和生活》一书中还写道：“习近平主席构建人类命运共同体的思想，是在人类面临着诸多挑战和危机，是站在历史的交汇点上，是回答建设一个什么样的世界、怎样建设这个世界的重大人类问题，是以卓越的政治家和战略家的宏大视野和思维，高瞻远瞩，以大国领袖的责任担当而提出的。人类目前面临的困境和危机，正如我们前文所分析到的：生态恶化、资源枯竭、科技颠覆、贫富分化、核战争威胁、冲突加剧和信仰缺失等。但是，由于经济的全球化，由于交通和通讯的高度发达，现在人类已经生活在同一个地球村，各国日益相互依存，变得你中有我，我中有你，没有哪个国家能够独自应对人类面临的各种危机和挑战，没有哪个国家能够单枪匹马走出人类困境，也没有哪个国家能够退回到自我封闭的孤岛，与他人老死不相往来。因此，历史的发展已经要求人类必须同呼吸、共命运。习近平主席人类命运共同体思想的提出，具有深远的思想根源和浓厚的中国文化特色。中华民族几千年来一直崇尚‘亲仁善邻’、‘协和万邦’、‘天下一家’和‘推己及人’，炎黄子孙一直把大同世界作为最高的社会目标去探索、去追求。习近平人类命运共同体思想，也是对中华（优秀）传统文化的继承、发扬和升华。”

是的，习近平关于构建人类命运共同体的思想，关于如何处理好国家与国家之间的关系，关于不同的文明如何交流和互鉴，其思想根源深植于中华优秀传统文化的土壤。那么，中华传统文化中的仁爱与贵和的思想，又来源于哪里呢？答案是：它主要来源于六经之首的《周易》。《周易》的作者伏羲、周文王、孔子等古圣先贤，他们经过仰观俯察和反复思索，认为要想使自己的生活过得幸福，要想使自己的部族和邦国得到安宁，就应该关爱和尊重他人，就应该关爱和尊重其他的部族和邦国，靠称王称霸是没有用的，靠争强打斗总有一天要两败俱伤。因此，《周易》的文化倡导的是与人为善，《周易》的最高智慧是以仁爱获得长治久安，《周易》的外交方略是睦邻友好与协和万邦。《易传》中说：“安土敦乎仁，故能爱。范围天地之化而不过，曲成万物而不遗，通乎昼夜之道而知，故神无方而易无体。”又说：“天地之大德曰生，圣人之大宝曰位。何以守位曰仁，何以聚人曰财。理财正辞，禁民为非曰义。”还说：“君子体仁足以长人，嘉会足以合礼，利物足以和义，贞固足以干事。君子行此四德者，故曰乾：元、亨、利、贞。”《周易》还认为，推行仁义之道，与日月经天、江河行地一样神圣不可动摇，《易传》中说：“昔者圣人之作易也，将以顺性命之理。是以立天之道曰阴与阳，立地之道曰柔与刚，立人之道曰仁与义。”这话说得多么透彻，作为人行仁义之道，善待他人，就像天地行阴阳之道一样，如果不是这样，那就是背道而驰，当然不会有好结果。《易经》中还专门有一卦叫《同人》，讲说同心同德的好处：

“君子之道，或出或处，或默或语。二人同心，其利断金；同心之言，其臭如兰。”

《周易》认为，在处理人与人之间的关系时，在与他人的相处中，除了有仁爱之心和与人为善之外，还要有一颗谦卑的心，还要有一个谦卑自牧的姿态。一颗谦卑的心，不仅有利于他人，也是自己的生存智慧，也是人生趋吉避凶的不二法宝。我们在前面说过，在《易经》六十四卦中，唯有《谦》卦六爻皆吉。《易传》中说：“谦，亨。天道下济而光明，地道卑而上行。天道亏盈而益谦，地道变盈而流谦，鬼神害盈而福谦，人道恶盈而好谦。谦尊而光，卑而不可逾，君子之终也。”

（四）

现在谈如何运用《周易》的智慧，处理好自己身与心的关系。如果说处理好天人关系、人与人之间的关系，是非常重要的话，那么，处理好自己身与心的关系，安顿好自己的心灵，不断完善自己的人格，使自己的人生平安、健康和快乐，则是更为重要的事情。《人类的智慧和生活》一书中说：“我们说人类进入困境和面临着严重的挑战，不仅是指生态恶化和资源枯竭、科技颠覆和科学技术的滥用、国际冲突加剧和核战争威胁、人口暴涨和贫富分化拉大等现象，还包括随着各种变革的加速和科学技术的盲目发展，对人类的思想观念和生活方式带来的巨大冲击，对人类的生活和幸福造成巨大的负面影响。如果没有这些人类生活方式的冲击和变化，没有对未来生活的忧虑和迷茫，那就不能说人类进入了全面困境和总危机，那就不能说人类已经病入膏肓。”是的，我们之所以说“这是一个最好的时代，也是一个最坏的时代”，就是指我们人类今天的物质虽然极大地丰富了，生活更加便利了，但生活的不确定性更多了，生活中的不安全因素却更多了，生活中充满了种种诱惑和陷阱，稍有不慎，人生便会随时颓败和坍塌。因此，生活在今天的人们，更需要有高明的智慧来引领，更需要使身与心、灵与肉达到高度的和合，以应对日新月异的新生活。

《易传》中说：“《易》之为书也不可远，为道也屡迁。变动不居，周流六虚，上下无常，刚柔相易。不可为典要，唯变所适。其出入以度，外内使知惧，又明于忧患与故，无有师保，如临父母。”这段话的主要意思是：我们不要疏远《周易》这部书，这部书无所不包，它变化无穷，又有很强的忧患意识，使人知道戒惧。在没有老师和父母的情况下，《周易》就是我们的老师和父母，它可以为我们指点迷津，它可以使我们趋吉避凶和永葆安康。

在如何使我们的人生会更加幸福和安全方面，在如何修炼我们的内心和道德方面，《周易》能提供的启示和借鉴实在是太多了。限于篇幅，下面略述几点供读者参考。

1. 变易、不易和简易，是《周易》智慧的集中体现

先儒认为易有三义，即变易、不易和简易。变易、不易和简易，这既是《周易》观察认识世界的三个视角，也是办好各种事情、处理好各种关系的法宝。所谓“变易”，就是《周易》认为世界上万事万物都处在变化之中，一成不变的东西是不存在的。因此，我们正确认识事物的本质，要办好各种事情，要在人生中争取主动，就一定要有变的观念，就一定要从发展变化的角度来认识和把握事物，这样才能做到“穷则变，变则通，通则久”。据有些学者说，《易经》的书名原本叫《变经》，“易”本身的含义就是变化的意思，足见变化之道在《周易》中占有多么重要的位置。

所谓“不易”，就是在变动不居的世界中，确有恒定不变的规律在起着作用。《周易》认为，人们要想安身立命、永保康乐，就必须认识变动背后那些不变的规律，这不变的规律就是“道”。《周易》还认为，人们不仅要认识和把握这个不变的“道”，而且还要循道而行，而绝不能背道而驰。循道而行则吉，背道而驰则凶。这些不变的规律或者说道，在自然界有，如“日中则昃”“月盈则亏”；在人事中也有，如仁、义、礼、智、信。我们必须遵循这些自然规律和道德信条，才能过上平安幸福的生活。《易传》中说：“日月得天而能久照，四时变化而能久成，圣人久于其道而天下化成。观其所恒，而天地万物之情可见矣!”又说：“无往不复，天地际也。”还说：“迷复之凶，反君道也。”

所谓“简易”，就是简单明易，从繁复的现象背后抓住其简单的本质，把艰难的事情变得容易办理。《周易》把简易看得十分重要，甚至认为简易是世界上最美的德行，在日常生活中能做到简易的就是圣贤。《易传》中说：“乾知大始，坤作成物。乾以易知，坤以简能。易则易知，简则易从。易知则有亲，易从则有功。有亲则可久，有功则可大。可久则贤人之德，可大则贤人之业。易简而天下之理得矣。天下之理得，而成位乎其中矣。”又说：“广大配天地，变通配四时，阴阳之义配日月，易简之善配至德。”是的，简易是最高的智慧，简易之德最受人欢迎。我们不仅在认识问题和处理问题时要简易，我们生活的本身也应该做到简易。只有简朴无华的生活，才能得到天然的乐趣，才有益于身心的和谐和健康。我有一次给学生讲课，以“干”和“士”这两个字为例，来阐发简易的高明和美妙。我说，把一件事整成了十件事，这是具体干活的，是普通人所为；能把十件事简化成一件事，提纲挈领，化繁就简，这需要知识和智慧，这只有士才能够做到。大家深表赞可。

2. 坚守中正，积德行善才能富贵吉祥

《周易》认为，每一个卦的二、五爻，分别在上卦和下卦的中间位置，这称为居中，也简称为中。每卦六爻其位置都有阴阳属性，初、三、五爻属阳性，二、四、上爻属阴性，如果初、三、五爻位上是阳爻，二、四、六爻位上是阴爻，被称为得位，也称为得正，简称为正。古圣先贤认为，无论是自然界还是人事，只要能够得到中正，就会自天祐之、吉无不利。因此，《周易》中关于中正而吉的断语，比比皆是。如“中正而应，君子正也。唯君子为能通天下之志”，再如“柔丽乎中正，故亨”，还如“刚遇中正，天下大行也”，又如“受兹介福，以中正也”。

《周易》认为，人生只有坚守中正之道，不断地提高道德水平，只做好事，不做坏事，才能够确保安然无恙。《易传》中说：“积善之家必有余庆，积不善之家必有余殃。”在行善和为恶方面，《周易》特别重视量的积累和质的变化。《易传》中说：“善不积，不足以成名；恶不积，不足以灭身。小人以小善为无益而弗为也，以小恶为无伤而弗去也。故恶积而不可揜，罪大而不可解。”《易经》中有好几个卦，都在讲说防微杜渐的重要性。如《坤》卦中的“履霜坚冰至”，就是比喻只要踏到露霜，离踏到寒冰也就不远了。《噬嗑》卦是专门讲一个人如果不能防微杜渐，就会由最初的“屦校灭趾，无咎”而一步一步发展到“何校灭耳，凶”的。

3. 待机而动，不断审时度势才能获得成功

《周易》中有一个字叫“几”，反复出现，而且先贤还提出要“极深研几”。所谓“几”，就是某些事情要发生的先兆、某些事情要抓住的先机。《周易》强调要待机而动，时机不成熟千万不要硬来。《易经》的第一卦《乾》卦，就以龙为比喻，生动形象地阐明了这个道理。《乾》卦初爻说“潜龙勿用”，因为这时各方面条件都不具备，不能有任何动作。第二爻说“见龙在田，利见大人”，这时情况好了一些，可以适当走动走动，去拜访一些有身份和影响的人物。第三爻说“君子终日乾乾，夕惕若，厉无咎”，在做事之初，自己的力量还很弱小，一定要格外警惕小心，这样才能不发生意外。第四爻说“或跃在渊，无咎”，现在条件更好一些了，可以从深水中跳跃到岸上来，估计也不会有什么危险。第五爻说“飞龙在天，利见大人”，做事的时机终于到了，可以大干一场了，可以向世人展示自己的力量和想法了。

《周易》里的审时度势，还包括在极端情况下，为了自身的安全，如何隐遁和逃脱。《易经》专有一《遁》卦，就是传授这方面心法的。《遁》卦初爻说：“遁尾，厉，勿用有攸往。”情况恶劣，完全隐遁起来，哪里都不要去。上爻说“肥遁，无不利”，肥，借为飞。情况紧急，必须迅速逃离，才能避免伤害。因此，《易传》对这种审时度势后的主动隐遁进行了赞美和认可："君子好遁，小人否也。嘉遁贞吉，以正志也。肥遁无不利，无所疑也。"关于要待机而动，《易传》中还有这样的论述："隼者，禽也；弓矢者，器也；射之者，人也。君子藏器于身，待时而动，何不利之有？动而不括，是以出而有获，语成器而动者也。"

4. 居安思危，谨言慎行才能趋吉避凶

《周易》很重要的一个思想，是认为人要有忧患意识。一个人只有居安思危，只有警醒戒惧，只有谨言慎行，只有低调做人，才能够天祐人助，才能够趋吉避凶，才能够立于不败之地。《易传》中说："《易》之兴也，其于中古乎？作《易》者，其有忧患乎！"又说："《易》之兴也，其当殷之末世，周之盛德邪？当文王与纣之事也？是故其辞危。危者使平，易者使倾。有道甚大，百物不废，惧以终始，其要无咎，此之谓《易》之道也。"这些话的意思是：古圣先贤在撰写《易经》时，充满了忧患意识。这是不是和他们所处的时代有关？殷朝末年和周朝初期，正是改朝换代风云激荡之时，各种政治关系错综复杂，只有自始至终都谨慎行事，才能保存和发展自己。《易经》里的一些话，之所以说得有些吓人，旨在警醒大家，使大家尽量少受挫折，这也是《周易》的根本出发点和一贯指导思想。《易经》中的《震》卦，还通过自然界的雷电威慑，来提示人们要"君子以恐惧修省"。关于居安思危，《易传》还这样写道："危者，安其位者也；亡者，保其存者也；乱者，有其治者也。是故君子安而不忘危，存而不忘亡，治而不忘乱，是以身安而国家可保也。"

《周易》还认为言语是祸福之阶，如何讲话，讲什么话，关系一个人的荣辱兴衰。《易传》中说："君子居其室，出其言善，则千里之外应之，况其迩者乎！居其室，出其言不善，则千里之外违之，况其迩者乎！言出乎身，加乎民。行发尔迩，见乎远。言行，君子之枢机。枢机之发，荣辱之主也。言行，君子之所以动天地也，可不慎乎？"《周易》还告诫大家，如果做人不能够保持低调，而是炫耀和招摇，就一定会带来灾祸。《解》卦中有一句爻辞，叫作"负且乘，致寇至"。意思是说，一个人乘坐着豪华的马车，身上又带着很多贵重的东西，是必然会招来强盗而遭受不幸的！《周易》还告诫大家，保守秘密不随便泄露个人信息，对自己的安危也是十分重要的。《易传》中说："乱之所生也，则言语以为阶。君不密则失臣，臣不密则失身，几事不密则害成。是以君子慎密而不出也。"

5. 韬光养晦，坚韧不拔才能走出人生困境

应该说在人的一生中，每个人都不可能是一帆风顺，都要遇到困难，都要遇到沟沟坎坎。如何能顺利地走出人生的困境，如何能很好地迈过去这些沟沟坎坎，对每个人来说这确实是非常现实的问题，都要面对和解决。关于走出困境和应对挑战的教科书，大家可能都看过一些。但《周易》的智慧是从根本上给我们指一条路，从主观和客观两个方面入手，迅速抓住和解决主要矛盾，从而顺利走出困境。《周易》中的《明夷》卦、《蹇》卦、《困》卦等，都是专门传授这方面的智慧和心法的。

我们先说《明夷》卦。明夷，就是明灭，日入于地为明夷，也就是一片黑暗的意思。《明夷》卦中以箕子为例，告诉大家如何走出困境。箕子是商纣王的叔父，对商纣王的荒淫无道十分不满，数次进谏而不被采纳。商纣王的另一个叔父比干，因直言指责商纣王的无道，竟被纣王挖心残害。面对这种困境，箕子认为必须韬光养晦，忍辱负重，先保护好自己，再慢慢图兴国之道。箕子装疯卖傻，再不问朝政，虽然被纣王贬为奴隶，受尽侮辱和折磨，总算把老命保存下来了。后来箕子伺机逃出，隐藏在深山里。周武王灭商后，他知道箕子是贤人，就想方设法找到了箕子，并诚恳地向他请教治国之道。箕子向周武王传授《洪范九畴》的仁爱治国之道，深得武王的赞许，但箕子拒绝了让他做周朝臣子的请求。据说箕子后来率领一些殷商的遗民，东渡朝鲜，在那里建立了侯国，并继续祭祀殷商的列祖列宗，一切政令和生活习俗均沿袭商朝。唐朝一个叫柳宗元的文学家，这样评价箕子："凡大人之道有三：一曰正蒙难，二曰法授圣，三曰化及民。殷有仁人曰箕子，实具兹道以立于世，故孔子述六经之旨，尤殷勤焉。"意思是说，只有伟大的人物才能做到以下三个方面：一是能从困境和危难中走出，二是能将自己的思想传授给有权威的人，三是自己的行为能感化普通百姓。商朝的贤者箕子，这三个方面都做到了，因此连孔子都对他推崇备至。

我们现在说《蹇》卦。蹇，难也。难，当然就是困境。《易传》在解释《蹇》卦卦象时，上来就说："山上有水，蹇，君子以反身修德。"水在高山上流动，那当然是不顺了，当然是阻力重重了。《周易》高明就高明在这里，看到蹇象看到困境，首先不是怨天尤人，也不是自暴自弃，而是先深刻地反省自身，先在主观上找原因：为什么会走到这一步，身陷困境是不是由于自己的言行失当而致，今后应该注意和改正什么。这就是"蹇，君子以反身修德"。《蹇》卦六段爻辞，还根据困境和挑战的不同情况，分别给予支招。初爻说："往蹇，来誉。"意思是：如果向前实在走不动，不妨先退却和迂回一下。第二爻说："王臣蹇蹇，匪躬之故。"意思是说：为了解除国家的危难，那和自己的进退还不一样，只能顾全大局。第三爻说："往蹇，来反。"意思是说：向外拓展有困难，就先暂避家中。第四爻说："往蹇，来连。"意思是说：走出困境，可以借助同盟者的力量。第五爻说："大蹇，朋来。"意思是说：在大的困难面前，一定不能单枪匹马去闯，而是应该找来朋友帮助。上爻说："往蹇，来硕吉，利见大人。"意思是说：困境越大，你一旦走出困境，获取的利益也越大。这时适合和一些高端人士见面，共谋下一步的更大发展。

我们最后说《困》卦。《困》卦给处于困境的人们的启示，主要有这样几点：一是面对困境要从容不迫，毅然坚守正道，不能有病乱投医。这就是《易传》中所说的"险以说，困而不失其所亨"。二是这条路走不通，就走另外一条路，不能一棵树上吊死。这就是《易传》中所说的"困乎上者必反下"。三是碰到官司和冤狱，自己说什么也没有谁信，应该请求权威人士，帮助自己辩解，进而搭救自己。这就是《困》卦卦辞所说的："亨，贞，大人吉，无咎。有言不信。"四是在身处困境而又情况不明时，不要轻举妄动，要三思而后行。这就是《困》卦上爻爻辞所说的"困于葛藟，于臲卼，曰动悔，有悔，征吉"。

《周易》还以一种叫"尺蠖"的虫子为比喻，旨在说明人只有能屈能伸，才能够走出困境、不断前进的道理。《易传》中说："往者，屈也；来者，信也。屈信相感，而利生焉。尺蠖之屈，以求信也。龙蛇之蛰，以存身也。精义入神，以致用也。利用安身，以崇德也。过此以往，未之或知也。”

6. 洁静精微，极深研几，修炼一颗光明之心

据《礼记》中记载，孔子在整理《易经》后，对《易经》总的评价是：“洁静精微，《易》之教也。”意思是说：让人学习《周易》，最终是要人变得洁静精微。或者说，做到洁静精微，是学习研究《周易》的最终目的。那么，什么是“洁静精微”呢？洁静，就是心底干净，善良、安然；精微，就是见微知著，洞察秋毫，聪明智慧。说白了，就是学习《周易》要德慧双修，最终修炼成一颗光明之心。其实，能真正做到这一点是极其不容易的。当然，如果能真正通过学习《周易》，而达到洁静精微的状态，那人生就会永远一片光明，做任何事情都会利己而利人。

那么，如何能做到洁静精微呢？《周易》指出了很多修炼的途径。首先要把一颗浮动的心安静下来，不要胡思乱想。《易经》中专有一卦叫《无妄》，就是谈论这个问题的。《无妄》卦初爻爻辞说：“无妄，往吉。”只要不胡思乱来，就会得到吉祥。第二爻爻辞说：“不耕获，不菑畲，则利有攸往。”不开荒耕地，就想得到好的收成，这种想法是不现实的。第五爻爻辞说“无妄之疾，勿药有喜”。有了病只要把心态调整好，不吃药也是会痊愈的。上爻爻辞说：“无妄行有眚，无攸利。”如果胡思和乱行，就会带来灾害。《易传》中说：“无妄，刚自外来，而为主于内。动而健，刚中而应。……无妄之往何之矣？天命不祐，行矣哉？”又说：“天下雷行，物与无妄，先王以茂对时育万物。无妄之往，得志也。”

《周易》还通过《小畜》《大畜》《颐》等卦，来说明洁静精微的美德，要靠日复一日的修炼，要靠一点一滴的积累。《易传》中说："小畜，君子以懿文德。"又说："大畜，君子以多识前言往行。"还说："颐，君子以慎言语，节饮食。"《周易》还认为，天地本来是清静的，人也应该效法天地，以静为主，先静而后动。《易传》中说："夫乾，其静也专，其动也直，是以大生焉。夫坤，其静也翕，其动也辟，是以广生焉。"

《周易》认为，要真正做到洁静精微，就必须无思无为、寂然不动、极深研几，这样才能与天地相通，与鬼神同谋。《易传》中说："《易》无思也，无为也，寂然不动，感而遂通天下之故。非天下之至神，其孰能与于此？夫《易》，圣人所以极深而研几也。唯深也，故能通天下之志；唯几也，故能成天下之务；唯神也，故不疾而速，不行而至。"

曾仕强先生说过，现在世人重新重视《周易》，这是件大好事，当然，只靠一本书，是不能够解决人类面临的所有问题的。但是，《周易》本身所具有的日新其德和日月为明的品质，一定会给我们今天的人类在生存和发展中提供很多有益的借鉴和启示。我有一个观点：人类的农业文明已经有近万年，是一个最成熟的文明形态；人类的工业文明只有几百年，是一个极不成熟的文明形态。我们今天生活在工业文明时代的人类，如果有什么疑惑和迷惘，就应该到农业文明中去找指南；我们现代人如果有什么焦虑和不安，应该到农业文明中去找慰藉。《周易》作为农业文明思想和智慧的代表，它那里一定蕴藏着我们现代人类所需要的答案和良方。

人类目前虽然面临着诸多困境和挑战，但我对人类的前途和命运依然抱乐观态度。下面，就用《人类的智慧和生活》中的一段话来作为此书的结语："人类文明就是在不断迎接挑战中发展和提升的；这次工业化和后工业化时代面临的危机和挑战，人类也一定能够成功应对和走出困境；我们对人类的前途充满信心和期盼。人类的文明经过暴风雨的洗礼，一定会更加绚丽和美好；走出困境和成功应对挑战，要靠全人类的智慧，要靠所有人的一致行动；具有五千（多）年文明史的古老的中华民族，在这次人类的文明转型中，应该也完全能够做出自己的巨大贡献；习近平新时代中国特色社会主义思想，特别是其提出的构建人类命运共同体的战略思维，为人类迎接挑战、走出危机贡献了中国智慧和中国方案。"

附　录

《周易》上　经

乾（一）

䷀乾：元亨，利贞。

初九　潜龙，勿用。

九二　见龙在田，利见大人。

九三　君子终日乾乾，夕惕若，厉无咎。

九四　或跃在渊，无咎。

九五　飞龙在天，利见大人。

上九　亢龙，有悔。

用九　见群龙无首，吉。

坤（二）

䷁坤：元亨，利牝马之贞。君子有攸往，先迷后得主，利。西南得朋，东北丧朋。安贞吉。

初六　履霜，坚冰至。

六二　直、方、大，不习，无不利。

六三　含章，可贞。或从王事，无成有终。

六四　括囊，无咎无誉。

六五　黄裳，元吉。

上六　龙战于野，其血玄黄。

用六　利永贞。

屯（三）

䷂屯（zhūn）：元亨，利贞。勿用有攸往，利建侯。

初九　磐桓，利居贞，利建侯。

六二　屯如邅（zhān）如，乘马班如，匪寇婚媾。女子贞不字，十年乃字。

六三　即鹿无虞，惟入于林中，君子几不如舍，往吝。

六四　乘马班如，求婚媾，往吉，无不利。

九五　屯其膏。小，贞吉；大，贞凶。

上六　乘马班如，泣血涟如。

蒙（四）

䷃蒙：亨，匪我求童蒙，童蒙求我。初筮告，再三渎，渎则不告。利贞。

初六　发蒙，利用刑人，用说桎梏，以往吝。

九二　包蒙吉。纳妇吉，子克家。

六三　勿用取女，见金夫，不有躬，无攸利。

六四　困蒙吝。

六五　童蒙吉。

上九　击蒙，不利为寇，利御寇。

需（五）

䷄需：有孚，光亨，贞吉，利涉大川。

初九　需于郊，利用恒，无咎。

九二　需于沙，小有言，终吉。

九三　需于泥，致寇至。

六四　需于血，出自穴。

九五　需于酒食，贞吉。

上六　入于穴，有不速之客三人来，敬之，终吉。

讼（六）

䷅讼：有孚，窒惕。中吉，终凶。利见大人。不利涉大川。

初六　不永所事，小有言，终吉。

九二　不克讼，归而逋（bū）其邑人三百户，无眚（shěng）。

六三　食旧德，贞厉，终吉。或从王事，无成。

九四　不克讼，复即命，渝，安贞吉。

九五　讼，元吉。

上九　或锡（cì）之鞶（pán）带，终朝三褫（chǐ）之。

师（七）

䷆师：贞，丈人吉，无咎。

初六　师出以律，否臧凶。

九二　在师中，吉，无咎，王三锡命。

六三　师或舆尸，凶。

六四　师左次，无咎。

六五　田有禽，利执言，无咎。长子帅师，弟子舆尸，贞凶。

上六　大君有命，开国承家，小人勿用。

比（八）

䷇比：吉，原筮，元永贞，无咎。不宁方来，后夫凶。

初六　有孚比之，无咎。有孚盈缶，终来有它吉。

六二　比之自内，贞吉。

六三　比之匪人。

六四　外比之，贞吉。

九五　显比，王用三驱，失前禽。邑人不诫，吉。

上六　比之无首，凶。

小畜（九）

䷈小畜：亨，密云不雨，自我西郊。

初九　复自道，何其咎？吉。

九二　牵复，吉。

九三　舆说辐，夫妻反目。

六四　有孚，血去惕出，无咎。

九五　有孚挛（luán）如，富以其邻。

上九　既雨既处，尚德载，妇贞厉。月几望，君子征凶。

履（十）

☰履虎尾，不咥（dié）人，亨。

初九　素履，往无咎。

九二　履道坦坦，幽人贞吉。

六三　眇（miǎo）能视，跛能履，履虎尾，咥人凶，武人为于大君。

九四　履虎尾，愬愬（shuò），终吉。

九五　夬（guài）履，贞厉。

上九　视履，考祥其旋，元吉。

泰（十一）

☷泰：小往大来，吉，亨。

初九　拔茅茹以其汇，贞吉。

九二　包荒，用冯河，不遐遗，朋亡，得尚于中行。

九三　无平不陂（pō），无往不复，艰贞，无咎。勿恤其孚，于食有福。

六四　翩翩，不富以其邻，不戒以孚。

六五　帝乙归妹以祉，元吉。

上六　城复于隍，勿用师。自邑告命，贞吝。

否（十二）

☰否（pǐ）之匪人，不利君子贞。大往小来。

初六　拔茅茹以其汇，贞吉，亨。

六二　包承，小人吉，大人否，亨。

六三　包羞。

九四　有命，无咎，畴离祉。

九五　休否，大人吉。其亡其亡，系于苞桑。

上九　倾否，先否后喜。

同人（十三）

☰同人：同人于野，亨。利涉大川，利君子贞。

初九　同人于门，无咎。

六二　同人于宗，吝。

九三　伏戎于莽，升其高陵，三岁不兴。

九四　乘其墉，弗克攻，吉。

九五　同人，先号咷（táo）而后笑，大师克相遇。

上九　同人于郊，无悔。

大有（十四）

☲大有：元亨。

初九　无交害，匪咎，艰则无咎。

九二　大车以载，有攸往，无咎。

九三　公用亨于天子，小人弗克。

九四　匪其彭，无咎。

六五　厥孚交如，威如，吉。

上九　自天祐之，吉，无不利。

谦（十五）

䷎谦：亨，君子有终。

初六　谦谦君子，用涉大川，吉。

六二　鸣谦，贞吉。

九三　劳谦，君子有终，吉。

六四　无不利，㧑（huī）谦。

六五　不富以其邻，利用侵伐，无不利。

上六　鸣谦，利用行师，征邑国。

豫（十六）

䷏豫：利建侯，行师。

初六　鸣豫，凶。

六二　介于石，不终日，贞吉。

六三　盱（xū）豫，悔，迟有悔。

九四　由豫，大有得；勿疑，朋盍簪。

六五　贞疾，恒不死。

上六　冥豫，成有渝，无咎。

随（十七）

䷐随：元亨，利贞，无咎。

初九　官有渝，贞吉，出门交有功。

六二　系小子，失丈夫。

六三　系丈夫，失小子。随有求，得，利居贞。

九四　随有获，贞凶。有孚在道，以明，何咎？

九五　孚于嘉，吉。

上六　拘系之，乃从维之，王用亨于西山。

蛊（十八）

䷑蛊：元亨，利涉大川。先甲三日，后甲三日。

初六　干父之蛊，有子，考无咎。厉，终吉。

九二　干母之蛊，不可贞。

九三　干父之蛊，小有悔，无大咎。

六四　裕父之蛊，往见吝。

六五　干父之蛊，用誉。

上九　不事王侯，高尚其事。

临（十九）

䷒临：元亨，利贞。至于八月有凶。

初九　咸临，贞吉。

九二　咸临，吉，无不利。

六三　甘临，无攸利。既忧之，无咎。

六四　至临，无咎。

六五　知临，大君之宜，吉。

上六　敦临，吉，无咎。

观（二十）

䷓观：盥（guàn）而不荐，有孚颙（yóng）若。

初六　童观，小人无咎，君子吝。

六二　窥观，利女贞。

六三　观我生进退。

六四　观国之光，利用宾于王。

九五　观我生，君子无咎。

上九　观其生，君子无咎。

噬嗑（二十一）

䷔噬嗑（shì hé）：亨，利用狱。

初九　屦（jù）校灭趾，无咎。

六二　噬肤灭鼻，无咎。

六三　噬腊肉，遇毒，小吝，无咎。

九四　噬干胏（zǐ），得金矢，利艰贞，吉。

六五　噬干肉，得黄金，贞厉，无咎。

上九　何校灭耳，凶。

贲（二十二）

䷕贲（bì）：亨，小利有攸往。

初九　贲其趾，舍车而徒。

六二　贲其须。

九三　贲如，濡如，永贞吉。

六四　贲如皤（pó）如，白马翰如，匪寇婚媾。

六五　贲于丘园，束帛戋（jiān）戋，吝，终吉。

上九　白贲，无咎。

剥（二十三）

䷖剥：不利有攸往。

初六　剥床以足，蔑贞凶。

六二　剥床以辨，蔑贞凶。

六三　剥之，无咎。

六四　剥床以肤，凶。

六五　贯鱼以宫人宠，无不利。

上九　硕果不食，君子得舆，小人剥庐。

复（二十四）

䷗复：亨，出入无疾，朋来无咎，反复其道，七日来复，利有攸往。

初九　不远复，无祇悔，元吉。

六二　休复，吉。

六三　频复，厉，无咎。

六四　中行独复。

六五　敦复，无悔。

上六　迷复，凶，有灾眚，用行师，终有大败，以其国君凶，至于十年不克征。

无妄（二十五）

☰无妄：元亨，利贞。其匪正有眚，不利有攸往。

初九　无妄，往吉。

六二　不耕获，不菑畬（zī yú），则利有攸往。

六三　无妄之灾，或系之牛，行人之得，邑人之灾。

九四　可贞，无咎。

九五　无妄之疾，勿药有喜。

上九　无妄行有眚，无攸利。

大畜（二十六）

☰大畜：利贞。不家食，吉。利涉大川。

初九　有厉，利已。

九二　舆说輹。

九三　良马逐，利艰贞，曰闲舆卫，利有攸往。

六四　童牛之牿（gù），元吉。

六五　豮（fén）豕之牙，吉。

上九　何天之衢，亨。

颐（二十七）

☰颐：贞吉。观颐，自求口实。

初九　舍尔灵龟，观我朵颐，凶。

六二　颠颐，拂经于丘颐，征凶。

六三　拂颐，贞凶，十年勿用，无攸利。

六四　颠颐，吉。虎视眈眈，其欲逐逐，无咎。

六五　拂经，居贞，吉。不可涉大川。

上九　由颐，厉吉，利涉大川。

大过（二十八）

䷛大过：栋桡（náo），利有攸往，亨。

初六　藉用白茅，无咎。

九二　枯杨生稊（tí），老夫得其女妻，无不利。

九三　栋桡，凶。

九四　栋隆，吉。有它，吝。

九五　枯杨生华，老妇得其士夫，无咎无誉。

上六　过涉灭顶，凶，无咎。

坎（二十九）

䷜习坎：有孚维心，亨，行有尚。

初六　习坎，入于坎窞，凶。

九二　坎有险，求小得。

六三　来之坎，坎险且枕。入于坎窞。勿用。

六四　樽酒簋（guǐ），贰用缶，纳约自牖（yǒu），终无咎。

九五　坎不盈，祗既平，无咎。

上六　系用徽纆（mò），寘（zhì）于丛棘，三岁不得，凶。

离（三十）

☲离：利贞，亨。畜牝牛，吉。

初九　履错然，敬之，无咎。

六二　黄离，元吉。

九三　日昃（zè）之离，不鼓缶而歌，则大耋（dié）之嗟，凶。

九四　突如其来如，焚如，死如，弃如。

六五　出涕沱若，戚嗟若，吉。

上九　王用出征，有嘉折首，获匪其丑，无咎。

《周易》下经

咸（三十一）

䷞咸：亨，利贞。取女，吉。

初六　咸其拇。

六二　咸其腓，凶。居吉。

九三　咸其股，执其随，往吝。

九四　贞吉，悔亡。憧憧往来，朋从尔思。

九五　咸其脢（méi），无悔。

上六　咸其辅颊舌。

恒（三十二）

䷟恒：亨，无咎。利贞，利有攸往。

初六　浚恒，贞凶，无攸利。

九二　悔亡。

九三　不恒其德，或承之羞，贞吝。

九四　田无禽。

六五　恒其德，贞，妇人吉，夫子凶。

上六　振恒，凶。

遁（三十三）

䷠遁：亨，小利贞。

初六　遁尾，厉，勿用有攸往。

六二　执之用黄牛之革，莫之胜说。

九三　系遁，有疾，厉；畜臣妾，吉。

九四　好遁，君子吉，小人否。

九五　嘉遁，贞吉。

上九　肥遁，无不利。

大壮（三十四）

䷡大壮：利贞。

初九　壮于趾，征凶；有孚。

九二　贞吉。

九三　小人用壮，君子用罔，贞厉。羝（dī）羊触藩，羸其角。

九四　贞吉，悔亡。藩决不羸，壮于大舆之腹。

六五　丧羊于易，无悔。

上六　羝羊触藩，不能退，不能遂，无攸利。艰则吉。

晋（三十五）

䷢晋：康侯用锡马蕃庶，昼日三接。

初六　晋如，摧如，贞吉。罔孚，裕，无咎。

六二　晋如，愁如，贞吉。受兹介福于其王母。

六三　众允，悔亡。

九四　晋如鼫（shí）鼠，贞厉。

六五　悔亡，失得勿恤，往吉，无不利。

上九　晋其角，维用伐邑，厉吉，无咎，贞吝。

明夷（三十六）

䷣明夷：利艰贞。

初九　明夷于飞，垂其翼；君子于行，三日不食。有攸往，主人有言。

六二　明夷，夷于左股，用拯马壮，吉。

九三　明夷，于南狩，得其大首，不可疾，贞。

六四　入于左腹，获明夷之心，于出门庭。

六五　箕子之明夷，利贞。

上六　不明，晦。初登于天，后入于地。

家人（三十七）

䷤家人：利女贞。

初九　闲有家，悔亡。

六二　无攸遂，在中馈，贞吉。

九三　家人嗃（hè）嗃，悔，厉，吉。妇子嘻嘻，终吝。

六四　富家，大吉。

九五　王假有家，勿恤，吉。

上九　有孚威如，终吉。

睽（三十八）

☲睽（kuí）：小事吉。

初九　悔亡。丧马勿逐，自复。见恶人，无咎。

九二　遇主于巷，无咎。

六三　见舆曳，其牛掣，其人天且劓（yì）。无初有终。

九四　睽孤遇元夫，交孚，厉，无咎。

六五　悔亡。厥宗噬肤，往何咎？

上九　睽孤见豕负涂，载鬼一车。先张之弧，后说之弧，匪寇，婚媾。往遇雨则吉。

蹇（三十九）

☵蹇（jiǎn）：利西南，不利东北。利见大人，贞吉。

初六　往蹇，来誉。

六二　王臣蹇蹇，匪躬之故。

九三　往蹇，来反。

六四　往蹇，来连。

九五　大蹇，朋来。

上六　往蹇，来硕吉。利见大人。

解（四十）

☳解：利西南。无所往，其来复，吉。有攸往，夙吉。

初六　无咎。

九二　田获三狐，得黄矢，贞吉。

六三　负且乘，致寇至，贞吝。

九四　解而拇，朋至斯孚。

六五　君子维有解，吉。有孚于小人。

上六　公用射隼于高墉之上，获之，无不利。

损（四十一）

☶损：有孚，元吉，无咎，可贞，利有攸往。曷之用？二簋（guǐ）可用享。

初九　已事遄（chuán）往，无咎；酌损之。

九二　利贞。征凶，弗损益之。

六三　三人行则损一人，一人行则得其友。

六四　损其疾，使遄有喜，无咎。

六五　或益之十朋之龟，弗克违，元吉。

上九　弗损益之，无咎，贞吉，利有攸往。得臣无家。

益（四十二）

☴益：利有攸往，利涉大川。

初九　利用为大作，元吉，无咎。

六二　或益之十朋之龟，弗克违，永贞吉。王用享于帝，吉。

六三　益之用凶事，无咎。有孚中行，告公用圭。

六四　中行，告公从，利用为依迁国。

九五　有孚惠心，勿问元吉，有孚惠我德。

上九　莫益之，或击之，立心勿恒，凶。

夬（四十三）

☱夬：扬于王庭，孚号，有厉。告自邑，不利即戎，利有攸往。

初九　壮于前趾，往不胜，为咎。

九二　惕号，莫夜有戎，勿恤。

九三　壮于頄（qiú），有凶。君子夬夬，独行遇雨若濡，有愠，无咎。

九四　臀无肤，其行次且（zī jū）。牵羊悔亡。闻言不信。

九五　苋（xiàn）陆夬夬。中行，无咎。

上六　无号，终有凶。

姤（四十四）

☴姤：女壮，勿用取女。

初六　系于金柅（nǐ），贞吉。有攸往，见凶。羸豕，孚，蹢躅（zhí zhú）。

九二　包有鱼，无咎。不利宾。

九三　臀无肤，其行次且，厉，无大咎。

九四　包无鱼，起凶。

九五　以杞包瓜，含章，有陨自天。

上九　姤其角，吝；无咎。

萃（四十五）

䷬萃：亨，王假有庙，利见大人，亨，利贞。用大牲吉。利有攸往。

初六　有孚不终，乃乱乃萃。若号，一握为笑。勿恤，往无咎。

六二　引吉，无咎。孚乃利用禴（yuè）。

六三　萃如，嗟如，无攸利。往无咎，小吝。

九四　大吉，无咎。

九五　萃有位，无咎。匪孚，元永贞，悔亡。

上六　赍（zī）咨涕洟，无咎。

升（四十六）

䷭升：元亨。用见大人，勿恤。南征吉。

初六　允升，大吉。

九二　孚乃利用禴，无咎。

九三　升虚邑。

六四　王用亨于岐山，吉，无咎。

六五　贞吉，升阶。

上六　冥升，利于不息之贞。

困（四十七）

䷮困：亨，贞，大人吉，无咎。有言不信。

初六　臀困于株木，入于幽谷，三岁不觌。

九二　困于酒食，朱绂（fú）方来，利用享祀。征凶，无咎。

六三　困于石，据于蒺藜。入于其宫，不见其妻，凶。

九四　来徐徐，困于金车，吝，有终。

九五　劓刖（yì yuè），困于赤绂。乃徐有说，利用祭祀。

上六　困于葛藟（lěi），于臲卼（niè wù），曰动悔，有悔，征吉。

井（四十八）

䷯井：改邑不改井，无丧无得。往来井井，汔至，亦未繘（jú）井，羸其瓶，凶。

初六　井泥不食，旧井无禽。

九二　井谷射鲋，瓮敝漏。

九三　井渫（xiè）不食，为我心恻。可用汲，王明，并受其福。

六四　井甃（zhòu），无咎。

九五　井洌，寒泉食。

上六　井收勿幕，有孚元吉。

革（四十九）

䷰革：巳日乃孚，元亨，利贞，悔亡。

初九　巩用黄牛之革。

六二　巳日乃革之，征吉，无咎。

九三　征凶，贞厉。革言三就，有孚。

九四　悔亡。有孚，改命吉。

九五　大人虎变。未占，有孚。

上六　君子豹变，小人革面，征凶。居，贞吉。

鼎（五十）

䷱鼎：元吉，亨。

初六　鼎颠趾，利出否，得妾以其子，无咎。

九二　鼎有实，我仇有疾，不我能即，吉。

九三　鼎耳革，其行塞，雉膏不食，方雨亏悔，终吉。

九四　鼎折足，覆公餗（sù），其形渥（wò），凶。

六五　鼎黄耳，金铉，利贞。

上九　鼎玉铉，大吉，无不利。

震（五十一）

䷲震：亨，震来虩（xì）虩，笑言哑哑，震惊百里，不丧匕鬯（chàng）。

初九　震来虩虩，后笑言哑哑，吉。

六二　震来厉，亿丧贝。跻于九陵，勿逐，七日得。

六三　震苏苏，震行，无眚。

九四　震遂泥。

六五　震往来厉，亿无丧，有事。

上六　震索索，视矍矍，征凶。震不于其躬，于其邻，无咎。婚媾有言。

艮（五十二）

䷳艮（gèn）：艮其背，不获其身，行其庭，不见其人。无咎。

初六　艮其趾，无咎，利永贞。

六二　艮其腓，不拯其随，其心不快。

九三　艮其限，列其夤（yín），厉熏心。

六四　艮其身，无咎。

六五　艮其辅，言有序，悔亡。

上九　敦艮，吉。

渐（五十三）

䷴渐：女归吉，利贞。

初六　鸿渐于干，小子厉，有言无咎。

六二　鸿渐于磐，饮食衎（kàn）衎，吉。

九三　鸿渐于陆，夫征不复，妇孕不育，凶，利御寇。

六四　鸿渐于木，或得其桷，无咎。

九五　鸿渐于陵，妇三岁不孕，终莫之胜，吉。

上九　鸿渐于陆，其羽可用为仪，吉。

归妹（五十四）

䷵归妹：征凶，无攸利。

初九　归妹以娣（dì），跛能履，征吉。

九二　眇能视，利幽人之贞。

六三　归妹以须，反归以娣。

九四　归妹愆期，迟归有时。

六五　帝乙归妹，其君之袂不如其娣之袂良。月几望，吉。

上六　女承筐，无实。士刲羊无血。无攸利。

丰（五十五）

䷶丰：亨，王假之，勿忧，宜日中。

初九　遇其配主，虽旬无咎，往有尚。

六二　丰其蔀（bù），日中见斗。往得疑疾，有孚发若。吉。

九三　丰其沛，日中见沫。折其右肱，无咎。

九四　丰其蔀，日中见斗。遇其夷主，吉。

六五　来章，有庆誉，吉。

上六　丰其屋，蔀其家，窥其户，阒（qù）其无人，三岁不觌（dí），凶。

旅（五十六）

䷷旅：小亨，旅，贞吉。

初六　旅琐琐，斯其所取灾。

六二　旅即次，怀其资，得童仆，贞。

九三　旅焚其次，丧其童仆，贞厉。

九四　旅于处，得其资斧，我心不快。

六五　射雉，一矢亡，终以誉命。

上九　鸟焚其巢，旅人先笑后号咷，丧牛于易，凶。

巽（五十七）

䷸巽：小亨，利有攸往，利见大人。

初六　进退，利武人之贞。

九二　巽在床下，用史巫纷若，吉，无咎。

九三　频巽，吝。

六四　悔亡，田获三品。

九五　贞吉，悔亡，无不利，无初有终。先庚三日，后庚三日，吉。

上九　巽在床下，丧其资斧，贞凶。

兑（五十八）

䷹兑：亨，利贞。

初九　和兑，吉。

九二　孚兑，吉。悔亡。

六三　来兑，凶。

九四　商兑未宁，介疾有喜。

九五　孚于剥，有厉。

上六　引兑。

涣（五十九）

䷺涣：亨，王假有庙，利涉大川，利贞。

初六　用拯马壮，吉。

九二　涣奔其机，悔亡。

六三　涣其躬，无悔。

六四　涣其群，元吉。涣有丘，匪夷所思。

九五　涣汗其大号，涣王居，无咎。

上九　涣其血去，逖出，无咎。

节（六十）

䷻节：亨，苦节不可贞。

初九　不出户庭，无咎。

九二　不出门庭，凶。

六三　不节若，由嗟若，无咎。

六四　安节，亨。

九五　甘节，吉，往有尚

上六　苦节，贞凶，悔亡。

中孚（六十一）

䷼中孚：豚鱼吉。利涉大川。利贞。

初九　虞吉，有它不燕。

九二　鸣鹤在阴，其子和之。我有好爵，吾与尔靡之。

六三　得敌，或鼓，或罢，或泣，或歌。

六四　月几望，马匹亡，无咎。

九五　有孚挛如，无咎。

上九　翰音登于天，贞凶。

小过（六十二）

䷽小过：亨，利贞。可小事，不可大事。飞鸟遗之音，不宜上，宜下。大吉。

初六　飞鸟以凶。

六二　过其祖，遇其妣，不及其君，遇其臣，无咎。

九三　弗过防之，从或戕之，凶。

九四　无咎，弗过遇之。往厉，必戒。勿用，永贞。

六五　密云不雨，自我西郊，公弋取彼在穴。

上六　弗遇过之，飞鸟离之，凶，是谓灾眚。

既济（六十三）

䷾既济：亨，小利贞。初吉终乱。

初九　曳其轮，濡其尾，无咎。

六二　妇丧其茀（fú），勿逐，七日得。

九三　高宗伐鬼方，三年克之，小人勿用。

六四　繻有衣袽（rú），终日戒。

九五　东邻杀牛，不如西邻之禴祭，实受其福。

上六　濡其首，厉。

未济（六十四）

䷿未济：亨。小狐汔济，濡其尾，无攸利。

初六　濡其尾，吝。

九二　曳其轮，贞吉。

六三　未济，征凶。利涉大川。

九四　贞吉，悔亡。震用伐鬼方，三年有赏于大国。

六五　贞吉，无悔。君子之光。有孚，吉。

上九　有孚，于饮酒，无咎。濡其首，有孚，失是。

后 记

本书取名《天下周易》，作者的初衷当然是想探索和勾画出易学的全貌，但限于主客观条件，也可能只是管窥蠡测。特别是有关术数类的内容，诸如纳甲筮法、命理学、堪舆学和奇门遁甲等，因这些内容比较敏感，且玉石一体，很难尽去糟粕而取其精华，故笔者踌躇再三，毅然将书稿中几万字的相关内容悉数删除，敬请读者谅察！

本书在写作和出版过程中，曾得到很多人的关心与帮助。爱人姜春云，除生活上给予关照，还帮助绘制图表；山东大学邵明华教授，帮助书稿的打印和整理；著名易学家、中国周易学会会长刘大钧先生，亲为本书撰序；山东大学易学研究中心林忠军教授、李尚信教授，提供了很多有益的资料；著名艺术家曹明冉先生，为本书绘制插图；在此更要感谢齐鲁书社的昝亮、王路社长和许允龙编审，没有他们的热情帮助和辛勤劳动，《天下周易》就不可能这么顺利地与读者见面！

刘长允

2022 年 11 月于济南